ZHONGGUO RENKOU LIUDONG
JI SHOURU FENPEI YANJIU

中国人口流动及收入分配研究

袁青川 ◎ 著

中国财经出版传媒集团

经济科学出版社
Economic Science Press

图书在版编目（CIP）数据

中国人口流动及收入分配研究/袁青川著．--北京：经济科学出版社，2022.9
ISBN 978 - 7 - 5218 - 3923 - 4

Ⅰ.①中…　Ⅱ.①袁…　Ⅲ.①人口流动 - 研究 - 中国
②流动人口 - 个人收入分配 - 研究 - 中国　Ⅳ.
①C922.2②F126.2

中国版本图书馆 CIP 数据核字（2022）第 146856 号

责任编辑：胡成洁
责任校对：孙　晨
责任印制：范　艳

中国人口流动及收入分配研究
袁青川　著
经济科学出版社出版、发行　新华书店经销
社址：北京市海淀区阜成路甲 28 号　邮编：100142
经管中心电话：010 - 88191335　发行部电话：010 - 88191522
网址：www.esp.com.cn
电子邮箱：esp@esp.com.cn
天猫网店：经济科学出版社旗舰店
网址：http://jjkxcbs.tmall.com
北京季蜂印刷有限公司印装
710×1000　16 开　15 印张　260000 字
2022 年 10 月第 1 版　2022 年 10 月第 1 次印刷
ISBN 978 - 7 - 5218 - 3923 - 4　定价：75.00 元
（图书出现印装问题，本社负责调换。电话：010 - 88191510）
（版权所有　侵权必究　打击盗版　举报热线：010 - 88191661
QQ：2242791300　营销中心电话：010 - 88191537
电子邮箱：dbts@esp.com.cn）

本书为国家社会科学基金一般项目"基于就业安全、就业激励均衡的最低工资与社会保障组合优化研究"（项目编号：22BJY050）的阶段性研究成果。

前　言

　　推进全国经济协同发展，最重要的是谋求全国地区间发展要素的合理配置和有效利用，尤其是劳动力要素的有序流动与合理配置。系统分析研究全国人口流动状况和变动趋势，探讨中国省际与省内流动人口工资收入分配现状及其影响因素，检验影响中国人口流动与未来再流动取向的动因（经济推引还是社会认同）等，是推进全国经济协同发展需要探讨的重要问题。

　　本书采用国家卫生健康委中国流动人口动态监测调查数据，以中国人口流动现象为主线，系统分析了中国流动人口的现状，研究了中国流动人口工资及其工资收入分配差距，探讨了省际和省内流动人口工资收入分配状况以及影响其工资收入分配的因素；检验了中国人口流动与未来再流动取向的动因；实证了城市与农村户口流动人口的工资收入分配差距及其影响因素，并基于行业视角研究了流动人口性别工资差距。鉴于区域经济体中流动人口的工资收入分配问题逐渐成为人们关注的焦点，本书也系统研究了京津冀地区省际与省内流动人口工资收入分配及其影响因素。

　　本书的主要贡献是系统梳理了中国流动人口的地理分布特征、个人特征、人力资本特征、工作特征、收入分配特征，以及相应的居留意愿和社会融入状况，并通过对中国各地区流出和流入人口的个人特征、人力资本特征、工作特征和收入分配特征等进行对比分析，寻找出了中国流动人口的流入和流出的群体特征，回答了中国人口流动取向是经济推引还是社会认同，并从行业内部禀赋效应、行业内部回报机制效应、行业间禀赋效应和行业间回报机制效应四个方面，基于行业分割视角测度了流动人口性别工资差距等。由于作者水平有限，书中难免会有不妥之处，恳请广大读者批评指正。

目　　录

第一章

研究背景及研究内容设计

第一节 研究背景与意义

一、研究背景

推进全国经济协同发展，最重要的是谋求全国地区间发展要素的合理配置和有效利用，尤其是劳动力要素的有序流动与合理配置。人口的有序流动与全国不同地区之间的产业有效转移、资源有效配置、经济差距缩小、生态环境改善等密切相关。因此，系统分析研究全国人口流动的变动状况和变动趋势，探讨中国省际与省内流动人口工资收入分配现状及其影响因素，检验影响中国劳动力迁移与未来再迁移取向的动因（经济推引还是社会认同）等问题，是推进全国经济协同发展需要探讨的重要问题，也是本书的立意所在。

二、研究意义

首先，当前学术界已经使用了各种理论模型来解释人口流动的成因，尽管每个模型最终都试图解释同一件事，但它们采用了截然不同的概念、假设和参考框架。因此，通过对人口流动理论进行系统梳理，可以更为详细和全面地了解现代人口的流动过程，也更容易发现人口流动对劳动力市场的影响。因此，从人口流动成因和人口持续流动两个着眼点对相关理论进行全面梳理而获得的相关结论将为政府决策者的政策制定和其他学者的实证研究提供支持。

其次，基于中国流动人口动态监测调查数据，从总体上了解中国流动人口的现状；并通过对中国各地区流出和流入人口的个人特征、人力资本特征、工作特征和收入分配特征等进行对比分析，归纳了中国流动人口的流入和流出的群体特征，可以更为清晰地总结出劳动力要素的流动变化趋势及其变化程度，为相关部门根据劳动力变动趋势调整相应政策和措施提供决策依据。

第二节　研究内容

一、主要研究对象

以全国流动人口为研究对象，系统梳理出中国流动人口的地理分布特征，个人特征、人力资本特征、工作特征、收入分配特征，以及相应的居留意愿和社会融入情况，探讨本书研究主题。

二、总体框架

本书以中国人口流动现象为主线，基于人口流动理论，系统分析中国人口流动状况，具体研究内容如下。

（1）人口流动理论分析。学术界使用了各种理论模型来解释人口流动的成因，尽管每个模型最终都试图解释同一件事，但它们采用了截然不同的概念、假设和参考框架。例如，新古典经济学关注的是工资和就业条件之间的差异、移民国家和移民成本等，它通常将流动视为收入最大化的个人决定；相比之下，新移民经济学在关注劳动力市场之外，还综合考虑了各种市场的情况。它将移民视为家庭为尽量减少家庭收入风险或克服家庭生产活动的资本限制而做出的决定。双重劳动力市场理论以及外围和中心系统理论则通常忽略这种微观层面的决策过程，倾向于关注在更高层次上运行的力量。前者将移民与现代工业经济的结构要求联系起来，而后者则将移民视为经济全球化和跨国市场渗透的自然结果。了解这些劳动力流动理论，可以更为详细和全面地了解现代劳动力的流动过程，也更容易发现劳动力流动对劳动力市场的影响。因此，本部分基于文献研究了人口流动的基础理论，包括新古典经济学、新经济地理中关于人口流动的理论，以及新移民经济学等理论。

（2）基于中国流动人口动态监测调查数据，系统梳理出中国流动人口的地理分布特征、个人特征、人力资本特征、工作特征、收入分配特征，以及相应的居留意愿和社会融入状况，从总体上了解中国流动人口的现状；并通过对中国各地区流出和流入人口的个人特征、人力资本特征、工作特征和收入分配特征等的对比分析，寻找中国流动人口的流入和流出的群体特征。

（3）中国流动人口工资及其收入分配差距研究。对不同流动地域范围、不同流动时间长度、不同流动行业、不同企业单位性质下的流动人口工资水平、基尼系数等进行了测算，并对组内和组间的工资水平和基尼系数进行了分解。

（4）中国省际与省内流动人口工资收入分配及其影响因素分析。本部分主要借助中国流动人口动态监测调查数据，以中国流动人口为研究对象，探讨省际和省内流动人口工资收入分配状况以及影响其工资收入分配的因素，并采用 Blinder-Oacaxa 分解方法研究相关禀赋对流动人口工资收入分配的影响程度。

（5）中国人口流动取向检验：经济推引还是社会认同？随着人们生活水平的提高，经济虽然还是决定人口流动的重要因素，但随着流动者逐渐成熟，流动人口的社会融入度也逐渐成为人口流动的主要决定因素。然而，在人口初次流动和未来再次流动的过程中，经济因素和社会融入度是否都显著影响着人口流动的方向，经济因素是否还是主要的决定因素等问题都需要进行深入的探讨。

（6）劳动力市场歧视对中国流动人口工资的影响。当前，中国户口类型分为城镇户口和农村户口，不同户口类型下，流动人口教育投资回报收益率存在显著差异，流动人口的工资和收入分配也有明显差距。此外，由于行业歧视或者行业隔离等因素，不同性别的流动人口在进入的行业存在明显差异，进而引起行业之间的工资水平差距，并且在行业内部也会出现由性别引起的收入差距。因此，本部分研究主要基于流动人口性别、行业和户口等不同特征研究劳动力市场歧视等因素对其收入分配的影响。

（7）京津冀省际流动与省内流动人口收入分配差距研究。本部分主要借助流动人口动态监测数据，以河北省跨省流入人口和省内流动人口为研究对象，研究省际和省内流动人口的收入分配差距，以及造成收入分配差距的工资作用机制。

三、研究的主要目标

本书主要研究目标包括五个方面：（1）从人口流动成因和人口持续流动

两个视角下对相关理论进行全面梳理，获得的人口流动相关结论可为政府的政策制定和其他学者的实证研究提供理论支持。（2）基于中国流动人口动态监测调查数据，分析中国流动人口的地理分布特征、个人特征、人力资本特征、工作特征、收入分配特征，以及相应的居留意愿和社会融入状况，从总体上了解中国流动人口的现状。（3）对不同流动地域范围、不同流动时间长度、不同流动行业、不同企业单位性质下的流动人口工资水平、基尼系数等进行测算，并对组内和组间的工资水平和基尼系数进行分解，从总体上了解中国流动人口的收入分配状况。（4）实证中国省际与省内流动人口工资收入分配及其影响因素，检验影响中国劳动力迁移与未来再迁移取向的动因（经济推引还是社会认同）。（5）从劳动力市场歧视角度，研究城市与农村户口流动人口的收入分配差距及其影响因素，并基于行业视角研究流动人口性别工资差距。（6）结合研究结论，基于中国流动人口现状以及既有人口流动相关经济政策等，围绕提高人力资源配置效率提出政策建议。

四、重点与难点

本书研究的研究重点有：（1）从人口流动成因和人口持续流动两个视角下对理论进行全面梳理，获得的相关人口流动结论将为政府决策者的政策制定和其他学者的实证研究提供支持；（2）实证中国省际与省内流动人口工资收入分配及其影响因素，检验影响中国劳动力迁移与未来再迁移取向的动因是经济推引还是社会认同，研究不同行业流动人口的性别工资差距等；（3）从劳动力市场歧视的角度出发，分析不同户口类型、性别和行业等因素对流动人口收入分配的影响。

本书的研究难点有：当前学术界已经使用了各种理论模型来解释人口流动的成因，但不同理论模型的研究假设、研究情景和关注点等并不同，因此，梳理各种流动人口理论间的关系是本书研究的难点之一；人口流动是综合因素作用的结果，包括经济型因素和非经济型因素，它是一种综合性的预期体验，不同类型的人口流动机制也会存在显著性的差异，人口是否进行省际流动本身是一种选择过程，未来的人口再次迁移已经不是一个随机样本，而是一个选择样本，所以未来人口再次迁移的影响因素研究在方法上存在一定的难度。

第三节　研　究　方　法

一、文献研究法

本书主要通过文献研究法来回顾相关研究方法、研究结论和主要采用的研究变量等，并借此发现在研究工资对人口流动影响时存在着哪些计量上的问题，包括其他学者是如何克服和解决的，在此基础上来构建本书的研究模型、选取恰当的研究变量，从而减少研究偏差。通过中国知网、维普网、EBSCO①数据库、NBER 数据库、JSTORS② 数据库、SAGE 数据库、SSRN（社会科学研究网）、IZA（Institute for the Study of Labor）以及谷歌等进行搜集，同时通过翻阅相关的图书来寻找相关的研究成果和理论。

二、实证研究方法

（一）Logit 回归

人口流动是多种因素综合作用的结果，包括经济型因素和非经济型因素，它是一种综合性的预期体验，本书主要采用效用函数来研究劳动力的省际流动决策。不同类型的流动人口，其流动机制也会存在显著的差异，通过建立Logit 条件函数对人口流动进行估计时，需要采用多元 Logit 回归，且估计结果相对比较复杂。

（二）基于 RIF 模型的 Blinder-Oaxaca 方法

以流动人口的工资为被解释变量，以流动人口的人口特征变量、人力资本

---

① EBSCO 是一个具有 60 多年历史的大型文献服务专业公司，提供期刊、文献订购及出版等服务，总部在美国，在 19 个国家设有分部。开发了近 100 多个在线文献数据库，涉及自然科学、社会科学、人文和艺术等多种学术领域。其中两个主要全文数据库是 Academic Search Premier 和 Business Source Premier。

② JSTOR 全名为 Journal Storage，目前 JSTOR 是以政治学、经济学、哲学、历史等人文社会学科主题为中心，兼有一般科学性主题共十几个领域的代表性学术期刊的全文库。从创刊号到最近三至五年的过刊都可阅览 PDF 格式的全文，有些过刊的回溯年代早至 1665 年。

变量、工作特征变量、行业变量、企业变量等为解释变量，利用国家卫生健康委发布的中国流动人口动态监测调查数据，基于在中心化影响函数（RIF），采用 Mincer 方程的回归分析，研究影响流动人口工资差距的主要因素，并结合 Blinder-Oaxaca 分解方法，确定影响工资收入的资源禀赋因素的价格效应和禀赋效应，进而可以全面、详细地了解中国流动人口工资差距产生的原因。

（三）纠正样本选择性偏差的赫克曼两步法

不同类型人口流动机制也会存在显著性的差异，通过建立 Logit 条件函数对人口流动进行估计，需要采用多元 Logit 回归。由于人口是否省际流动本身是一种选择过程，未来的人口再次迁移已经不是一个随机样本，而是一个选择样本，因此未来人口再次迁移的影响因素研究必须采用纠正选择性偏差的二阶段法。

（四）BROWN 分解

中国流动人口分布具有明显的行业性特征。在本书研究中，中国流动人口主要由农村低学历年轻人构成，其从事的行业主要为建筑、住宿、城市服务等，形成了鲜明的行业分割。行业分割不但会造成流动人口的行业进入壁垒，还会影响其在行业内部的工资水平。因此，本书主要基于行业分割视角，通过 BROWN 分解，探讨男性流动人口和女性流动人口在进入行业时的差异，以及由于这种差异而产生的行业内和行业之间的工资差距。通常，在不同性别流动人口行业准入概率相同和行业内部付薪平等情况下产生的工资差异为可解释差异，这种差异是公平的差异。而在行业准入概率不平等或行业内部付薪不平等情况下产生的性别工资差异为不可解释差异，这种差异则是不公平的差异。

第二章

人口流动相关研究文献回顾

第一节 人口流动及其收入分配

一、人口流动及其收入水平

国内外学者针对流动人口的收入水平已展开了大量研究，得出的结论大多是人口流动能够显著提高其收入水平。C. 克拉克（Clark C.，1940）提出了经济发展阶段学说，认为劳动力会从第一产业向第二产业转移，随着劳动力收入水平的上升，劳动力又会向第三产业流动。W. A. 刘易斯（Lewis W. A.，1954）提出了"二元经济"发展模式，认为经济发展的过程就是劳动力从农业部门向工业部门转移的过程。综合两人的看法，可见不同产业的工资收入存在差异，劳动力之所以进行转移是因为工业生产收入高于农业生产收入；产业转移的过程往往伴随着劳动力流动，它体现一个国家或地区经济发展到了何种程度，也是劳动力工资水平上升的体现。李实（1999）认为人口流动有利于提高流动人口的家庭收入，农村劳动力流向城市，对农村内部收入增长和收入分配都具有积极的影响。与此相似，马忠东（2004）认为大规模的人口流动能够显著增加农村收入，缓解农村的贫困问题，逐渐成为带动不发达的农村地区经济增长的新引擎。段平忠等（2012）认为跨地区劳动力流动会缩小西部各地区之间经济发展的差距，有效提高各地区贫困人口的收入水平。胡芳、马娜娜等（2017）通过研究辽宁省农村人口流动与收入的相关性，发现人口流动能够增加农民人均可支配收入，有利于减小城乡收入差距；与此对应，若是农村务农人口在所有人口中占比过大，会抑制农村常住居民人均可支配收入的增长。通过以上研究可以发现，人口流动是社会发展的必然现象，是劳动力资源配置优化的过程，是社会生产力不断提高过程中三大产业重心转移的结果。在此过程中，人口流动不仅有利于提高流动人口的收入水平，还有利于带动劳动力流出和流入地区的经济增长，进而缩小城乡之间、地区之间的经济差距。

二、流动人口与其他人口收入分配

关于流动人口收入分配的研究大概可以分为两类，一类是关注流动人口与城市人口和农村人口之间的收入差异。毛雷尔和法齐奥（Maurer，Fazio M.，2004）认为职业隔离、行业隔离是造成流动人口工资收入劣势的主要原因。李春玲等（2008）则认为估价性歧视和分配性歧视叠加，严重影响了流动人口的工资收入。陈传波等（2015）认为乡城流动人口与城城流动人口收入差距原因中的3/4以上可用人力资本因素进行解释。也有学者表达了不同的观点，例如，孟兆敏等（2016）利用2013年的流动人口动态监测数据研究发现，在人力资本及劳动力市场的双重作用下，流动人口的收入回报率高于户籍人口，低端市场劳动力的收入回报率高于高端市场，其中，教育、经验、吃苦耐劳等因素是低端劳动力市场流动人口的收入回报率高于户籍人口的重要原因，经验则是流动人口在高端劳动力市场收入回报率高于户籍人口的主要原因。更多的学者（Knight J. et al.，2000；陈维涛等，2012；梁名双等，2017）认为户籍、区域保护制度是影响流动人口工资收入的主要因素。可见，影响流动人口工资收入的因素不仅包括人力资本等生产性要素，还包括隔离、歧视和制度等非生产性要素。李文星（2012）认为流动人口相对于城镇人口学习能力更弱，在面对产业结构升级时适应能力更差，因此产业结构升级使流动人口面临的淘汰风险更大，进而降低其收入水平。孙婧芳（2017）认为，城市劳动力市场歧视农民工的主要原因是双重劳动力市场和拥挤效应，双重劳动力市场的形成是二元户籍制度作用的结果；但通过对农民工与城市本地劳动力之间的就业分布和小时工资差异进行分析，发现城市劳动力市场对农民工的歧视已经大幅度减少，城市本地劳动力和农民工小时工资之间的差距主要来源于个体特征差异而非歧视。邓曲恒（2007）基于Oaxaca-Blinder的分解结果却表明城镇居民和流动人口收入差距的60%应归因于歧视，特别是在低收入与中等收入群体中，歧视是造成城镇居民和流动人口收入差距的主要原因。孟凡强等（2018）利用2016年中国流动人口动态监测调查数据，分析认为受户籍制度影响，流动人口与城镇人口的收入差距明显，户籍歧视更多地表现为对城镇流动人口的就业优惠，他们还指出，由于城镇年轻劳动力享受的就业优惠逐渐缩水，不同户口性质的劳动力受到的歧视也相应减少了。邹益玲（2019）通过统计2013年流动人口、城镇人口和农村人口的人均收入，发现2013年流动人口的人均收入高于农村人口的人均收入，但低于城镇人口的人均收入。

三、流动人口内部收入分配

一些研究更关注造成流动人口内部收入差异的影响因素，包括流动人口的个人特征、教育程度和就业特点等。

（一）流动人口个人特征对其收入分配的影响

流动人口的性别、婚姻状况和户口性质等个人特征往往会对其收入水平造成影响。

D. J. 特雷曼（Treiman，D. J.，1981）研究发现劳动力市场的性别歧视、人力资本水平低等因素，导致女性收入普遍低于男性。田林楠（2014）通过研究发现流动人口的性别会显著影响其收入水平；其中，人力资本和职业的性别隔离是造成收入差异的两种主要因素，分别解释了流动人口收入差异的12%和16%，在控制人力资本、制度结构、社会化网络和个人特征等因素后，发现女性流动人口收入是男性的84%，意味着16%的收入差距完全是由性别歧视造成的。李正国等（2017）研究发现女性由于更易受到家庭约束，因而女性流动人口的就业率、求职率和收入水平都明显低于男性，且男女流动人口收入差距的70%可以由性别歧视来解释。郭震（2013）研究发现，性别歧视造成的工资不平等及矛盾主要集中在低工资水平的流动人口，而对于中高收入的流动人口而言，尽管收入越高性别工资差距越大，但都与个人特征相关。除此之外还有很多学者（罗俊峰，童玉芬，2015；马疆华，2017）研究发现流动人口的性别会显著影响其收入水平。

流动人口的婚姻状况也会影响其收入水平。王箐等（2014）通过研究新老两代流动人口工资收入，发现婚姻状况及抚育子女数量会对新老两代流动人口收入造成显著影响，主要原因在于流动人口家庭抚养子女数量多，其对工资水平的要求也会相应提高；马疆华（2017）利用天津市2014年流动人口动态监测数据，研究发现婚姻状况会显著影响流动人口收入水平，且对男性工资收入的影响要大于女性，因为已婚流动人口生活态度和工作状态更加积极，工作相比未婚流动人口而言更加稳定，因此收入水平更高。

户籍性质不仅会对流动人口与其他人口收入水平造成差异，也会造成流动人口内部收入差异。魏万青（2012）利用倾向得分匹配方法研究发现，户籍制度使低端劳动人口的收入水平提高了，但是却抑制了高端流动人口的收入水平。于潇和孙悦（2017）按流动人口的户籍性质分类，采用中位数回归与分位数分解方法，发现户籍差异对流动人口收入的影响比重高达36.8%，制度性歧视的存在使得农村流动人口收入明显低于城镇流动人口，且这种歧视在高收入流动人口中更加强烈。段成荣（2011）研究发现，农业户口流动人口的平均收入仅为城镇户口流动人口收入的68%，且该差异是由歧视和流动人口的个人特征共同造成的。罗俊峰和童玉芬（2015）认为农村户籍的流动人口从事的行业普遍为劳动密集型的低端行业，因此其收入水平相对城镇户籍的流动人口较低。宁光杰和段乐乐（2017）认为非农户籍和本地户籍的人口更愿意进入国有企业，且非农户籍，本省、本市户籍和公共服务变量都能够提高流动人口的收入。

（二）流动人口人力资本对其收入分配的影响

现有针对人力资本对流动人口收入分配影响的研究如下。G. 贝歇尔（Becher G. 1975）研究发现，在剔除了市场歧视对工资收入的影响后，流动人口的人力资本与其收入水平正相关。张丹丹（2004）研究发现流动人口的学历越高，获得的教育回报也就越高，但是教育对初中及以下学历流动人口的收入影响并不显著。王德文等（2008）利用 Mincer 工资方程进行分析，结果显示农村迁移劳动力工资收入的教育回报率估计在5.3%～6.8%，短期培训和正规培训对农村迁移劳动力工资收入有着重要的决定作用。罗锋和黄丽（2011）研究发现，农民工的人力资本能够显著提升其收入，而培训是提高农民工能力资本的主要渠道，接受一个月的培训，就可以使其收入提高11%。谢桂华（2012）认为外来农民工虽然在流动初期处于收入劣势，但在一段时期之后，高技能者的收入将追上本地劳动力，但低技能者的收入劣势却无法改变；这表明流动人口的人力资本对其收入水平的影响会随着时间延长而变得更加明显。因此，提升流动人口的人力资本对于提升其收入水平具有重要意义。陈传波（2015）采用 Brown 分解方法研究了城城和城乡两类跨县流动人口的收入差异，结果发现人力资本差异是造成这两类流动人口收入差异的重要原因。阳玉香

（2017）利用 2014 年的流动人口数据研究培训对流动人口收入的影响，研究发现培训能够显著提高流动人口的收入，收入溢价效应为 2.4%，且政府培训对流动人口的收入效应呈"U"型变化，即培训对低收入者和高收入者影响大于对中等收入者的影响。张刚等（2019）利用 Mincer 收入方程研究发现，尽管教育对不同类型流动人口的收入影响强度不同，但受教育程度带来的流动人口之间的收入差距会随着时间的延长而越来越显著。李铭娜和回莹（2021）认为教育对脑力劳动者的影响最大，是提高流动人口人力资本和劳动生产力，进而增加其收入的有效方式；并测算出接受大专教育和研究生教育的个体工资收入溢价幅度分别达到 22.7% 和 63.5%。此外，还有大量研究表明教育、培训能显著提高流动人口的平均收入水平。

（三）流动人口就业特点对其收入分配的影响

大量学者围绕流动人口就业特点对其收入分配的影响进行了研究。孙龙、风笑天（2000）研究发现，与企业签订长期合同的流动人口工资水平明显高于签订短期合同的流动人口，且随着流动人口更换工作次数的增加，其工资水平随之下降。李中建（2013）基于对北京市流动人口的调查，发现就业身份是造成农村流动人口收入差异的主要因素，为雇主打工的劳动者收入普遍较低，相反，管理者、自我雇用者和雇主等流动人口的收入普遍较高。叶方方（2015）研究发现农民工进行职业转换能显著提升其收入水平。侯建明等（2016）研究发现流动人口的就业单位性质与其收入水平有密切联系，不同性质的企业有不同的薪酬福利制度，在有着完善的福利制度体系的企业就业的流入人口，其收入水平明显高于那些薪酬制度不完善的企业。张刚等（2017）研究发现，流动人口的工资收入存在明显的地区差异，东部地区明显高于其他地区，且中部、西部、东北地区收入水平依次下降。孙凯文和赵忠（2021）研究发现流动人口收入水平上升的主要原因是就业结构改变，而职业间的收入差异可以解释收入计划水平的 90%。

综上可知，早期研究流动人口及其收入的文献主要集中于流动人口收入水平，即研究区域流动如何影响流动人口的收入水平。在这一问题上学者的结论大同小异，即流动使人们的收入显著提升了。近年来，关于流动人口的研究重点逐渐转向了流动人口与非流动人口之间的收入差异，以及影响流动人口收入水平的因素。关于前者的研究结果表明，户籍歧视、区域保护制度和劳动力市场歧视等因素造成了流动人口与城镇人口的收入差异。而关于后者的研究则发现，影响流动人口收入的主要因素有流动人口的个人特征、人力资本及就业特点等。

第二节　流动人口的劳动力市场歧视

改革开放以来，我国区域间发展的不平衡导致大量人口涌入东部地区，沿海城市与省会城市人口涌入现象尤为明显。流动人口在为当地经济社会发展做出巨大贡献的同时，也面临着种种歧视。其中，劳动力市场歧视会对流动人口的经济融入造成直接影响，进而影响流动人口在流入地的心理认同和社会参与度，是流动人口融入当地社会最大的阻力之一。

一、劳动力市场歧视程度测量研究

姜茂敏等（2019）利用流入地社会融入评价指标体系对上海11个区部分人口的社会融入状况进行调查，调查结果显示，在劳动力市场上，流动人口的就业性质与当地居民存在较大差异，大都从事于私营企业或个体工商户，其工作时长和工作强度也远高于当地本地居民。钞鹏、王向（2007）提出，计划经济时期严格的户籍制度造成了城乡分割的二元劳动力市场，导致流动人口在就业过程中受到歧视，必须加快制度改革以保障流动人口平等的就业权和其经济权益。赵海涛（2015）通过研究发现，在人口流入地，流动人口与本地居民间存在职业隔离，由歧视造成的工资差异占比11%，且占比呈逐渐下降的趋势。相似的，B. R. 奇斯威克（Chiswick B. R.，2005）通过对美国流动人口薪资水平的分析得出，在流动人口进入美国后，其升迁几率通常很高，较高的升迁几率可以有效地提升流动人口的工资，因此，移民与原住民的工资差距呈缩小趋势。国内一些学者同样提出，在劳动力市场中，外来人口与当地居民在相同职位的工资收入并没有表现出明显差异，但城市的某些工作岗位具有一定程度的户籍分割，本地市民进入高层次就业岗位的几率要比外来流动人口高，在国有企业和机关事业单位等单位就业的本地居民占比要高于城市流动人口34.7个百分点，高于农民工43.1个百分点，而农村流动人口主要在制造业、建筑业等劳动密集型行业就业（郭菲，张展新，2012；周正柱，周鹃，2022）。罗俊峰等（2015）学者进一步指出，受教育程度低、农村户籍，在经济相对落后、劳动密集型行业就业的流动人口的工资往往更低，面临的工资性别歧视更严重。

吕炜（2019）的研究却得出了与奇斯威克（2005）等学者不同的结论，他们的研究表明农村流动人口难以获得与人口流入地原住民相同的工资水平，在刚到达人口流入地时他们之间的工资差距甚至超过 30%，持续流动也最多只能缩小不超过 10% 的工资差距。孟凡强、向晓梅（2018）针对这一现象进行了更深入的分析，研究发现与新生代农民工相比，第一代农民工在选择职业时面临的歧视更甚，而关于新生代农民工的劳动力市场歧视则更多地表现为同工不同酬，且新生代农民工面临的工资歧视程度要远超第一代农民工。

二、不同类型的劳动力市场歧视研究

劳动力市场歧视将直接阻碍流动人口经济水平的提升，进而影响其在流入地的社会认同感，不利于流动人口的社会融入。通过上文分析可知，劳动力市场上对流动人口的歧视是广泛存在的，其表现形式主要为雇主对流动人口不以劳动生产率为标准的、带有偏见的评价。其中，学术界关于劳动力市场歧视的研究集中在性别歧视和户籍歧视上。

（一）性别歧视

随着改革开放程度的加深，市场经济在劳动力配置方面起到的作用日益加强，劳动力市场中性别歧视现象也逐渐显露出来。X. 孟等（Meng X. et al.，1995）指出，在中国劳动力市场中，农民工群体内部存在明显的职业内以及职业间工资性别歧视；宋月萍（2010）研究发现，在人口流入地劳动力市场中，女性流动人口由于流动经历欠缺，人力资本水平低等原因，其从事职位的工资普遍低于男性。曹永福等（2014）学者分别研究了从乡村到城市、从城市到城市以及人口流入地当地原住民三个群体的工资性别差异，得出以下三个结论：第一，针对性别的工资歧视，无论是在城—乡流动人口、城—城流动人口还是人口流入地原住民中都是普遍存在的，在流入地劳动力市场当中女性劳动力的工资普遍低于男性劳动力的工资；第二，在户籍歧视效应减弱时，女性在劳动力市场中的就业和晋升或更容易遇到"天花板效应"，进而导致女性流动人口工资性别歧视程度加剧；第三，在流动人口中，与城—城流动人口相比，乡—城女性流动人口受其生活、教育背景的影响，其人力资本水平较低，在劳动力市场上受到歧视的程度更严重。

针对性别收入差距，杨铭和王任远（2019）提出，性别歧视可以在极大程度上解释这一现象的出现，但女性流动人口由教育水平提高而带来的收入涨幅显著高于男性流动人口，因此，随着受教育程度的提升，由性别歧视所造成的工资差距会渐次缩小；然而，由于人口流入地劳动力市场相关制度不完善和部分雇主主观偏见已根深蒂固等因素的存在，流动人口性别工资差距中仍有部分成因难以解释。相似的，戴霞（2005）对造成劳动力市场性别歧视的因素进行分析，也得出教育背景的不同对于性别歧视的形成至关重要的结论，并提出要根据地区特征"对症下药"，提高女性流动人口的受教育水平。提高女性流动人口的受教育程度实质上是为了提高其人力资本水平，李兴睿等（2018）学者通过研究表明，相较于社会资本，女性劳动者的人力资本对于其是否能顺利融入流入地当地社会而言更为重要；基于此，应该注重提升新生代女性流动人口的人力资本素质，打造多样化继续教育方式，注重对女性流动人口高端技能的培养，以提升其在流入地劳动力市场中的竞争力。邱红等（2020）学者的研究也证实了提升教育水平以消除劳动力市场中性别歧视这一方式的可行性，研究指出，随着女性流动人口受教育水平和性别平等意识的提升，没有性别偏好且女性职工占比依旧较低的行业中职业性别隔离水平明显下降。

除教育因素外，罗俊峰等（2015）还提出户籍所在地、就业地区在农村，从事劳动密集型行业的女性流动人口在劳动力市场上受到歧视的概率更大。相较于从事劳动密集型行业的中低收入者，郭震（2013）认为中高收入者的性别工资差异虽然大，但这一现象出现的原因往往与流动人口的个人人力资本素质相关，女性劳动者受教育程度、知识储备、专业技能的提升会显著提高其工资水平，进而缩小流动人口的性别工资差异。李芳芝和李超（2016）则针对不同身份的流动人口的性别收入差距进行了分析，结果显示，与雇主群体相比，雇员群体所面临的工资性别差距更大；基于此，提出了消除劳动力市场中对女性流动人口的性别歧视，以提升劳动者整体的生产效率，进而缩小流动人口内部不同群体间收入差距等的政策建议。

（二）户籍歧视

户籍制度作为造成户籍歧视的根源，会因户籍类型和户籍地点的不同而对劳动力市场上的流动人口产生影响，因此，现阶段学术界关于人口户籍歧视的研究主要分为以下两方面：一是研究外来户籍人口在流入地劳动力市场遭遇的歧视，即与本地人相比，外来流动人口在劳动力市场上所遭遇的歧视；二是关于流动人口内部歧视程度的比较，即农村—城市流动人口与城市—城市流动人口在劳动力市场遭遇歧视的程度。

艾小青等（2015）学者通过分析发现，在北京劳动力市场中，流动人口的薪资待遇和福利水平都显著低于与其劳动生产率相同的北京户籍劳动力，且这些流动人口大都未被纳入当地社会服务体系当中；相似的，程璟昊（2022）研究发现，在长三角、珠三角以及京津冀地区亦存在对流动人口的户籍歧视。而由户籍歧视造成的工资歧视现象会随流动人口流入地点的变化而变化，于潇等（2022）的研究表明，流向中部和东部地区的流动人口获得的流动溢价效应要高于户籍歧视效应，也就是说流入东部地区可以为流动人口带来比人口流出地更高的收入；而西部地区则不然，流入西部地区的流动人口或将面临比人口流出地更低的工资收入；且低收入人群所遭遇的户籍歧视要更高；王广慧和季云菲（2019）也发现，与经济相对落后的地区相比，经济发展水平较高的地区流动人口遭遇的户籍歧视程度要低，然而即使是接受过高等教育的流动人口，其在流入地劳动市场上的职位进入和工资收益也仍面临着户籍歧视。与于潇等（2022）学者的结论不同，章莉和蔡文鑫（2017）的研究表明，流动人口的户籍歧视是长期存在的，不会因农民工进城时间的延长而消失，且相较于低收入人群，针对高收入人群的户籍收入歧视更为明显；鉴于此，他们提出要消除劳动力市场中存在的职业进入壁垒、垄断和分割现象，以缩小流动人口的收入差距；加强对农村户籍劳动力的教育投入力度，减少农村户籍劳动力中低学历劳动者的占比，提高其人力资本及收入水平，以缩小流动人口中低收入群体的工资水平差异。聂正彦和张成（2021）的研究表明，当前我国劳动力市场已迈过刘易斯转折点，但农村户籍的劳动力仍然在人口流入地劳动市场上受到户籍歧视，且与当地农村户籍流动人口相比，外来农村户籍流动人口在劳动力市场上遭遇的歧视更甚。

除了研究外来户籍人口在流入地劳动力市场遭遇的歧视外，诸多学者针对农村城市、城市—城市流动人口在流入地劳动力市场遭遇歧视程度的不同展开了研究。陈杰等（2019）提出在人口流入地农业户籍流动人口遭遇歧视的程度比城市户籍流动人口遭遇歧视的程度深，并且随着城市规模的扩大，劳动力市场中对农业户籍的歧视程度呈现出先下降后上升的趋势。柳建坤（2017）研究发现，在我国劳动力市场中存在"主要—次要"结构。一方面，城乡教育资源分配的不均匀导致农村户籍的流动人口难以进入主要劳动力市场；另一方面，即使农村户籍的流动人口能够与城镇工人获得相同的工作，但是较低的受教育程度和身份上的歧视仍使得农村户籍流动人口在当地劳动力市场中处于弱势地位。李天成、温思美（2018）也认为具有城市户口的流动人口比农村户籍的流动人口更容易获得收入水平高的工作，技术进步又使这种职业进入歧视进一步加深，导致具有城镇户口的中、高技能流动人口得以更高概率取得高收入岗位。刘玮玮（2015）等学者认为，劳动力市场上城乡歧视造成的职业隔离与教育投资之间存在互动效应，只有促进城乡教育资源的公平配置，缩小城乡劳动力之间受教育程度的差距，才能打破劳动力市场上持续已久的户籍歧视现象，进而在劳动力市场营造一个公平的环境。

综上可知，现有关于流动人口在劳动力市场歧视的研究尚存争议，但基本可以肯定流动人口在劳动力市场上遭遇歧视是广泛而普遍存在的；学者们大都针对户籍歧视和性别歧视对职位进入以及工资收入差距造成的影响展开研究，且普遍将流动人口视为一个整体，少有针对流动人口个体人力资本、家庭、经济等特征导致的劳动力市场歧视进行研究。此外，随着人口老龄化、城镇化程度的不断加深，现有关于流动人口劳动力歧视的研究尚不足以为促进流动人口融入社会提供全面、系统的参考。

第三节　流动人口的社会融入研究

一、流动人口社会融入现状

随着社会经济的不断发展和人口流动体制机制障碍的逐步破除，大规模人口流动成为我国经济社会发展的显著特征。人口流动改变了我国的城乡结构和社会结构，加快了我国城镇化的发展进程，然而，受城乡二元结构的影响，流动人口并无法享受与当地居民同等的待遇，流动人口不能完全融入城市而导致的"半城镇化"问题逐渐凸显。为解决流动人口社会融入难题，国家发改委于2022年3月印发《国家新型城镇化规划（2021—2035年）》，从深化户籍制度改革、落实城镇基本公共服务均等化、加强农民工就业和技能培训等方面出发，将推动农业人口城市融入水平作为新型城镇化的首要任务。

随着人口红利的逐渐淡化，具有年龄优势和人力资本优势的新生代流动人口成为城市发展的重要因素。李国柱和刘美晨（2022）基于全国 2017 年流动人口动态监测数据，从经济、心理、行为和文化四个方面对新生代流动人口的融入度进行了分析，结果显示，新生代流动人口的经济适应能力较强，并且对自己选择的流入地点存在较强的心理依赖，但在参与公共事务和社会活动时，不能较好地适应当地行为，在融入人文环境方面存在一定障碍，综合来看，新生代流动人口的社会融入水平偏低，融入质量较差。

随着社会经济发展，农村剩余劳动力持续向城镇流动。据国家统计局《2021 年农民工检测调查报告》，2021 年，全国农民工总量 29 251 万人，较上年增长 2.4%；其中外出农民工 17 172 万人，增长 1.3%；外出农民工中，跨省流动 7 130 万人，增长 1.1%；省内流动 10 042 万人，增长 1.4%。鉴于此，杜海峰等（2022）以新型城镇化为背景，对不同代际农民工的社会融合进行了研究，发现农民工的社会融合存在代际差异，第二代农民工的融入意愿强于第一代农民工，从农民工自身特征来看，健康状况和受教育程度是影响农民工社会融合的重要因素，其中第一代农民工主要受健康状况的影响，第二代农民工则主要受教育程度的影响；从流动因素来看，当地务工时间、流动原因、流动陪伴对第一代农民工的社会融入具有显著性影响，第二代农民工的社会融入主要受流动范围的影响。可见，虽然农民工群体的社会融入意愿十分强烈，但健康状况、受教育程度、流动范围、流动陪伴依然是影响农民工社会融入水平的重要因素。

近年来，随着青壮年人口的大规模流动，我国老年流动人口规模也在逐年扩大，作为流动人口中的弱势群体，其社会融入不仅事关老年流动人口健康、就医和生活质量等问题，也关系社会的平稳发展。在我国，老年人口流动的主要动因包括养老、照顾晚辈和家属随迁，寻找工作机会和提高收入并不是绝大多数老年人口流动的主要原因，这也就使得相较于其他流动人口，老年流动人口不需要为了工作尽快地了解和融合新居住地，缺乏社会融入动力和途径。李雨潼（2022）从社会融入意愿、客观社会融入程度与主观社会融入程度出发，分析总结了我国老年流动人口现状。首先，相较于其他年龄群体，老年人的社会融入意愿更加强烈；其次，无论从参与本地社会活动还是本地政治活动，老年流动人口的客观社会融入程度明显低于流动人口总体，但是，老年流动人口感受到的本地排斥程度要小于其他年龄劳动人口，由此造成的主观社会融入阻碍小于流动人口总体；最后，按照流动原因分类，以养老为目的的老年流动人口，其社会融入速度较快、程度较高，以照顾晚辈、家属随迁为目的的老年流动人口，缺少时间和精力与人交往，其社会融入程度相对来说较低。

综上可见，不论是新生代流动人口、农民工流动人口还是老年流动人口，其社会融入意愿都非常强烈，但在主客观条件的影响下，其社会融入程度并不高，其中，由于老年人多数已退出劳动力市场，缺乏社会融入的最有效途径，其社会融入程度相对其他流入人口来说更低。

二、流动人口社会融入障碍分析

（一）以户籍制度为核心的城乡二元结构约束

长期以来，以户籍制度为核心的城乡二元结构是我国社会结构的主要特征。虽然改革开放后，城乡二元结构因受到冲击而弱化，但户籍制度作为城市公共福利体制和载体的性质并未发生改变，与户籍制度有关的社会保障制度、就业制度、教育和福利制度依然是挡在流动人口社会融入道路上的第一道门槛，特别地，对于流动人口来说，其随迁家属的社会保障权和受教育权能否得到保障成为其是否能真正融入社会的主要影响因素。城乡二元结构的存在造成了流动人口生活地域边界、工作职业边界和社会网络边界的背离，使其长期处在流离于城市与乡村、正规劳动力市场与非正规劳动力市场、传统产业与新兴产业的状态之中，如同城墙内的城外人（刘谨锐和马众，2015）。

（二）流动人口自身人力资本水平和社会适应能力不足

据 2017 年流动人口动态监测数据，流动人口的平均受教育年限为 9.6 年，学历普遍较低，导致大多数流动人口只能从事收入水平较低的低端产业工作，这些职业中本地人口的比重远远小于流动人口，这也加大了流动人口和城市人口之间的隔阂；其次，对于流动人口来说，这类工作的收入使其无法承担高昂的城市生活成本，这使得即使是有较高社会融入意愿的流动人口也无法真正融入城市生活，自身人力资本水平的不足限制了其社会融入的水平和质量。

我国流动人口大都来自经济发展水平相对落后的农村地区，在进入城市后，流动人口需要经历由农村悠闲生活向城市快节奏生活方式的转变，在这个过程中，他们不仅要面临工作竞争带来的生产压力挑战，还要面临人际交往带来的难题。调查研究显示，多数进入城市生活的流动人口，其社会交际范围多为同乡、亲戚等，社会交际圈相对封闭、狭窄，从心理层面来说，多数流动人口会选择自我隔离，不愿主动破除这一封闭状态，从而形成了"过客心态"，这种心态使得多数流动人口对流入地没有归属感，在心理和生活上均无法融入城市生活。

（三）流入地居民的社会认同困境

长期以来，城市居民都存在对流动人口存在社会认同度不够的问题。部分城市居民对流动人口持排斥态度，认为其只能从事高强度的低端生产服务业以及社会地位较低的工作，特别在大城市中这种排斥与歧视现象更为明显。这种行为和态度排斥背后的原因是长期城乡分割导致的社会文化生活背景差异以及市民和农民之间沟通渠道的闭塞。这种社会认同困境加上流动人口对自身身份认同的缺失，给流动人口融入城市生活埋下了障碍。

三、社会融入评价指标

新型城镇化的根本任务之一是使流动人口能够长期稳定地生活在城市之中。那么，流动人口的综合融入水平如何，如何评价流动人口的社会融入质量？一直以来是学者们研究的热点话题。按照测度指标数量的多少，分为单指标测度和多指标测度。单指标测度主要是对社会融入的某个方面进行测度，杜鹏等（2005）、王桂新等（2008）对流动人口的就业、生活状况、子女教育、居住条件等方面的社会融合状况进行了单指标的描述和分析。随着研究的深入，学者们普遍认为评价流动人口的社会融入状况需要从多角度、多维度进行测量。曹子坚和殷杰（2021）构建了包含经济融入、文化融入和社会融入的多维社会融入综合指标体系，对全国和不同区域的流动人口社会融入度进行了具体测度。夏伦和沈寒蕾（2022）则构建了生理适应、经济融入、社会适应、身份认同、心理融入五个维度的指标体系来探讨流动人口的社会融入结构及路径。肖子华等（2019）结合党中央、国务院和各部委出台的相关文件，从政治融合、经济融合、公共服务融合和心理文化融合4个维度构建了城市流动人口社会融合评估指标体系。

第四节　人口流动与回流的影响因素

随着我国新型城镇化的持续推进，流动人口这一日益壮大的群体愈发受到各方的重视。学术界针对人口流动现象开展了广泛且深入的研究，其中，人口流动和回流的影响因素作为决定人口是否流动的根本，系统分析这些影响因素及其作用机理，是解决流动人口所面临困境的关键。

一、人口流动的影响因素

在研究人口流动的影响因素时，学界通常从流动人口自身特征、流入地和流出地经济、社会发展状况等角度分析影响流动人口去留的因素。D. J. 巴格内（Bagne D. J., 1969）进一步提出可以将这些影响因素划分为经济因素和非经济因素。

（一）经济因素

经济因素是造成人口流动的主要原因，包括地区间的工资差距、就业机会和就业前景等。G. 拉尼斯等（Ranis G. et al., 1961）提出，在农村地区经营传统农业的收入通常低于在已实现现代化工业城市中工作的收入，这使得农村地区的人们更倾向于选择向城市流动。王春光（2006）研究发现，农村流动人口流动后往往会获得比流动前更高的职业地位，但它是在相近职业之间实现的。马志飞（2019）等人认为，就业机会是诱发城城人口流动的内在动力，另外，地区经济发展水平、开放程度也会影响人口流动。陈本昌和张旋（2016）认为，经济发展水平高或者开放程度高的地区更容易形成人口聚集效应吸引人口流入。此外，市场潜能、产业结构也是人口流动的驱动力，陈威等（2022）人通过研究发现，流入地的市场潜能对西北地区人口流动的影响显著为正，而且产业结构也会影响人口流动情况，第三产业比重越高越容易吸引人口的流入。熊艳喜和杨云彦（2010）也提到，农村剩余劳动力呈现出向第二产业、第三产业、广大城镇和中心城市流动的趋势。K. 贝伦斯（Behrens K. et al., 2014）将人才、企业和聚集经济与城市结合起来研究人口流动机制，指出大城市更倾向于选择更具有生产力也就是经济效益更好的企业，进而需要聘用更高技能和更高生产效率的劳动力。

（二）非经济因素

影响人口流动的非经济因素则更为多样化，首先，从制度方面来说，李强（2003）认为，户籍制度是影响中国人口流动的最主要的制度障碍；而文化作为一种非正式的制度，也是影响人口流动的因素，李丹丹等（2022）人将族谱数和家谱数作为宗族文化代理变量发现，作为一种传统文化，宗族文化越浓厚的地区，人口流动范围越大。其次是流动人口自身特征，例如流动个体的受教育程度、性别、年龄和婚姻状况等都会影响人口流动情况。李强（2003）发现，受教育程度越高、年龄越小的流动人口越倾向于远距离流动，并且男性流动率高于女性。宋丽敏和田佳蔚（2021）通过对流动人口个体特征的研究发现，相比于拥有城镇户口的研究生，拥有农业户籍的研究生选择向外地流动的可能性更大；而且，无配偶的人口比有配偶的人口选择域外流动的概率更大。此外，张伟丽等（2021）通过分析得到，部分人口更倾向于流入自然环境好的地区。公共服务品质在人口流动中的作用亦被证实，夏怡然和陆铭（2015）指出，人们往往更倾向于流向公共服务水平更高的城市，基础教育和医疗服务等公共服务条件好的城市是人们的优先选择，然而，户籍制度的存在却限制了外来流动人口平等享有流入地公共服务的权力。熊艳喜和杨云彦（2010）认为，新一代流动人口相比于父辈有着更高的知识和文化，他们对工资福利待遇、工作环境等有着更高的要求和期待，不仅注重工资回报，也同样重视精神需要的满足，如果与预期不符，他们会"用脚投票"。

二、人口回流的影响因素

人口流动会促进流入地的经济发展，但当人口流入量超过了流入地的人口承载力后，人口流入反而会阻碍流入地的发展；张传勇（2016）提到，由于人口持续流出，流出地势必会出现劳动力短缺、留守儿童等社会问题，进而阻碍流出地发展。基于此，学者们不仅关注于人口流入现象，也同样重视人口回流的问题。影响人口回流的因素是什么？对现有相关研究进行梳理，我们可以发现，人口回流的影响因素主要包括个人特征、家庭因素、社会关系和地区环境。

首先，个体的性别、婚育状况、教育程度、年龄大小、身体素质和职业等都是影响人口回流的因素。通过在全国范围内进行调查研究，学者们发现，女性要比男性回流的可能性大，并且受教育程度低、身体健康状况不佳的流动人口更倾向于回流；年轻、未婚、受教育程度较高的流动人口回流意愿较低（尚越、丁士军、石智雷，2019；朱宇、林李月，2016；McHugh K. E. et al., 1995；罗小龙、曹姝君、顾宗倪，2020）。但相反的是，刘达（2021）通过对武汉地区流动人口的研究指出，女性空间流动具有明显的大城市偏好，而男性则更偏向于大城市和小城镇兼顾，或受这些因素的影响，女性回流意愿要低于男性；年龄、婚姻状况和身体素质对流动人口回流的影响并不显著。段玲等（2021）发现，职业不稳定的流动人口回流概率更高。

其次，家庭因素是流动人口回流的一个重要推动力。张丽琼等（2016）通过研究发现，在家庭因素作用下，有父母、子女和配偶的流动人口，更可能受父母赡养、子女教育、配偶回流和亲友回流信息分享等因素的影响，进而显著提高回流意愿。罗小龙等（2020）认为，随着改革开放脚步的持续推进，中部地区与沿海发达地区的经济发展差距越来越小，经济发展水平对人口流动的影响开始减弱，亲情社会网络对人口流动的影响开始显现，当流动人口处于"上有老、下有小"的年龄阶段时，大都选择回到家乡定居。

再次，一些社会现象的出现会影响流动人口的回流决策。朱丽求（2022）研究发现，当流动人口在流入地存在社会认同度不高、自身排斥融入、社会参与度低等阻碍其社会融入的问题时，流动人口往往也会选择回到流出地。刘达（2021）等在关于省内与省际流动人口回流意愿的调查研究中同样发现，能主观感知到社会融入或流入地身份认同较高的流动人口回流意愿较低。张耀军和陈芸（2015）通过对住房价格和自有住房研究发现，流入地持续上涨的商品房价和居住成本的提高对人口回流起到一定的促进作用，而在流入地拥有自有住房的人口进行回流的概率较低，并且会削弱高房价对人口回流的促进作用。沈建法（2019）认为，户籍制度也是阻碍流动人口留在流入地，推动其回流的重要因素。外来人口由于难以获得本地户口或将受到歧视或者一些不公平待遇，这会降低他们留居流入地的意愿。

最后，流出地的地区品质是人口回流的一个动力。刘达（2021）认为，随着新型城镇化建设的稳步推进和乡村振兴战略的实施，我国城乡差距越来越小，乡村基础设施建设、人居环境、公共服务等总体水平有所提高，在一定程度上增加了流动人口回流，进而在故乡发展的意愿；林李月等（2021）研究发现，相比于回到农村，流动人口在进行空间回流决策时更趋向于回到原居住地所在的城镇，这就意味着，城镇的就业机会、教育资源、医疗水平和自然环境等是吸引流动人口回流的重要因素。舒长根等（2008）提到，由落后地区向发达地区进行的人口流动，会影响欠发达地区的人才培养、人口规模发展，造成的劳动力流失将会影响其经济发展，为促进人口反向流动即回流，可以在欠发达地区实行优惠政策或其他促进其发展的措施吸引流动人口回流。

第三章

人口流动理论

D. S. 梅西等（Massey D. S. et al., 1998）认为，人口流动理论往往从个人、家庭、国家和全球等不同层面考虑人口流动的原因，但这些不同层面的原因一般是不同的。例如，个人决策的依据是收入最大化，而以家庭为单位的决策依据则是分散家庭风险。不同的理论对应了不同的研究目标。总体来看，现有人口流动理论可以分为两类：解释人口流动发生的理论和解释人口持续流动的理论（Massey D. S. et al., 1993）。新古典经济学理论、双重劳动力市场理论、外围和中心人口流动理论等均旨在解释人口流动发生的原因，人口流动网络理论、人口流动的制度理论、累积性的因果关系理论、人口流动的系统理论等旨在解释人口持续流动的原因。

第一节　人口流动的成因理论

一、E. G. 拉文斯坦的人口流动规律

十九世纪末著名的英国统计学家和人口学家法尔（U. Farr）提出了一个假设，即人口流动就像混乱的布朗运动一样没有任何规律性。后来 E. G. 拉文斯坦（Ravenstein E. G., 1885）提出了人口流动的十一条规律：（1）人口流动是领土空间之间的人口重新分配。（2）人口流动因空间经济特征而异；（3）大多数流动人口为近距离流动，且流动的目的地为附近的大城市；（4）流动人口远距离流动目的地多为大型工业贸易中心；（5）流动是逐步进行的；（6）每次人口的流动都至少伴随相应的一次回流；（7）城市居民的流动性低于农村居

民；（8）女性比男性更具流动性，男性比女性迁移距离更远；（9）大城市的发展主要是因为大批人口流入；（10）移民的数量随着工业、贸易和运输的发展而增加；（11）人口流动的主要原因是经济因素。

二、E. S. 李的推/拉人口流动理论

1960 年 E. S. 李（Lee. E. S.，1960）提出了人口流动的推拉理论。他认为人口流动的因素包含保持、拉动和推出三类。失业、收入、税收、贫困、歧视、自然和气候条件分别成为相应的推动和拉动因素；人口流入地往往具有失业率低、收入高、税收少、富裕、市场完善、自然和气候条件较好等特点；人口流出地的特征则往往是失业率高、收入低、贫困率高、税收高、歧视严重、自然和气候条件恶劣等。流出地和流入地之间的距离、交通成本和信息的可获得性等都是人口流动的保持因素。E. S. 李（1966）指出拉动因素对具有一定地位、高学历的人群影响更大，他们可以在人口流动中获得丰厚的回报；高素质人才更容易通过流动获得职业阶梯提升和收入水平的提高；推动因素对低技能工人的影响更大。

三、新古典人口流动理论

20 世纪下半叶，在自由竞争市场背景下，旨在解释经济发展过程中劳动力迁移的新古典人口流动理论应运而生，该理论描述了宏观和微观层面的移民过程。

新古典理论最初主要回答的问题是人口为什么会流动。新古典理论认为人口流动是由劳动力供求的地域差异以及由此产生的工资水平差异引起的。只有当这种工资水平的差异足以支付流动产生的成本时，人口流动才会发生（Lewis W. A.，1954；Ranis G.，Fei J. C.，1961；Harris J. R.，Todaro M. P.，1970；Todaro M. P.，1976）。因此，根据新古典理论，人口流动的目的主要是克服与经济发展不平衡的经济需求和劳动力需求的差异，进而解决资源的有效配置问题。人口一般从低工资地区向高工资地区流动，且和资本流动的方向相反（Massey D. S. et al.，1993）。根据新古典理论推断，随着人口流动，地区之间工资差距逐渐缩小，最终人口流动将停止；劳动力市场是地区人口流动的主要机制，其他市场对人口流动的影响很小。

与此同时，很多学者从个体层面研究了人口流动（Sjaastad L. A., 1962; Todaro M. P., 1969, 1976, 1989; Todaro M. P., Maruszko L., 1987）。在人口流动过程中，每个流动人口都是理性个体，只有当流动产生的预期收益大于搬家、适应新环境、建立新的人际关系等直接和间接流动成本时，流动才会发生。理性的个体会根据流动相关的费用和回报分析，做出是否流动的决定。从微观层面来看，人口流动取决于人口流动之后的收入、就业率以及其未来的生产效率等；在其他条件相同的情况下，教育、经验、培训、语言技能等人力资本特征往往会增加其流动之后的报酬和就业概率。降低人口流动成本的个人特征、社会条件或技术会增加人口流动的净回报，从而提高人口流动的可能性；如果地区间不存在收入或就业率等差异，人口流动也就不会发生。因此，人口流动之后的预期回报差异决定了人口流动的倾向和频率；政府可以通过调控地区之间的收入和就业概率差异来控制人口流动。

四、新移民经济学理论

新古典经济学理论主要回答了人口流动的原因以及个体层面上是否流动的决策依据，并将人口流动机制归结于劳动力市场；新移民经济学则认为影响人口流动的不仅仅是劳动力市场，还包括了其他市场。该理论将人口流动视为一项家庭决策，旨在最大限度地降低风险和克服暂时的财务约束。O. 斯塔克（Stark O., 1991）认为，人口流动的决策不能仅停留在个体层面进行解释，还必须考虑到更广泛的诸如家庭等社会实体。新移民经济学更关注流动人口家庭的风险分散（Taylor J. E., 1999）和在流出地的相对社会地位（Massey D. S. et al., 1993）。

（一）家庭风险分散

新移民经济学认为人口流动的决策不是个人做出的，而是由家庭成员共同做出的。人口流动不仅是为了最大化他们的收入，而且还通过将家庭成员分配到不同的地区来最小化地区经济波动风险，并消除来自市场失灵的负面影响（Stark O., 1991）。

在家庭实体内部，家庭收入的不确定性是决定人口流动的主要因素（Sandu D., 2000）。由于不同地区的经济发展条件不同，经济发展环境和经济发展水平的差异，家庭成员流入地的不同，可以使得家庭劳动力资源分配到不同地区的劳动力市场之中，由于流出地和流入地劳动力市场的工资和就业条件不具有较强的相关性，即使一个地区的就业环境出现恶化，通过家庭成员之间的相互扶持，依然可以保证家庭不受意外情形的冲击。因此，与个人不同，家庭能够通过多样化分配家庭资源（例如家庭劳动力）来控制其经济福利的风险，家庭成员的人口流动是分散家庭收入不足风险的一种方式。

（二）相对收入与相对剥夺

相对剥夺理论认为，地区之间经济发展不平衡是人口流动的一个重要原因，越是经济发展不平衡的地区，人口流动的规模也就越大；从本质上来说，经济较弱的地区与经济较发达的地区之间的贸易导致经济落后地区的生活条件相对落后（Jennissen R.，2007），这是人口流动的诱因。新移民经济学认为家庭成员流动到经济发达地区工作，不仅是为了增加绝对收入，还为了增加与其他家庭相比的相对收入，即与某些参考群体相比，减少相对剥夺感（Stark O.，1991）。潜在流动人口在其相关社会环境中与其他人的收入进行比较，并且正是这些比较以及他们希望改善自己在社会环境中相对地位的意愿，构成了人口流动的相关要素（Abreu A.，2012）。即使贫困家庭的收入不变，但只要参照组的收入在增加，贫困家庭也能感觉到被剥削。如果一个家庭希望通过人口流动来弥补家庭的一些经济劣势，人口流动的可能性就会相应增加（Porumbescu A.，2012）。

因此，根据新移民经济理论观点，人口流动的决策不是新古典经济理论所认为的基于个人层面的成本与收益而做出的，而是基于整个家庭的生产和消费做出的；工资差异也不是人口流动的必要条件，即使没有工资差异，家庭也会因为分散家庭风险和减少相对剥削等原因做出流动决策，因此，人口流动不会因为地区之间的工资差异消除而停止；人口的流出和当地的经济发展并不矛盾，且具有较强的协同性，有助于克服当地经济和社会等的波动带来的风险（Stark O.，Bloom E. D.，1985）。

五、双重劳动力市场理论

新古典劳动力流动理论和新移民经济理论从根本上来说探讨的都是微观层面的人口流动决策。不同之处在于新古典劳动力流动理论中做出人口流动决策的主体是个人，新移民经济理论中做出人口流动决策的主体是家庭；新古典人口流动理论中决策的依据是收益最大化，是对绝对收入的评估，新移民经济理论中做出人口流动决策的依据是家庭风险最小化，是对相对收入的评估；新古典劳动力流动理论中假设市场是完善的，新移民经济理论中假设市场是不完善的；然而，双重劳动力市场理论认为人口流动源于现代工业社会的内在劳动力需求。M. J. 皮奥雷（Piore M. J.，1979）将人口流动与现代工业社会的结构性通货膨胀、工作动机、经济二元论和劳动力人口四个基本因素联系起来进行研究，从而拓展了人口流动理论。

（一）结构性通胀问题促使企业雇用移民

随着新兴技术的普及，经济部门会逐渐出现新兴产业和传统产业。一般而言，传统产业生产效率较低，新兴产业生产效率较高；经济的发展在一定程度上离不开传统产业，但由于资本是逐利的，传统行业的资本有转移到新兴行业中的趋势；为了避免资本的这种流动，传统产业由于生产效率很低，往往会提高价格，以获得与新生产业一样的利润；同时，在传统行业的劳动者也会有转移到新兴产业中的趋势，因此，为了使劳动者继续在传统产业工作，他们的工资必须向新兴产业劳动者看齐；这样就形成了结构性通货膨胀。对于劳动者而言，工资不仅仅反映劳动力市场的供给和需求，更是一种社会地位的象征，他们不但看重工资水平，更看重他们获得的工资水平在整个劳动力队伍中的位置。因此，企业提供的工资并非完全由劳动力市场供求决定，还与一系列的社会制度有关。如果企业给劳动者提高工资，就会促使所有职业阶层劳动者工资提升，否则就会破坏劳动者在整个社会中的工资位置。

企业通过提高工资以吸引低水平工人的成本通常超过这些工人的工资成本。因此，在劳动力稀缺时期，通过提高准入工资来吸引本地工人既昂贵又具有破坏性，企业往往会通过雇用外来流动人口来解决用工的短缺。

（二）工作动机促使企业雇用移民

无论在经济发达地区还是经济落后地区，都有工资水平最低的一类职业或者一个群体。虽然工资水平的相对高低代表着社会地位，但不同群体对工作的期望要求并不相同：高技能劳动者不但看重自己的工资水平，更看重自己的社会地位；低技能劳动者首先看重的是自己的收入水平，其次才是社会地位，或者对社会地位并没有什么要求，仅仅只是看重工资水平是否能够满足自己的生存需要。对于低技能劳动者而言，从经济不发达地区流动到经济发达地区的过程中，人口流动给其带来的工作所形成的社会地位并不重要，重要的是他们的工资水平是否比流动之前更高了；他们不在乎流动目的地的其他人是否比其生活条件优越，他们更在意的是通过流动，自己是否获得了比以前更优越的生活条件。因此，企业通过雇用外来流动人口，既改善了他们的生活条件，又解决了自己用工短缺的问题，并且不用加薪，因而减少了用工成本。

（三）劳动资本的二元性促使企业雇用移民

根据古典经济增长理论，劳动和资本是经济增长的重要源泉，二者构成了重要的要素市场。在生产函数中，生产要素具有协同性、替代性和互补性等特征，导致劳动和资本市场具有较强的交叉效应。在资本密集型的生产企业中，由于劳动成本占总生产成本的比重较小，即使工资出现了大幅度提高，也不会严重影响企业的总体成本；然而，在劳动密集型的生产企业，劳动力成本占总成本的比重较高，工资的小幅上升也会带来企业总体用工成本的大幅度增加。因此，在资本密集型的生产企业中，劳动力需求的工资弹性较小，工资相对偏高，分布的工人也往往是高技术性工人；在劳动密集型的生产企业中，劳动力需求的工资弹性较大，工人工资整体偏低，分布的工人往往是低技术工人。

资本的密集程度导致了劳动力市场的二元分化。在资本密集型的生产企业中，工人使用最好的设备和工具，获得稳定、熟练的工作，企业也会为这些工人提供专业培训和继续教育投资；他们的工作很复杂，通常需要相当多的知识和经验才能胜任，随着工人这种特殊人力资本的积累，最终导致其离职会给企业带来较高成本。在劳动密集型的生产企业，工人从事不稳定、非技术性的工作；他们可以在任何时候被解雇，而企业只需很少或不承担任何费用。人口流动给劳动密集型企业中的人工短缺提供了解决途径（Piore M. J.，1979）。

（四）劳动力供给的人口结构改变促使企业雇用移民

结构性通货膨胀、流动人口的工作动机和二元经济结构等造成了劳动力市场的分割，进而形成双重劳动力市场。在工资水平较低、工作不稳定、职业培训少、福利条件差的部门工作的人群主要是女性和青少年等弱势群体。最初由于家庭稳定，女性并不在意工资水平低和工作不稳定，因为他们是家庭的辅助劳动力；青少年也不认为从事了较低工资、福利差的工作会给他们带来负面影响，他们的身份地位主要是通过其家庭地位，或者父母的威望来获得的，参加该工作仅仅是为了工作经验的积累，以期今后可以获得更好的工作，从而不会过分在意当前工作的社会地位。

然而，随着出生率的下降，劳动力市场中的老龄化程度越来越严重。次要劳动力市场上的劳动供给越来越少。加之离婚率持续攀升，女性职业抱负和理想的树立，女性寻求经济独立的意愿显著增强，参与劳动力市场的概率也随之增加。同时，由于平均教育年限的延长，青少年参加社会工作的比例越来越少。次要劳动力市场中劳动供给的紧缺导致人口流动的加剧。

根据 M. J. 皮奥雷（1979）双重劳动力市场理论，人口流动主要是由经济发达地区的经济结构不平衡引起的；地区之间的工资差异既不是人口流动发生的必要条件，也不是人口流动的充分条件；企业有动机在保持工资不变的情况下雇用工人；受制度因素影响，发达地区的低水平工资受制于社会和体制机制，不会随着流动人口供应的减少而上涨；由于阻止低水平工资上涨的各类因素的存在，随着流动人口供应的增加，低水平工资反而会进一步下降；因此，政府不太可能通过实施对工资或就业率产生微小变化的政策来影响国际人口流动。

六、沃勒斯坦的外围和中心系统理论

经济发达地区的企业和资本为了获得土地、原材料、劳动力和新的消费市场，不断向外围贫穷地区渗透；由于资本的扩张和渗透，落后地区的土地、原材料和劳动力受到经济发达地区的资本控制，落后地区的农民土地被剥夺，促进了城市化进程；同时，全球化加速了人口流动进程，新兴的全球城市创造了对移民工作的需求（WallersteinI.，1989）。根据沃勒斯坦（WallersteinI.，1989）的理论，世界（或特定国家）分为外围和中心。在经济关系向外围渗透的过程中，资本的所有者和管理者进入经济落后地区，寻找土地、原材料、劳动力和新的消费市场。发达地区的资本向周边地区渗透的过程中伴随着各种生产要素的整合，最终促进了人口流动。

传统农业生产方式的破坏促使了人口流动。为了从现有的农业资源中获得最大的利润并提升在全球商品市场中的竞争力，资本主义农民寻求土地所有权、机械化生产、引进经济作物，并使用工业生产手段。农业机械化减少了对体力劳动的需求，从而导致劳动力冗余。用经济作物代替粮食生产，破坏了基于生存的传统社会和经济关系（Chayanov A. V.，1966）；现代化的生产方式消灭了传统的小农经济。最终导致农民迫于生计而被迫进行土地流转，到城市打工，形成了大量农业人口流动的现象。此外，来自发达地区的投资增加了落后地区的劳动力市场需求，促使农业土地上的农民被吸引到工厂从事生产工作，并通过生产与当地原有产品有竞争关系的商品破坏了农村经济。同时，经济发达地区的投资也会吸引落后地区的劳动力流动到发达地区，最终促使人口出现大规模的流动。

经济发达地区和落后地区经济联系的日益密切促进了人口流动。经济发达地区与经济落后地区的交通系统和基础设施在寻找土地、原材料、劳动力和新的消费市场过程中逐渐完善，经济发达和经济落后地区的经济联系也日益密切，这促使不同地区之间的货物、产品、信息和资本流动，进而促进了地区之间的人口流动。此外，随着经济发达和落后地区的经济联系，全面的社会联系也逐渐建立起来，各个地区风俗、文化和教育等联系也逐步得到加强；在经济融合的同时，各个地区通过产品的宣传、消费方式的融合等最终减少了地区之间人口流动的阻力因素，降低了人口流动的成本。

全球化大都市的强大吸引力促使了人口流动。全球化的大都市往往集中了银行、金融、管理、专业服务和高科技生产等行业。在这些大都市中，拥有大量财富、受过高等教育等人群创造了对非技术工人服务的稳定需求，这些城市的重工业生产向周边其他地区转移。在这些发达的大城市中，受教育程度低的当地居民不希望从事低薪工作，受过较好教育的当地居民往往会从事当地的高薪工作。因此，大都市中受过中等教育、低于平均工资水平的当地居民会向大都市的其他地区流动；而其他地区的人口会向大都市流动，承担那些当地居民不愿意做的工作。

第二节　人口持续流动理论

根据新古典人口流动理论，人口流动的成因是不同地区之间的工资差异。在人口流动过程中，劳动供给较少的地区会获得人口补充，劳动供给富裕的地区由于工资偏低人口会逐渐地流出；在人口流动的作用下，不同地区的劳动供给和需求最终将达到平衡，地区之间的工资差异也将随之消失，相应地，区域间的人口流动也将停止。然而地区之间的人口流动却一直持续存在，人口流动的网络理论和制度理论等对人口流动的持续存在给出了解释。

一、人口流动网络理论

人口流动会通过流出地和流入地之间流动人口的亲属关系、友谊等，加强两地之间的联系。两地之间的联系会降低人口流动的成本和风险，增加人口流动预期的净回报。从本质上来讲，人口流动所形成的这种网络关系是一种无形的社会资本，人口流动网络的扩张会大大提升人口流动的概率（Hugo G. J.，1981；Taylor J. E.，1986；Massey D. S.，Garcia Espana F.，1987；Massey D. S.，1990a，1990b；Gurak D. T. and Caces F.，1992）。

人口流动网络往往会给潜在的流动人口提供是否流动、流动的目的地等决策信息以及流动发生后对流入地的适应状况等信息。因此，总体来说人口流动网络所提供的信息包括两大类：适应性信息和选择性信息。适应性信息包括短期内适应恶劣的临时条件，例如就业、一般生存和情感支持等；也包括长期融入目的地社会的主要制度。除适应性信息外，人口流动网络也提供支持流动目的地和流动时间选择的决策信息。

最初的流动人口往往没有太多的社会关系，人口流动成本偏高；随着时间的延长，先进行流动的流动人口会为后来者提供相应的信息，后来的流动人口会利用与已发生流动人口的亲属或友谊等关系，在目的地获得就业帮助。每一个前序流动人口都会降低一组朋友和亲戚的后续流动成本，进而促使潜在的流动人口做出流动决策。人口流动规模的扩大可以促使流动人口在到达目的地之后获得相对稳定的收入，并降低其流动风险。因此，流动人口社交网络的形成是一个逐渐扩散的过程，也是一个人口流动成本和风险逐步降低的过程。人口流动网络会随着时间的推移而扩大，最终会使得所有潜在的流动人口都可以轻松实现地区之间的迁移。根据人口流动网络理论可知，地区之间的人口流动规模与工资差异或就业率间并没有很强的相关性，这是因为这些变量对人口流动产生的或促进或抑制的影响，最终都将被人口流动网络扩大所带来的成本下降和流动风险下降逐步掩盖。随着网络的扩大以及人口流动成本和风险的下降，经济因素在人口流动中的作用越来越小，相反，社会网络在人口流动中所起的作用则日益加强。

二、人口流动的制度理论

地区之间的人口流动一旦开始，就会出现一系列的人口流动中介机构，尤其是国际人口流动中介机构。营利性中介组织和私营企业家为人口流动提供一系列服务，以换取地下市场费用，这些服务包括：秘密运输到目的地、伪造文件和签证、移民与目的地合法居民或公民之间的包办婚姻、目的地国的住宿/信贷和其他援助。人道主义团体通过提供咨询、社会服务、庇护所、关于如何获得合法证件的法律建议，甚至与移民执法当局合力来帮助移民。随着这些中介组织的形成，国家之间的人口流动变得越来越制度化。

三、累积性的因果关系理论

随着时间的推移，除了人口流动网络的增长和移民机构的发展，人口流动还会逐步刺激国家之间的人口流动，这一过程称为累积因果关系（Massey D. S.，1990b）。每一次人口迁移行为都会改变后续迁移决策。到目前为止，社会科学家已经讨论了六种可能以这种累积方式受到移民影响的社会经济因素：收入分配、土地分配、农业、文化组织、人力资本的区域分布以及移民的社会意义（Stark O.，Taylor J. E.，Yitzhaki S.，1986；Taylor J. E.，1992）。

其中，移民家庭收入水平的增加会导致收入水平较低家庭的相对匮乏感随之增加，这种匮乏感使得更多家庭想要通过移民来增加家庭相对收入（Stark O.，1991）。移民过程中的土地分配累积效应认为部分移民会以非农业生产为目的购买土地，进而降低劳动力市场对当地农业劳动力的需求，增加了外迁压力，而该地区外迁人口的增加同样会使其他地区休耕土地数量随之增加，进而增加了人口外迁压力（Rhoades R. E.，1978）。相似的，移民过程中农业生产组织的累积效应认为，与非移民相比，移民者更可能使用资本密集型（机械、除草剂、灌溉、化肥和改良种子等）方式从事农业生产，这些先进的生产方式取代了当地工人的传统工作，进而增加了非移民的外迁压力（Massey D. S. et al.，1987）。移民过程中移民文化的累积效应认为迁移行为使得与迁移相关的价值观成为社区价值观的一部分，尤其是对年轻人群而言，移民已逐渐成为一种潮流（Reichert J. S.，1982）；另外，随着社区内移民数量的增加，该地的价值观和文化观念也发生着潜移默化的改变，移民的社会融入难度随之下降，进而增加了未来移民的可能性（Piore M. J.，1979）。移民过程中人力资本区域分布的累积效应认为，持续的外迁导致输出地区人力资本的枯竭和接收地区人力资本的积累，抑制了人口输出地的经济发展，从而进一步提高了移民倾向（Myrdal G.，1957）。移民过程中社会标签的累积效应认为，如果某种职业中移民职员占比过高，这种工作就会被贴上"移民工作"的标签，进而加强了此类工作对移民的结构性需求（Bohning W. R.，1972）。

四、人口流动的系统理论

移民网络理论、制度理论和累积因果理论都表明，人口流动是一个在空间和时间上具有一定稳定性和结构性的系统。人口流动系统通常包括一个核心接收地，这个核心接受地可能是一个国家、一个地区，或是一组特定的输出地区，这些地区通过异常大量的人口流动形成紧密联系（Fawcett，1989；Zlotnik，1992）。

人口流动反映的不是物理关系，而是地区之间的政治和经济关系。因此，地区之间的人口流动和其距离的远近关系不大。随着政治和经济条件的变化，人口流动的系统也在演变，因此稳定性并不意味着固定的结构。社会变化、经济波动和政治动荡等因素的存在，可能会导致某些国家或地区加入或退出人口流动系统。

第四章

中国流动人口分布状况研究

第一节 中国各地人口流入概况及流入人口特征

一、调查流动人口样本地区来源

本章的研究共调查了 169 989 人次，调查范围覆盖了全国各个地区，根据各地人口流动情况采取按照比例抽样调查，全国流动人口调查情况见表 4 - 1。其中，调查的流动人口占全部调查人口的比重达到 4% 以上的地区包括广东省（5.88%）、浙江省（5.88%）、江苏省（4.71%）北京市（4.12%）、上海市（4.12%）、福建省（4.12%）、新疆维吾尔自治区（4.12%）。这六个地区是全国主要的人口流入地，也是此次调查中抽样最多的六个地区。

表 4 - 1 　　　　全国各地区现居住地调查样本数量（人口流入地）

省（区、市）	频数	百分比	累积百分比
上海市	7 000	4.12	4.12
云南省	6 000	3.53	7.65
内蒙古自治区	5 000	2.94	10.59
北京市	6 999	4.12	14.71
吉林省	4 000	2.35	17.06
四川省	5 000	2.94	20.00
天津市	5 000	2.94	22.94
宁夏回族自治区	4 000	2.35	25.30

省（区、市）	频数	百分比	累积百分比
安徽省	5 000	2.94	28.24
山东省	6 000	3.53	31.77
山西省	5 000	2.94	34.71
广东省	9 998	5.88	40.59
广西壮族自治区	4 999	2.94	43.53
新疆维吾尔自治区	5 000	4.12	47.65
江苏省	8 000	4.71	52.35
江西省	4 000	2.35	54.71
河北省	4 999	2.94	57.65
河南省	4 999	2.94	60.59
浙江省	10 000	5.88	66.47
海南省	4 000	2.35	68.82
湖北省	5 000	2.94	71.77
湖南省	5 000	2.94	74.71
甘肃省	4 000	2.35	77.06
福建省	6 999	4.12	81.18
西藏自治区	3 997	2.35	83.53
贵州省	5 000	2.94	86.47
辽宁省	5 000	2.94	89.41
重庆市	4 999	2.94	92.35
陕西省	5 000	2.94	95.29
青海省	4 000	2.35	97.65
黑龙江省	4 000	2.35	100.00
合计	169 989	100.00	—

资料来源：2018 年国家卫生健康委中国流动人口动态监测调查数据，本章其余表同。

二、流动人口在流入地的分布

在 169 989 个调查样本中，根据流入地对流动人口进行的统计（见表 4 - 2），市内跨县流动的总人数为 30 182 人，占比为 17.8%；省内跨市流动人口为 56 017 人，占比为 33.0%；跨省流动人口为 83 790 人，占比为 49.3%；跨省流动占比几乎达到了一半。

表 4-2　　　　　　全国各地区流入人口及流动范围调查统计

省（区、市）	频数			比例			合计
	市内跨县	省内跨市	跨省	市内跨县	省内跨市	跨省	
上海市	0	0	7 000	0.000	0.000	1.000	7 000
云南省	1 118	2 092	2 790	0.186	0.349	0.465	6 000
内蒙古自治区	1 655	2 243	1 102	0.331	0.449	0.220	5 000
北京市	0	0	6 999	0.000	0.000	1.000	6 999
吉林省	1 496	1 234	1 270	0.374	0.309	0.318	4 000
四川省	1 507	2 687	806	0.301	0.537	0.161	5 000
天津市	0	0	5 000	0.000	0.000	1.000	5 000
宁夏回族自治区	527	1 787	1 686	0.132	0.447	0.422	4 000
安徽省	2 369	2 197	434	0.474	0.439	0.087	5 000
山东省	1 435	3 561	1 004	0.239	0.594	0.167	6 000
山西省	1 465	1 894	1 641	0.293	0.379	0.328	5 000
广东省	226	3 018	6 754	0.023	0.302	0.676	9 998
广西壮族自治区	1 496	2 359	1 144	0.299	0.472	0.229	4 999
新疆维吾尔自治区	694	1 470	4 836	0.099	0.210	0.691	7 000
江苏省	269	2 389	5 342	0.034	0.299	0.668	8 000
江西省	1 408	1 474	1 118	0.352	0.369	0.280	4 000
河北省	1 566	1 270	2 163	0.313	0.254	0.433	4 999
河南省	1 622	2 576	801	0.324	0.515	0.160	4 999
浙江省	390	877	8 733	0.039	0.088	0.873	10 000
海南省	0	1 849	2 151	0.000	0.462	0.538	4 000
湖北省	1 722	1 876	1 402	0.344	0.375	0.280	5 000
湖南省	1 994	2 388	618	0.399	0.478	0.124	5 000
甘肃省	943	1 690	1 367	0.236	0.423	0.342	4 000

省（区、市）	频数			比例			合计
	市内跨县	省内跨市	跨省	市内跨县	省内跨市	跨省	
福建省	894	2 078	4 027	0.128	0.297	0.575	6 999
西藏自治区	327	899	2 771	0.082	0.225	0.693	3 997
贵州省	1 416	1 788	1 796	0.283	0.358	0.359	5 000
辽宁省	625	1 536	2 839	0.125	0.307	0.568	5 000
重庆市	0	3 291	1 708	0.000	0.658	0.342	4 999
陕西省	1 966	1 501	1 533	0.393	0.300	0.307	5 000
青海省	344	1 379	2 277	0.086	0.345	0.569	4 000
黑龙江省	708	2 614	678	0.177	0.654	0.170	4 000
总体	30 182	56 017	83 790	0.178	0.330	0.493	169 989

其中，跨省流动人口比例占到 60% 以上的地区分别为：北京市（100%）、上海市（100%）、天津市（100%）、浙江省（87.3%）、西藏自治区（69.3%）、新疆维吾尔自治区（69.1%）、广东省（67.6%）、江苏省（66.8%）。可以发现，这些地区可以分为两大类，即西部地区和经济发达地区。这说明经济因素和政策因素是近年来我国跨省人口流动的两个重要驱动因素。事实上，国家为支持西部发展，确实出台了很多吸引人口向西部流入的政策。

安徽省流入人口比例仅为 8.7%，是全国流入人口比例最少的地区，其次为湖南省，流入比例为 12.4%；流入人口相对较少的地区还包括：河南省（16.0%）、四川省（16.1%）、山东省（16.7%）、黑龙江省（17.0%）。

在经济发达的地区，人口流动的主要表现形式是外地人口的流入，其市内跨县和省内跨市的流动人口比例偏小，尤其是市内跨县的流动人口比例更小。例如广东省、江苏省、浙江省市内跨县的流动人口比例只有 2.3%、3.4%、3.9%；经济欠发达地区跨省流入人口比例较小，其人口流动主要表现形式是市内跨县的流动，例如安徽省（47.4%）、湖南省（39.9%）、陕西省（39.3%）、吉林省（37.4%）、江西省（35.2%）。

省内跨市流动人口比例在 50% 以上的地区包括：重庆市（65.8%）、黑龙江省（65.4%）、山东省（59.4%）、四川省（53.7%）、河南省（51.5%）。虽然这些省份经济发展水平相比于北京市、上海市、广东省、江苏省、浙江省等较低，但在全国还是稳居前列的，因此，可以称之为经济较发达地区。这些地区在吸引外省人口流入方面没有北京市、上海市、广东省、江苏省、浙江省那么明显，其省内人口并不倾向于向省外流出，他们更偏向于通过省内流动来有效配置劳动要素、提高工资收入等。

以上说明，经济越发达的地区，其跨省流入人口的比重越大，且人口流动越活跃；人口流动的主要特点是流向最发达的地区，或者国家政策支持的地区，经济较为发达地区的人口流动主要表现形式为省内跨市的流动；而在经济欠发达地区，人口流动的主要表现形式为市内跨县的流动。这说明人口流动范围与当地经济发展水平存在着密切的关系。

三、流动人口在流入地的教育分布

表 4 - 3 显示了各个地区跨省流动和省内流动人口的教育水平。北京市、上海市、天津市、浙江省、西藏自治区、广东省、江苏省、新疆维吾尔自治区是全国最主要的人口流入地，但是流入人口教育水平有很大的差异，其中，北京市（11.803 年）、上海市（11.303 年）是全国人口流入地中流入人口教育水平最高的两个地区。

表 4 - 3　　　　　　　全国各地区流入人口的受教育年限　　　　　　单位：年

省（区、市）	市内跨县	省内跨市	跨省
上海市	—	—	11.303
云南省	9.403	8.882	9.236
内蒙古自治区	10.126	9.834	9.207
北京市	—	—	11.803
吉林省	10.032	10.23	9.527
四川省	9.958	10.296	10.419
天津市	—	—	9.986
宁夏回族自治区	8.958	8.645	9.294
安徽省	10.388	10.584	10.525
山东省	11.064	10.936	10.433
山西省	10.329	11.015	9.62

省（区、市）	市内跨县	省内跨市	跨省
广东省	10.788	10.912	10.264
广西壮族自治区	10.447	11.15	10.552
新疆维吾尔自治区	10.363	10.631	8.907
江苏省	10.814	10.795	9.798
江西省	9.966	10.435	10.169
河北省	10.812	10.701	9.317
河南省	10.561	10.707	10.175
浙江省	10.874	10.762	8.951
海南省	—	11.119	10.969
湖北省	10.608	10.505	9.642
湖南省	10.475	11.038	10.197
甘肃省	9.689	10.074	9.791
福建省	10.083	10.595	9.112
西藏自治区	6.431	5.947	8.917
贵州省	9.565	9.445	9.611
辽宁省	10.712	11.001	9.656
重庆市	—	10.814	10.713
陕西省	9.517	10.801	9.892
青海省	8.773	8.584	9.205
黑龙江省	9.701	9.437	9.721
总体	10.151	10.339	9.943

在经济发达的浙江省、广东省、江苏省，跨省流入的人口教育水平相对较低。其中，浙江省市内跨县和省内跨市流动人口的平均教育年限分别为10.874年和10.762年，而浙江省从其他地区流入的人口平均受教育年限仅为8.951年；江苏省市内跨县和省内跨市流动人口的平均教育年限分别为10.814年和10.795年，而江苏省从其他地区流入的人口平均受教育年限仅为9.798年；广东省市内跨县和省内跨市流动人口的平均教育年限分别为10.788年和10.912年，而广东省从其他地区流入的人口平均受教育年限仅为10.264年。

　　从总体上来看，跨省流动人口的平均受教育年限普遍低于流入地省内流动人口的平均受教育年限，例如内蒙古自治区、吉林省、宁夏回族自治区、山东省、山西省、新疆维吾尔自治区、河北省等地。这说明当下跨省的人口流动主要还是由教育程度较低的人口进行，且流入的人口相对于当地的流动人口教育水平较低。

四、流动人口在流入地的年龄分布

　　总体而言，中国流动人口年龄均在壮年，不论是省内流动人口还是跨省流动人口，平均年龄均在 40 岁左右。在经济发达的地区，流入的人口虽然学历较低，但是年龄相对比较年轻。例如北京市（38.624 岁）、上海市（37.84 岁）、天津市（37.897 岁）、浙江省（37.082 岁）广东省（34.389 岁）、江苏省（36.553 岁）；相对全国平均水平而言，东北三省流入人口年龄偏大，为全国流入人口平均年龄最大的三个地区，其中黑龙江省、吉林省、辽宁省流入人口平均年龄分别为 41.273 岁、41.808 岁和 41.117 岁。

五、流动人口在流入地的性别分布

　　全国市内跨县、省内跨市、跨省三种类别下，流动人口的男性比例分别为49.4%、50.5% 和 53.3%，这说明从总体上来看，跨省流动人口中男性比例较大，市内跨县流动人口男性比例较小，说明男性人口更容易发生跨省流动，而且流动的距离越大，男性流动人口的比例也就越大。其中，西藏自治区跨省流入人口男性比例最高，达到了 62.6%。北京市、上海市和天津市流入人口的女性比例居全国前列，跨省流动人口中男性比例分别为 49.6%、48.7% 和50.4%，都明显小于全国流动人口男性平均比例。

六、流动人口在流入地的户口性质分布

　　全国市内跨县、省内跨市、跨省三种类别中，流动人口的非农业户口比例分别为 23.6%、25.4% 和 19.2%，这说明城镇户口人口的流动比例相对较低，人口流动大多属于农业户口人口的流动，目前人口流动群体主要是农民工；此外，跨省流动人口中农村户口占比高于省内跨市和市内跨县的流动人口农村户

口占比，这说明拥有农村户口的人口，流动形式倾向于跨省流动。

七、流动人口在流入地的婚姻状况分布

在市内跨县、省内跨市、跨省三种类别下，流动人口的已婚人口比例分别为97.8%、96.9%和97.8%，且大多数地区不论何种流动范围，劳动者已婚比例大部分均达到了98%以上，说明当下人口流动群体主要为已婚人口。在这个特点的作用下，人口流动不仅出现了家庭流动现象，也引发了留守儿童问题，其在一定程度上可能会影响流动人口在流入地定居、流动人口的流动期限等问题。

八、流动人口最近一次流动时间长度分布

表4-4显示了各个地区跨省流动和省内流动人口距离最近一次流动的时间长度。全国市内跨县、省内跨市、跨省三种类别下，流动人口距离最近一次流动的时间长度分别为7.201年、7.20年和7.514年，因此当下人口流动平均定居年限为7年，且跨省流动人口在流入地的定居年限高于市内跨县和省内跨市的人口流动定居年限，这可能是因为跨省流动成本较高，也可能是因为在流入地获得的收入高于在流出地获得的收入。因此，后面本书需要分析流动人口在流入地和流出地的工资差距以及流动人口在流入地获得认同感等现实问题，本节不做详细说明。

表4-4　　　　　　　**全国各地区流入人口距离最近一次流动时间长度**　　　　单位：年

省（区、市）	市内跨县	省内跨市	跨省
上海市	—	—	9.248
云南省	7.002	7.951	9.094
内蒙古自治区	9.161	10.016	8.484
北京市	—	—	8.737
吉林省	7.914	7.207	8.176
四川省	7.246	7.640	8.086

续表

省（区、市）	市内跨县	省内跨市	跨省
天津市	—	—	8.831
宁夏回族自治区	8.423	8.100	8.595
安徽省	6.201	5.952	7.207
山东省	7.448	6.595	6.151
山西省	9.569	8.308	8.838
广东省	6.195	7.223	6.163
广西壮族自治区	7.360	7.355	7.956
新疆维吾尔自治区	6.980	7.993	8.765
江苏省	6.784	7.657	6.633
江西省	6.427	5.370	6.081
河北省	6.520	6.380	6.372
河南省	6.094	6.053	7.291
浙江省	7.649	8.154	5.977
海南省	—	7.739	8.006
湖北省	7.962	8.260	8.328
湖南省	5.710	5.374	5.790
甘肃省	7.616	8.040	8.253
福建省	6.245	6.944	6.012
西藏自治区	6.514	6.380	5.788
贵州省	5.821	6.199	6.699
辽宁省	9.734	7.320	8.698
重庆市	—	5.239	5.931
陕西省	7.513	6.820	7.401
青海省	5.674	7.915	6.321
黑龙江省	7.770	8.789	8.608
总体	7.201	7.200	7.514

第二节 中国各地人口流出概况及流出人口特征

一、各地人口流出分布

表 4 – 5 显示了流动人口户籍所在地的情况。在所调查的流动人口中，上海市户籍的流出人口只有 92 人，仅占全国流动人口的 0.05% ；安徽省、河南省、四川省为全国人口流动大省，其中安徽省户籍流动人口为 13 796 人，占全国流动人口的比例为 8.12% ；河南籍流动人口数为 13 516 人，占全国流动人口的比例为 7.95% ；四川籍流动人口数为 13 319 人，占全国流动人口的比例为 7.84% 。此外，湖南籍流动人口为 9 506 人，占全国流动人口的比例为 5.59% ；山东籍流动人口为 9 096 人，占全国流动人口的比例为 5.35% ；其他省份和地区籍流动人口的比例均在 5% 以下。

表 4 – 5　　　　　　　全国各地区流动人口户籍所在地统计

省（区、市）	频数	百分比	累积百分比
上海市	92	0.05	0.05
云南省	4 486	2.64	2.69
内蒙古自治区	5 340	3.14	5.83
北京市	115	0.07	5.90
吉林省	4 295	2.53	8.43
四川省	13 319	7.84	16.26
天津市	279	0.16	16.43
宁夏回族自治区	2 649	1.56	17.99
安徽省	13 796	8.12	26.10
山东省	9 096	5.35	31.45
山西省	4 879	2.87	34.32
广东省	4 089	2.41	36.73
广西壮族自治区	5 836	3.43	40.16
新疆维吾尔自治区	2 330	1.37	41.53

省（区、市）	频数	百分比	累积百分比
江苏省	5 367	3.16	44.69
江西省	7 258	4.27	48.96
河北省	7 405	4.36	53.32
河南省	13 516	7.95	61.27
浙江省	3 518	2.07	63.34
海南省	1 929	1.13	64.47
湖北省	8 052	4.74	69.21
湖南省	9 506	5.59	74.80
甘肃省	5 958	3.50	78.31
福建省	4 910	2.89	81.19
西藏自治区	1 251	0.74	81.93
贵州省	5 891	3.47	85.39
辽宁省	3 241	1.91	87.30
重庆市	6 710	3.95	91.25
陕西省	5 673	3.34	94.59
青海省	2 033	1.20	95.78
黑龙江省	7 170	4.22	100.00
总体	169 989	100.00	——

二、各地人口流出分布

表4-6显示了流动人口户籍所在地和现在居住地人口分布情况。流动人口户籍所在地代表流动人口的流出地，现在的居住地（现居住地）代表流动人口的流入地。流动人口现居住地的人数与户籍所在地流动人口数量的比例代表该地人口的流入情况，反之则代表该地区的人口流出情况。按照流动人口户籍所在地流动人口数量与现居住地的人数的比例，人口流出严重的十个地区分别为：安徽省（2.759）、河南省（2.704）、四川省（2.664）、湖南省（1.901）、江西省（1.815）、黑龙江省（1.793）、湖北省（1.61）、山东省（1.516）、甘肃省（1.49）、河北省（1.481）。按照流动人口现居住地的人数与户籍所在地流动

人口数量的比例显示，人口流入明显的十个地区分别为：上海市（76.087）、北京市（60.861）、天津市（17.921）、西藏自治区（3.195）、新疆维吾尔自治区（3.000）、浙江省（2.843）、广东省（2.445）、海南省（2.074）、青海省（1.968）。其中，上海市、北京市、天津市、新疆维吾尔自治区等人口流入程度显著高于其他地区，这说明当前中国人口主要向经济最发达的城市和国家政策引导的中西部流动。

表 4 - 6 　　　　　　全国各个地区总流入和流出人口对比

省（区、市）	流出（人）	流入（人）	流出/流入	流入/流出
上海市	92	7 000	0.013	76.087
云南省	4 486	6 000	0.748	1.337
内蒙古自治区	5 340	5 000	1.068	0.936
北京市	115	6 999	0.016	60.861
吉林省	4 295	4 000	1.074	0.931
四川省	13 319	5 000	2.664	0.375
天津市	279	5 000	0.056	17.921
宁夏回族自治区	2 649	4 000	0.662	1.510
安徽省	13 796	5 000	2.759	0.362
山东省	9 096	6 000	1.516	0.660
山西省	4 879	5 000	0.976	1.025
广东省	4 089	9 998	0.409	2.445
广西壮族自治区	5 836	4 999	1.167	0.857
新疆维吾尔自治区	2 330	7 000	0.333	3.004
江苏省	5 367	8 000	0.671	1.491
江西省	7 258	4 000	1.815	0.551
河北省	7 405	4 999	1.481	0.675
河南省	13 516	4 999	2.704	0.370
浙江省	3 518	10 000	0.352	2.843
海南省	1 929	4 000	0.482	2.074
湖北省	8 052	5 000	1.610	0.621

省（区、市）	流出（人）	流入（人）	流出/流入	流入/流出
湖南省	9 506	5 000	1.901	0.526
甘肃省	5 958	4 000	1.490	0.671
福建省	4 910	6 999	0.702	1.425
西藏自治区	1 251	3 997	0.313	3.195
贵州省	5 891	5 000	1.178	0.849
辽宁省	3 241	5 000	0.648	1.543
重庆市	6 710	4 999	1.342	0.745
陕西省	5 673	5 000	1.135	0.881
青海省	2 033	4 000	0.508	1.968
黑龙江省	7 170	4 000	1.793	0.558

注：本表总调查样本数为 68 814 人。

第三节 中国各地的流出和流入人口特征对比分析

一、全国各地跨省流入和流出人口年龄对比

表 4-7 显示了流动人口户籍所在地和现在居住地人口平均年龄分布情况。虽然有些地方人口流入和流出比例是相当的，但是如果这些地区的流动人口在年龄上有所差别，这种差别所造成的影响也会直接或间接地反映到当地的经济发展中。流出人口平均年龄最大的十个地区分别为：上海市（46.38 岁）、北京市（43.104 岁）、西藏自治区（42.32 岁）、黑龙江省（41.516 岁）、浙江省（41.001 岁）、内蒙古自治区（40.987 岁）、新疆维吾尔自治区（40.934 岁）、天津市（40.839 岁）、辽宁省（40.31 岁）。以上省份大部分属于人口流入最明显的地区。流入人口平均年龄从小到大，排名前十的地区分别为：吉林省（41.808 岁）、黑龙江省（41.273 岁）、辽宁省（41.117 岁）、山西省（40.083 岁）、四川省（39.6 岁）、河北省（39.6 岁）、新疆维吾尔自治区（39.419 岁）、贵州省（39.194 岁）、云南省（38.88 岁）。这些省份相对来说是人口流出较为明显的地区。

表4-7　　　　　　　　全国各地区跨省流动人口平均年龄　　　　　　单位：岁

省（区、市）	流出人口平均年龄	流入人口平均年龄	流出人口平均年龄-流入人口平均年龄
上海市	46.38	37.84	8.54
云南省	33.097	38.88	-5.783
内蒙古自治区	40.987	38.833	2.154
北京市	43.104	38.624	4.48
吉林省	40.168	41.808	-1.64
四川省	39.14	39.6	-0.46
天津市	40.839	37.897	2.942
宁夏回族自治区	36.122	37.453	-1.331
安徽省	37.433	37.023	0.41
山东省	38.258	36.371	1.887
山西省	36.358	40.083	-3.725
广东省	36.076	34.389	1.687
广西壮族自治区	34.266	37.812	-3.546
新疆维吾尔自治区	40.934	39.946	0.988
江苏省	39.126	36.533	2.593
江西省	36.077	36.758	-0.681
河北省	37.503	39.6	-2.097
河南省	36.849	37.562	-0.713
浙江省	41.001	36.082	4.919
海南省	35.462	38.378	-2.916
湖北省	37.683	37.576	0.107
湖南省	37.186	37.678	-0.492
甘肃省	35.745	38.759	-3.014
福建省	36.933	36.331	0.602
西藏自治区	42.32	38.114	4.206
贵州省	34.587	39.194	-4.607
辽宁省	40.31	41.117	-0.807

省（区、市）	流出人口平均年龄	流入人口平均年龄	流出人口平均年龄 –流入人口平均年龄
重庆市	39.781	38.501	1.28
陕西省	37.079	37.521	– 0.442
青海省	36.381	37.614	– 1.233
黑龙江省	41.516	41.273	0.243

更能反映人口流出和流入差异的变量为二者之差。流出人口的年龄较大，而流入人口的年龄较小，呈现这种趋势的人口流动是有利于当地经济发展的。根据计算的人口流出和流入之差，全国各地中流入人口平均年龄明显小于流出人口平均年龄的十个地区分别为：上海市（8.54 岁）、浙江省（4.919 岁）、北京市（4.48 岁）、西藏自治区（4.206 岁）、天津市（2.942 岁）、江苏省（2.593 岁）、内蒙古自治区（2.154 岁）、山东省（1.887 岁）、广东省（1.687岁）、重庆市（1.280 岁），以上地区均属于经济发达的地区或者政策支持地区，流入的人口相对比较年轻。全国各地中流入人口平均年龄明显大于流出人口平均年龄的十个地区分别为：云南省（–5.783 岁）、贵州省（–4.607 岁）、山西省（–3.725 岁）、广西壮族自治区（–3.546 岁）、甘肃省（–3.014 岁）、海南省（–2.916 岁）、河北省（–2.097 岁）、吉林省（–1.64 岁）、宁夏回族自治区（–1.331 岁）、青海省（–1.233 岁）。

二、全国各地跨省流入和流出人口教育对比

表4 – 8 显示了流动人口户籍所在地和现在居住地人口平均教育年限分布情况。虽然有些地方人口流入和流出比例是相当的，但是如果这些地区的流动人口在受教育水平上有所差别，这种差别所造成的影响也会直接或间接地反映到当地的经济发展中。通过对流出人口和流入人口教育年限的比较，可以看出当地通过人口流动产生了人力资本的聚集还是外溢。全国范围内流动人口中，流出人口平均教育年限大于流入人口平均教育年限位居前十位的地区分别为：新疆维吾尔自治区（3.322 年）、天津市（4.229 年）、西藏自治区（3.563年）、北京市（3.188 年）、上海市（2.621 年）、辽宁省（2.063 年）、河北省

（1.853 年）、山西省（1.402 年）、江苏省（1.38 年）。以上数值依然与经济发达程度以及政策支持有很大的关系。经济发达地区的人口向外流动，其流出的人口教育水平往往会明显高于流入人口的教育水平，同样，在西部地区，外流人口的教育水平也明显高于流入人口的教育水平。这说明人口的主要流入地一旦发生人口流出，流出的人口质量会优于流入人口质量。这说明人口流入地需要做好人才的吸引和维持政策。

表 4 - 8　　　　　　　全国各地区跨省流动人口的平均受教育年限　　　　单位：年

省（区、市）	流出人口平均受教育年限	流入人口平均受教育年限	流出人口平均受教育年限 - 流入人口平均受教育年限
上海市	13.924	11.303	2.621
云南省	8.502	9.236	− 0.734
内蒙古自治区	10.346	9.207	1.139
北京市	14.991	11.803	3.188
吉林省	10.823	9.527	1.296
四川省	9.275	10.419	− 1.144
天津市	14.215	9.986	4.229
宁夏回族自治区	7.693	9.294	− 1.601
安徽省	9.359	10.525	− 1.166
山东省	10.615	10.433	0.182
山西省	11.022	9.62	1.402
广东省	11.488	10.264	1.224
广西壮族自治区	9.785	10.552	− 0.767
新疆维吾尔自治区	12.229	8.907	3.322
江苏省	11.178	9.798	1.38
江西省	9.861	10.169	− 0.308
河北省	11.17	9.317	1.853
河南省	9.703	10.175	− 0.472
浙江省	10.299	8.951	1.348
海南省	12.012	10.969	1.043
湖北省	10.358	9.642	0.716

省（区、市）	流出人口平均受教育年限	流入人口平均受教育年限	流出人口平均受教育年限 – 流入人口平均受教育年限
湖南省	10.352	10.197	0.155
甘肃省	9.087	9.791	− 0.704
福建省	10.05	9.112	0.938
西藏自治区	12.48	8.917	3.563
贵州省	8.371	9.611	− 1.24
辽宁省	11.719	9.656	2.063
重庆市	9.055	10.713	− 1.658
陕西省	10.345	9.892	0.453
青海省	8.039	9.205	− 1.166
黑龙江省	10.087	9.721	0.366

在经济相对欠发达地区，流入人口的受教育年限往往大于流出人口的受教育年限。流入人口质量优于流出人口质量位居全国前十位的地区分别为：重庆市（−1.658 年）、宁夏回族自治区（−1.601 年）、贵州省（−1.24 年）、安徽省（−1.166 年）、青海省（−1.166 年）、四川省（−1.144 年）、广西壮族自治区（−0.767 年）、云南省（−0.734 年）、甘肃省（−0.704 年）、河南省（−0.472 年）。

三、全国各地跨省流入和流出人口性别对比

表4-9 显示了流动人口户籍所在地和现在居住地人口的性别分布情况。总体来看，跨省流动的男性多于女性。流出人口和流入人口男性比例之差可以较好反映流动人口中男性和女性的流动去向。其中，男性流出比例位居全国前十的地区分别为：上海市（0.100）、北京市（0.069）、新疆维吾尔自治区（0.052）、安徽省（0.045）、重庆市（0.044）、福建省（0.043）、湖北省（0.039）、广东省（0.03）、山东省（0.028）、内蒙古自治区（0.019）；女性流出现象严重的地区包括：广西壮族自治区（− 0.09）、云南省（− 0.09）、河北省（− 0.071）、西藏自治区（− 0.066）、山西省（− 0.064）、湖南省

（－0.056）、贵州省（－0.04）、河南省（－0.037）、江西省（－0.036）、吉林省（－0.033）。

表4－9　　　　　　　　全国各地区跨省流动人口的男性比例

省（区、市）	流出人口中的男性比例	流入人口中的男性比例	流出人口中的男性比例－流入人口中的男性比例
上海市	0.587	0.487	0.100
云南省	0.481	0.571	－0.090
内蒙古自治区	0.511	0.492	0.019
北京市	0.565	0.496	0.069
吉林省	0.516	0.549	－0.033
四川省	0.546	0.569	－0.023
天津市	0.484	0.504	－0.020
宁夏回族自治区	0.531	0.514	0.017
安徽省	0.527	0.482	0.045
山东省	0.552	0.524	0.028
山西省	0.497	0.561	－0.064
广东省	0.550	0.520	0.030
广西壮族自治区	0.483	0.573	－0.090
新疆维吾尔自治区	0.584	0.532	0.052
江苏省	0.557	0.544	0.013
江西省	0.530	0.566	－0.036
河北省	0.506	0.577	－0.071
河南省	0.535	0.572	－0.037
浙江省	0.537	0.535	0.002
海南省	0.550	0.565	－0.015
湖北省	0.543	0.504	0.039
湖南省	0.531	0.587	－0.056
甘肃省	0.534	0.535	－0.001
福建省	0.588	0.545	0.043
西藏自治区	0.560	0.626	－0.066

省（区、市）	流出人口中的 男性比例	流入人口中的 男性比例	流出人口中的男性比例 - 流入人口中的男性比例
贵州省	0.515	0.555	- 0.040
辽宁省	0.526	0.518	0.008
重庆市	0.545	0.501	0.044
陕西省	0.562	0.568	- 0.006
青海省	0.558	0.571	- 0.013
黑龙江省	0.525	0.524	0.001

四、全国各地跨省流入和流出人口户口状况对比

总体来看，跨省流动中流动人口大多属于农业户口，非农业户口流动人口的比例偏低。其中，北京市、上海市、天津市的流出人口大部分是非农业户口，这是因为这些地区大部分居民为非农业户口。农业户口劳动者流入的地区主要为：宁夏回族自治区（0.101）、青海省（0.102）、福建省（0.104）、云南省（0.111）、新疆维吾尔自治区（0.111）、广东省（0.119）、西藏自治区（0.121）、江苏省（0.134）、内蒙古自治区（0.135）。因此，农业户口劳动者流动的主要方向为经济发达的地区和边疆政策支持的地区。

五、全国各地跨省流入和流出人口婚姻状况对比

总体来看，流动人口多数是已婚状态。未婚流动人口流出最多的九个地区分别为：北京市（0.667）、上海市（0.788）、天津市（0.833）、海南省（0.842）、新疆维吾尔自治区（0.865）、辽宁省（0.919）、吉林省（0.922）、黑龙江省（0.925）、内蒙古自治区（0.938）；流入地的未婚流动人口比例相对较为平均。

六、全国各地跨省流入和流出人口流动时长对比

表4 - 10显示了各地区跨省流入和流出人口距最近一次流动的时间年限。该

指标反映了流动人口在流入地长期定居的可能性大小，以及流出地人口流出之后回流的可能性大小。距离最近一次流动时间的年限越长，意味着他们定居于流入地的概率越大，回流的概率越小。对于人口流入地，流入人口距离上次流动的时间年限最长的五个地区为：上海市（9.248 年）、云南省（9.094 年）、山西省（8.838 年）、天津市（8.831 年）、新疆维吾尔自治区（8.765 年）；流入人口距离上次流动的时间年限最短的五个地区为：西藏自治区（5.788 年）、湖南省（5.79 年）、重庆市（5.931 年）、浙江省（5.977 年）、福建省（6.012 年）。对于人口流出地，流出人口距离上次流动的时间年限最长的五个地区为：浙江省（9.553 年）、宁夏回族自治区（9.072 年）、西藏自治区（9.04 年）、内蒙古自治区（8.992 年）、天津市（8.943 年），意味着这些地区的人口一旦流出，回流的概率较低；流出人口距离上次流动的时间年限最短的五个地区为：云南省（4.929 年）、贵州省（5.86 年）、广西壮族自治区（6.139 年）、山西省（6.336 年）、海南省（6.375 年）。

表 4-10　　全国各地区跨省流动人口距离最近一次流入和流出的年限　　单位：年

省（区、市）	流入	流出
上海市	9.248	8.543
云南省	9.094	4.929
内蒙古自治区	8.484	8.992
北京市	8.737	7.209
吉林省	8.176	7.854
四川省	8.086	7.546
天津市	8.831	8.943
宁夏回族自治区	8.595	9.072
安徽省	7.207	7.738
山东省	6.151	8.328
山西省	8.838	6.336
广东省	6.163	7.524
广西壮族自治区	7.956	6.139
新疆维吾尔自治区	8.765	7.892

续表

省（区、市）	流入	流出
江苏省	6.633	8.710
江西省	6.081	6.749
河北省	6.372	8.087
河南省	7.291	7.166
浙江省	5.977	9.553
海南省	8.006	6.375
湖北省	8.328	6.961
湖南省	5.79	7.289
甘肃省	8.253	7.073
福建省	6.012	7.137
西藏自治区	5.788	9.040
贵州省	6.699	5.860
辽宁省	8.698	7.596
重庆市	5.931	8.554
陕西省	7.401	7.229
青海省	6.321	6.377
黑龙江省	8.608	8.072

第五章

中国流动人口工作特征
及其收入分配差距研究

第一节 中国流动人口收入分配差距测量实证模型

首先，假设所观察的流动人口工资收入均值为 $\hat{\mu}$，共有 n 类样本，其中 i 表示第 i 类样本；w_i 表示第 i 类观测样本的数量，那么流动人口工资收入均值可以表示为：

$$\hat{\mu} = \frac{\sum\limits_{i} w_i y_i}{\sum\limits_{i=1}^{n} w_i} \qquad (5-1)$$

另外，假设：

$$\hat{\xi} = \sum_{i=1}^{n} \frac{(v_i)^2 - (v_{i+1})^2}{[v_1]^2} y_i \qquad (5-2)$$

且

$$v_i = \sum_{i=1}^{n} w_h, \ y_1 \geqslant y_2 \geqslant y_3 \cdots \geqslant y_n$$

所以，基尼系数可以表示为：

$$\hat{I} = \frac{\hat{\xi}}{\hat{\mu}} \qquad (5-3)$$

根据劳（Rao，1969）的方法，假设 $\hat{C}_i$ 表示第 i 类样本的工资收入集中度，$\hat{C}_i$ 则表示为 $\hat{C}_i = 1 - \dfrac{\hat{\xi}_i}{\hat{\mu}_i}$，那么相对基尼系数可以表示为：

$$I(\hat{y}) = \frac{\hat{\mu}_i}{\hat{\mu}} \hat{C}_i \qquad (5-4)$$

式（5-4）中，$\hat{\mu}$ 表示所观察流动人口样本工资 $\hat{y}$ 的均值，$\hat{\mu}_i$ 表示第 i 类样本的工资收入平均值。

假设劳动工资收入为 y，影响工资收入的协变量为 $X = \{x_1, x_2, x_3, \cdots, x_k\}$，那么劳动者的收入可以表示为：

$$y = \hat{\beta}_0 + \hat{\beta}_1 x_1 + \hat{\beta}_2 x_2 + \cdots + \hat{\beta}_k x_k + \hat{\varepsilon} \qquad (5-5)$$

采用线性回归来分解各个引起收入变动的因素对基尼系数的影响，并计算它们的相对贡献值和绝对贡献值。

在模型 $y = s_0 + s_1 + s_2 + \cdots + s_k + s_R$ 中，s_0 是估计的常数项，$s_k = \hat{\beta}_k x_k$，s_R 表示估计的残差项。假设 $\hat{y} = s_0 + s_1 + s_2 + \cdots + s_k$，$I(\tilde{y}) = s_1 + s_2 + \cdots + s_k$，则

$$I(y) = cs_0 + I(\tilde{y}) + cs_R \qquad (5-6)$$

常数项的贡献值为：

$$cs_0 = I(y) - I(\tilde{y}) \qquad (5-7)$$

残差项的贡献值为：

$$cs_R = I(\hat{y}) - I(\tilde{y}) \qquad (5-8)$$

第二节　中国流动人口的工作时间与收入分配状况

一、全国各地跨省流动人口平均工作时长

表5-1 显示了全国各个地区户籍所在地人口和现在居住地人口平均每周工作小时数的分布情况。对于人口流入地，流入人口平均每周工作小时数排名前五的地区分别为：青海省（65.923 小时）、河南省（65.617 小时）、湖北省（64.275 小时）、湖南省（64.131 小时）、云南省（63.492 小时）；对于人口流出地，流出人口平均每周工作小时数排名前五的地区分别为：青海省（63.59 小时）、贵州省（60.888 小时）、福建省（60.882 小时）、江西省（60.391 小时）重庆市（60.127 小时）。从总体上看，各地区流入人口平均每周工作小时数为58.5，流出人口平均每周工作小时数为54.8。这说明，跨省流动人口中，流入人口的每周工作时间要高于流出人口的每周工作时间。工作时长往往与职业幸福感和生活满足度相关联，因此，各地区的工作时长可能在

一定程度上对人口的跨省流动造成影响，人口更倾向于流向工作时间短的地区。

表 5 - 1　　　　全国跨省流动人口平均每周工作小时数　　　单位：小时

省（区、市）	流入	流出
上海市	49.027	46.459
云南省	63.492	59.684
内蒙古自治区	61.133	53.372
北京市	48.902	42.047
吉林省	57.638	54.433
四川省	57.105	55.902
天津市	54.612	44.104
宁夏回族自治区	56.525	57.096
安徽省	61.202	59.140
山东省	61.850	54.988
山西省	59.743	55.192
广东省	54.830	53.133
广西壮族自治区	55.868	56.421
新疆维吾尔自治区	56.073	50.328
江苏省	59.369	52.702
江西省	61.531	60.391
河北省	60.133	51.630
河南省	65.617	58.235
浙江省	63.030	60.072
海南省	52.504	48.631
湖北省	64.275	57.682
湖南省	64.131	58.942
甘肃省	63.279	58.243
福建省	59.747	60.882
西藏自治区	51.542	47.400

续表

省（区、市）	流入	流出
贵州省	61.282	60.888
辽宁省	55.619	51.778
重庆市	51.983	60.127
陕西省	62.414	56.532
青海省	65.923	63.590
黑龙江省	55.251	55.190

资料来源：2018 年国家卫生健康委中国流动人口动态监测调查数据，本章其余表同。

二、全国各地省内流动人口的平均工作时长

在全国流入地中，市内跨县、省内跨市、跨省三类流动人口的平均每周工作时间分别为 56.46 小时、55.41 小时、58.5 小时。可知，跨省流动人口在流入地的平均每周工作时间高于市内跨县和省内跨市流动人口的平均每周工作时间。一方面，这一结果与流动人口的素质、受教育年限、劳动技能等因素有关；另一方面，它能够反映出跨省流动人口在流入地可能无法得到与当地居民相同的待遇，这在一定程度上表现为跨省流动人口在流入地无法得到较高的认同感。

三、全国各地省内流动人口的平均月工资

表 5-2 显示了户籍所在地和现在居住地的跨省流动人口的平均每月工资，根据统计数据可知，人口流入地的工资有较大的差异。其中，上海市和北京市是全国人口流入地中收入水平最高的两个地区。

表 5-2　　　　　　全国跨省流动人口平均月薪　　　　　　单位：元

省（区、市）	流入地人口平均月薪	流出地人口平均月薪
上海市	6 068.17	7 985.25
云南省	3 810.89	3 851.45
内蒙古自治区	3 811.47	4 294.38

省（区、市）	流入地人口平均月薪	流出地人口平均月薪
北京市	5 903.95	7 060.13
吉林省	3 724.36	4 620.86
四川省	3 970.68	4 191.71
天津市	4 210.91	7 088.23
宁夏回族自治区	3 816.00	4 126.61
安徽省	4 509.72	4 649.01
山东省	4 423.21	4 826.96
山西省	3 736.93	4 398.37
广东省	4 542.43	5 818.77
广西壮族自治区	4 327.75	3 951.75
新疆维吾尔自治区	3 854.72	5 448.08
江苏省	4 553.1	5 798.10
江西省	4 165.51	4 704.02
河北省	3 880.08	4 804.71
河南省	4 005.46	4 212.67
浙江省	4 400.15	5 391.72
海南省	4 970.35	4 897.38
湖北省	4 199.77	4 619.59
湖南省	4 082.77	4 533.02
甘肃省	4 437.74	3 909.09
福建省	4 253.79	5 109.96
西藏自治区	5 072.11	6 275.00
贵州省	3 962.35	3 850.34
辽宁省	3 811.16	5 200.59
重庆市	4 061.67	4 111.6
陕西省	4 049.85	4 397.11
青海省	4 036.28	4 555.23
黑龙江省	3 654.45	4 250.04

　　从经济发达的北京市、上海市、江苏省来看，从其他地区流入的流动人口的工资低于当地户籍人口中流出人口的平均每月工资。其中，北京市户籍人口中流出人口的平均每月工资为 7 060.13 元，现居住在北京且从其他区域流入的流动人口的平均每月工资为 5 903.95 元；上海市户籍人口中流出人口的平均每月工资为 7 985.25 元，现居住在上海且从其他区域流入的流动人口的平均每月工资为 6 068.17 元；江苏省户籍人口中流出人口的平均每月工资为 5 798.09 元，现居住在江苏省且从其他区域流入的流动人口平均每月工资为 4 036.78 元。

　　从总体上看，流出人口和流入人口的平均每月工资分别为 4 990.60 元和 4 250.69 元。这说明，户籍所在地流出人口的工资普遍高于流入人口的工资，尤其是上海市、北京市、西藏自治区、江苏省、广东省、安徽省等地。这一差异一方面与流动人口个人的综合素质相关，另一方面也说明在跨省流动中，流动人口更倾向于流向收入水平高的地区。

四、全国各地省内流动人口的工资分配差距

　　表 5 - 3 显示了户籍所在地和现居住地的跨省流动人口平均每月工资的基尼系数。基尼系数是国际上通用的、用以衡量一个国家或地区居民收入差距的常用指标。基尼系数是介于 0 ~ 1 之间的数值，基尼系数越大，表示居民收入不平等程度越高。对于人口流入地，流入人口的基尼系数排名前五位的城市分别为：北京市（0.411）、上海市（0.393）、贵州省（0.378）、云南省（0.375）、湖北省（0.374），这五个地区跨省流动人口平均每月工资的基尼系数处于 0.3 ~ 0.4，因此，这些地区居民收入差距相对合理；对于人口流出地，流出人口的基尼系数排名前五位的城市分别为：上海市（0.581）、西藏自治区（0.545）、天津市（0.505）、北京市（0.48）、广东省（0.441），这五个地区跨省流动人口平均每月工资基尼系数均超过警戒线 0.4；另外，上海市、西藏自治区、天津市的平均每月工资基尼系数甚至已经超过 0.5。由此可以看出，流动人口每月工资收入差距悬殊。此外，现居住地的流入人口的平均每月工资的基尼系数为 0.332，户籍所在地的流出人口的平均每月工资的基尼系数为 0.367。

表 5 –3　　　　　　　　全国跨省流动人口平均每月工资基尼系数

省（区、市）	流入人口	流出人口
上海市	0.393	0.581
云南省	0.375	0.251
内蒙古自治区	0.320	0.342
北京市	0.411	0.480
吉林省	0.315	0.345
四川省	0.349	0.301
天津市	0.306	0.505
宁夏回族自治区	0.355	0.342
安徽省	0.351	0.314
山东省	0.317	0.334
山西省	0.363	0.315
广东省	0.290	0.441
广西壮族自治区	0.354	0.275
新疆维吾尔自治区	0.331	0.402
江苏省	0.285	0.399
江西省	0.298	0.319
河北省	0.290	0.345
河南省	0.343	0.307
浙江省	0.269	0.413
海南省	0.357	0.354
湖北省	0.374	0.325
湖南省	0.318	0.340
甘肃省	0.371	0.326
福建省	0.261	0.379
西藏自治区	0.322	0.545
贵州省	0.378	0.271
辽宁省	0.298	0.376
重庆市	0.315	0.323
陕西省	0.335	0.315
青海省	0.346	0.375
黑龙江省	0.299	0.328

因此，从总体上看，流入人口的平均每月工资基尼系数要小于流出人口的平均每月工资基尼系数。也就是说，相较于流入该区域的人口而言，流出该区域的人口收入差距更为悬殊。

五、全国各地不同流动范围人口的月平均工资

全国各流入地中，市内跨县、省内跨市、跨省三类流动人口的平均月工资分别为 3 648.25 元、3 880.83 元、4 250.69 元。其中，流入地中市内跨县流入人口的平均月工资排名前五的地区分别为：浙江省（4 738.96 元）、江苏省（4 478.02 元）、福建省（4 440.58 元）、安徽省（4 313.92 元）、山东省（4 128.44 元）；省内跨市流动人口的平均月工资排名前五位的地区分别为：浙江省（5 278.94 元）、福建省（4 960.20 元）、江苏省（4 741.97 元）、广东省（4 504.69 元）、安徽省（4 450.85 元）；跨省流动人口的平均月工资排名前五位的地区分别为：上海市（6 068.17 元）、北京市（5 903.95 元）、西藏自治区（5 072.11 元）、海南省（4 970.35 元）、江苏省（4 553.10 元）。

从总体上看，流入地中跨省的流动人口平均月工资高于市内跨县与省内跨市流动人口的平均月工资。此外，上海市、北京市、西藏自治区等省份的跨省流动人口平均月工资较高地区都属于经济发达地区或者西部地区，这说明近年来经济因素和政策因素成为影响跨省流动人口收入水平的两大主要因素。

六、全国各地不同流动范围人口的平均月工资分配差距

表 5 - 4 显示的是全国各流入地中不同流动范围的流动人口平均月工资基尼系数的分布情况。上文已经提到，基尼系数越大，意味着居民收入分配的不平等程度越高。对于人口流入地而言，市内跨县、省内跨市、跨省三种类型流动人口的月工资基尼系数的平均值分别为 0.323、0.316、0.331，基尼系数为 0.3 ~ 0.4，表明流入地居民收入差距相对合理。从总体上看，跨省流动人口的月工资基尼系数大于市内跨县和省内跨市的流动人口的月工资基尼系数。这说明，相比于省内跨市和市内跨县的流动人口，跨省流动人口的收入分配的不平等程度更高。但是这一差别并不是很明显，也就是说全国各流入地中三种类型的流动人口收入分配不平衡程度没有明显差别，且收入分配都较为合理。

表 5 - 4   全国各地区不同流动范围流入人口的月工资基尼系数

省（区、市）	市内跨县	省内跨市	跨省
上海市	—	—	0.393
云南省	0.370	0.372	0.375
内蒙古自治区	0.321	0.312	0.320
北京市	—	—	0.411
吉林省	0.298	0.307	0.315
四川省	0.335	0.325	0.349
天津市	—	—	0.306
宁夏回族自治区	0.392	0.382	0.355
安徽省	0.302	0.323	0.351
山东省	0.285	0.284	0.317
山西省	0.356	0.332	0.363
广东省	0.307	0.314	0.290
广西壮族自治区	0.335	0.314	0.354
新疆维吾尔自治区	0.325	0.306	0.331
江苏省	0.314	0.293	0.285
江西省	0.302	0.291	0.298
河北省	0.293	0.299	0.290
河南省	0.349	0.315	0.343
浙江省	0.308	0.343	0.269
海南省	—	0.309	0.357
湖北省	0.332	0.347	0.374
湖南省	0.318	0.308	0.318
甘肃省	0.333	0.327	0.371
福建省	0.317	0.309	0.261
西藏自治区	0.270	0.279	0.322
贵州省	0.353	0.335	0.378
辽宁省	0.298	0.273	0.298
重庆市	—	0.295	0.315

省（区、市）	市内跨县	省内跨市	跨省
陕西省	0.330	0.304	0.335
青海省	0.342	0.356	0.346
黑龙江省	0.298	0.313	0.299

七、全国各地流动人口从业单位性质、工资及工资分配差距

（一）全国各地流动人口从业单位性质分布

表 5-5 显示的是全国流动人口从业单位的性质分布。其中，个体工商户中的流动人口占比为 41.44%，在私营企业从业的流动人口占比为 27.82%，两者之和为 69.26%；在国有及国有控股企业从业的流动人口占比为 4.7%，在股份制/联营企业从业的流动人口占比为 3.74%，在机关、事业单位从业的流动人口占比为 2.81%，在这三种性质的单位从业的流动人口占比均在 2% ~ 4%；在港澳台独资企业从业的流动人员占比为 1.6%，在外商独资企业从业的流动人员占比为 1.41%，在中外合资企业从业的流动人员占比为 1.06%，在集体企业从业的流动人员占比为 1.01%，在这四种性质的单位从业的流动人口占比均在 1% ~ 2%；在社团/民办组织从业的流动人员占比最小，仅为 0.37%；另外，还有一些流动人员没有单位或从事其他类型的行业，这部分流动人员占比为 14.04%。

表 5-5　　　　　　　　全国流动人口从业单位性质分布

单位性质	频数	百分比	累积百分比
个体工商户	57 948	41.44	41.44
中外合资企业	1 480	1.06	42.50
其他	2 965	2.12	44.62
国有及国有控股企业	6 569	4.70	49.31
外商独资企业	1 976	1.41	50.73
无单位	16 674	11.92	62.65

续表

单位性质	频数	百分比	累积百分比
机关、事业单位	3 930	2.81	65.46
港澳台独资企业	2 237	1.60	67.06
社团/民办组织	515	0.37	67.43
私营企业	38 903	27.82	95.25
股份制/联营企业	5 232	3.74	98.99
集体企业	1 413	1.01	100.00
合计	139 842	100.00	—

这说明，大多数流动人口选择从事非农业工商经营活动或在私营企业从业；部分流动人员在国有及国有控股企业、股份制/联营企业、机关及事业单位从业；在港澳台独资、外商独资、中外合资、集体企业从业的人员相对较少；这一现象的出现在一定程度上与流动人口的教育水平相关，例如从事个体工商经营这一活动，所要求的教育程度相对较低，因此，从事个体工商经营活动的流动人口较多。相反的是，一些外商或中外合资企业对从业人员教育水平的要求相对较高，因此，这类性质的企业从业人员中，流动人员占比较小。

（二）全国各地流动人口从业单位性质中月平均工资

表5-6显示的是全国流动人口在不同性质单位中从业的劳动者月平均工资。其中，月平均工资排名前四位的流动人口所在的企业性质分别为：外商独资企业（5 144.074元）、股份制/联营企业（4 739.351元）、中外合资企业（4 666.488元）、国有及国有控股企业（4 516.176元）。而在这四种性质的企业从业的流动人口占比均在1%~5%；月平均工资排名第五、第六位的流动人口所在的单位性质分别为：私营企业（4 294.218元）、个体工商户（4 195.08元），在这两种性质的企业从业的流动人口占流动人口总数的69.26%；另外，部分流动人口在集体企业（3 940.879元）、港澳台独资企业（3 936.416元）、机关、事业单位（3 736.124元）、无单位（3 600.483元）、其他（3 574.802元）、社团/民办组织（3 059.483元）这几种性质的单位从业，这部分流动人口占流动人口总数的19.83%。

表 5 – 6　　　　全国流动人口从业单位性质与月工资　　　　单位：元

单位性质	月工资
个体工商户	4 195.08
中外合资企业	4 666.49
其他	3 574.80
国有及国有控股企业	4 516.18
外商独资企业	5 144.07
无单位	3 600.48
机关、事业单位	3 736.12
港澳台独资企业	3 936.42
社团/民办组织	3 059.48
私营企业	4 294.22
股份制/联营企业	4 739.35
集体企业	3 940.88

这说明，只有较少部分的流动人口处于高收入水平，大多数流动人口的收入处于中间水平，另外有 20% 左右的流动人口收入水平较低（月工资低于 4 000 元）。因此，政府在制定决策时，关注收入平均数的同时也要关注贫富差距的问题，注意扩大中等收入群体，增加低收入者收入，调节过高收入，以使收入差距不过于悬殊。另外，平均月工资可能存在被少数人拉高的可能性，只关注平均数可能使社会矛盾被掩盖，进而影响政府部门制定正确的决策。

（三）全国各地流动人口从业单位性质及工资分配差距

表 5 – 7 显示的是全国流动人口从业单位性质及月工资基尼系数。其中，无单位（0.347）、个体工商户（0.345）、其他（0.330）、股份制/联营企业（0.311）、外商独资企业（0.303），这五个性质的企业工资基尼系数均在 0.3 ~ 0.4，说明收入分配相对合理；社团/民办组织（0.291）、私营企业（0.291）、国有及国有控股企业（0.285）、机关、事业单位（0.284）、集体企业（0.284）、中外合资企业（0.264）、港澳台独资企业（0.217），这七个性质的单位基尼系数均为 0.2 ~ 0.3，说明收入分配比较平均。计算得出，12 类

性质的单位工资基尼系数平均值为 0.296。因此，从总体上看，流动人口从业所在的各种性质的单位的收入分配均是较为合理的，没有较大的差距。

表 5 - 7 全国流动人口从业单位性质及月工资基尼系数

单位性质	基尼系数	分布比重（%）	收入比重（%）	绝对贡献（%）	相对贡献（%）
个体工商户	0.345	41.3	41.6	5.9	18.4
中外合资企业	0.264	1.1	1.2	0.0	0.0
其他	0.330	2.1	1.8	0.0	0.0
国有及国有控股企业	0.285	4.7	5.1	0.1	0.2
外商独资企业	0.303	1.4	1.7	0.0	0.0
无单位	0.347	12.0	10.3	0.4	1.3
机关、事业单位	0.284	2.8	2.5	0.0	0.1
港澳台独资企业	0.217	1.6	1.5	0.0	0.0
社团/民办组织	0.291	0.4	0.3	0.0	0.0
私营企业	0.291	27.9	28.7	2.3	7.2
股份制/联营企业	0.311	3.7	4.3	0.1	0.2
集体企业	0.284	1.0	1.0	0.0	0.0
组内基尼系数/比重	—	—	—	8.8	27.5
组间基尼系数/比重	—	—	—	20.7	64.3
交叉基尼系数/比重	—	—	—	2.6	8.2%
总体	0.322	1.0	1.0	32.2%	100.0%

表 5 - 7 也显示了流动人口所在企业的分布情况。流动人口从事个体工商户和在私营企业中就业的比例最高，分别占流动人口的41.3%和27.9%；在国有及国有控股企业、机关事业单位、港澳台独资企业等单位从业的比例相对较低。从收入比重来看，个体工商户和在私营企业就业的流动人口收入占比也最大，占流动人口劳动者总收入的比重分别为41.6%和28.7%。从相对贡献来看，基尼系数的差异主要来自个体工商户和私营企业中流动人口的劳动者收入，其中个体工商户收入对基尼系数相对贡献比例为18.4%，私营企业中流动人口劳动者的工资收入对基尼系数的相对贡献比例为7.2%。

八、全国各地流动人口从业行业、工资及收入差距

（一）全国各地流动人口的行业分布

表 5-8 显示的是全国流动人口所在行业分布情况。其中，流动人口从业人数排名前五的行业分别为：批发零售（30 238 人）、住宿餐饮（17 577 人）、居民服务、修理和其他服务业（15 437 人）、建筑（11 070 人）、其他制造业（10 133 人），这几种行业的特点都是劳动密集程度高、知识密集程度低、工资水平相对较低；流动人口从业人数排名后五位的行业分别为：租赁和商务服务（602 人）、水利、环境和公共设施管理（572 人）、科研和技术服务（443 人）、仪器仪表制造（378 人）、国际组织（14 人），这几种行业的特点都是知识密集型、技术密集型；从流动人口从业所在行业的人数分布情况来看，相比于从事劳动密集型行业，从事知识、技术密集型行业的流动人口数量更少。

表 5-8　　　　　　　　　全国流动人口从业所在行业分布

行业	频数	百分比	累积百分比
专业设备制造	1 877	1.34	1.34
交通运输、仓储和邮政	4 917	3.52	4.86
交通运输设备制造	1 891	1.35	6.21
仪器仪表制造	378	0.27	6.48
住宿餐饮	17 577	12.57	19.05
信息传输、软件和信息技术服务	2 104	1.50	20.55
公共管理、社会保障和社会组织	1 086	0.78	21.33
其他制造业	10 133	7.25	28.58
农林牧渔	3 307	2.36	30.94
化学制品加工	1 033	0.74	31.68
医药制造	948	0.68	32.36
卫生	2 274	1.63	33.98
印刷文体办公娱乐用品	1 436	1.03	35.01

行业	频数	百分比	累积百分比
国际组织	14	0.01	35.02
居民服务、修理和其他服务业	15 437	11.04	46.06
建筑	11 070	7.92	53.98
房地产	3 806	2.72	56.70
批发零售	30 238	21.62	78.32
教育	2 887	2.06	80.39
文体和娱乐	1 225	0.88	81.26
木材家具	2 315	1.66	82.92
水利、环境和公共设施管理	572	0.41	83.33
电器机械及制造	2 828	2.02	85.35
电煤水热生产供应	654	0.47	85.82
社会工作	1 098	0.79	86.60
科研和技术服务	443	0.32	86.92
租赁和商务服务	602	0.43	87.35
纺织服装	6 177	4.42	91.77
计算机及通信电子设备制造	3 516	2.51	94.28
采矿	1 247	0.89	95.17
金融	1 685	1.20	96.38
食品加工	5 067	3.62	100.00
合计	139 842	100.00	—

（二）全国各地流动人口的行业平均工资

表5-9显示的是全国流动人口所在行业月平均工资分布情况。从总体上看，流动人口的平均月工资为4 464.69元。其中，批发零售、住宿餐饮、居民服务、修理和其他服务业、建筑、其他制造业这五种劳动密集型行业的平均月工资为4 106.5元，从事这五个行业的流动人口占总体流动人口的比例为71.96%；租赁和商务服务、水利、环境和公共设施管理、科研和技术服务、仪器仪表制造、国际组织这五种流动人口从业人数较少的知识和技术密集型行

业的平均月工资为 4 867.73 元，这部分流动人口占比为 3.33%；从事房地产、计算机通信、农林牧渔、教育等十六个行业的流动人口平均月工资为 4 442.28 元，这部分流动人口占比为 24.72%。总体来看，样本中的大多数流动人口都在劳动密集型行业，这些劳动密集型行业由于产品的附加值较低、工人劳动技能水平不高等原因，呈现利润低的特点。相反的是，建立在现代科学技术基础上，生产高、尖、精产品的知识密集型和技术密集型行业的工资较高，但这部分行业对于员工的要求相对较高，所以从事这类行业的流动人口占比较少。

表 5-9　　　　　　全国流动人口所在行业月平均工资　　　　　　单位：元

行业	月平均工资
专业设备制造	4 705.46
交通运输、仓储和邮政	4 710.00
交通运输设备制造	4 543.88
仪器仪表制造	4 734.82
住宿餐饮	3 783.45
信息传输、软件和信息技术服务	5 912.65
公共管理、社会保障和社会组织	3 679.48
其他制造业	4 049.95
农林牧渔	2 984.24
化学制品加工	4 388.27
医药制造	5 100.96
卫生	3 827.01
印刷文体办公娱乐用品	4 413.64
国际组织	5 192.86
居民服务、修理和其他服务业	3 665.08
建筑	4 741.03
房地产	4 659.81
批发零售	4 094.28
教育	3 760.90

续表

行业	月平均工资
文体和娱乐	4 840.87
木材家具	4 526.56
水利、环境和公共设施管理	4 015.01
电器机械及制造	4 425.23
电煤水热生产供应	4 493.34
社会工作	3 211.18
科研和技术服务	5 833.67
租赁和商务服务	5 182.91
纺织服装	3 979.32
计算机及通信电子设备制造	5 068.86
采矿	4 564.85
金融	5 951.79
食品加工	3 828.84

长远来看，政府不仅需要制定正确的政策对劳动密集型行业进行调整，也需要鼓励流动人口提高劳动技能水平，使其可以向知识密集型和技术密集型行业转移。

（三）全国各地流动人口的行业工资分配差距

表5-10显示的是全国流动人口所在行业月工资的基尼系数。其中，农林牧渔（0.46）、国际组织（0.424）这两个行业的月工资基尼系数在0.4～0.5，体现了这两个行业流动人口的收入存在较大差距；租赁和商务服务（0.357）、信息传输、软件和信息技术服务（0.353）、批发零售（0.349）、金融（0.343）、文体和娱乐（0.341）、医药制造（0.334）、科研和技术服务（0.333）、水利、环境和公共设施管理（0.324）、卫生（0.323）、教育（0.32）、食品加工（0.32）、居民服务、修理和其他服务业（0.318）、住宿餐饮（0.314）、计算机及通信电子设备制造（0.314）、印刷文体办公娱乐用品（0.311）、房地产（0.311）、木材家具（0.309）、建筑（0.306）、社会工作（0.302），这19个行业的流动人口月工资基尼系数分布在0.3～0.4，说明这

些行业的收入分配较为合理；仪器仪表制造（0.291）、纺织服装（0.286）、交通运输、仓储和邮政（0.268）、专业设备制造（0.265）、公共管理、社会保障和社会组织（0.264）、电器机械及制造（0.261）、电煤水热生产供应（0.257）、交通运输设备制造（0.256）、采矿（0.255）、化学制品加工（0.249）、其他制造业（0.245），这11个行业的流动人口月工资基尼系数分布在0.2～0.3，这些行业的收入分配比较平均。

表5-10 **全国流动人口从业所在行业月工资基尼系数**

行业	基尼系数	分布比重	收入比重	绝对贡献	相对贡献
专业设备制造	0.265	0.013	0.015	0.000	0.000
交通运输、仓储和邮政	0.268	0.035	0.040	0.000	0.001
交通运输设备制造	0.256	0.014	0.015	0.000	0.000
仪器仪表制造	0.291	0.003	0.003	0.000	0.000
住宿餐饮	0.314	0.126	0.114	0.004	0.014
信息传输、软件和信息技术服务	0.353	0.015	0.021	0.000	0.000
公共管理、社会保障和社会组织	0.264	0.008	0.007	0.000	0.000
其他制造业	0.245	0.073	0.071	0.001	0.004
农林牧渔	0.460	0.024	0.017	0.000	0.001
化学制品加工	0.249	0.007	0.008	0.000	0.000
医药制造	0.334	0.007	0.008	0.000	0.000
卫生	0.323	0.016	0.015	0.000	0.000
印刷文体办公娱乐用品	0.311	0.010	0.011	0.000	0.000
国际组织	0.424	0.000	0.000	0.000	0.000
居民服务、修理和其他服务业	0.318	0.111	0.097	0.003	0.011
建筑	0.306	0.079	0.090	0.002	0.007
房地产	0.311	0.027	0.030	0.000	0.001
批发零售	0.349	0.215	0.212	0.016	0.049
教育	0.320	0.021	0.019	0.000	0.000
文体和娱乐	0.341	0.009	0.010	0.000	0.000
木材家具	0.309	0.017	0.018	0.000	0.000

续表

行业	基尼系数	分布比重	收入比重	绝对贡献	相对贡献
水利、环境和公共设施管理	0.324	0.004	0.004	0.000	0.000
电器机械及制造	0.261	0.020	0.021	0.000	0.000
电煤水热生产供应	0.257	0.005	0.005	0.000	0.000
社会工作	0.302	0.008	0.006	0.000	0.000
科研和技术服务	0.333	0.003	0.004	0.000	0.000
租赁和商务服务	0.357	0.004	0.005	0.000	0.000
纺织服装	0.286	0.044	0.042	0.001	0.002
计算机及通信电子设备制造	0.314	0.025	0.030	0.000	0.001
采矿	0.255	0.009	0.010	0.000	0.000
金融	0.343	0.012	0.017	0.000	0.000
食品加工	0.320	0.036	0.033	0.000	0.001
组内基尼系数/比重	—	—	—	0.030	0.094
组间基尼系数/比重	—	—	—	0.233	0.722
交叉基尼系数/比重	—	—	—	0.059	0.184
总体	0.322	1.000	1.000	0.322	1.000

从总体上看，除农林牧渔、国际组织（流动人口从业人数占比2.4%）这两个行业外，我国流动人口所在行业的月工资基尼系数基本分布在0.2~0.4。这说明，流动人口从业行业的收入分配较为平均合理，没有较大的差距。

第三节　京津冀地区流动人口的收入分配差距

一、京津冀地区流动人口工资收入

据2018年国家卫健委流动人口动态追踪调查数据，京津冀地区流动人口总体月平均工资收入为4 757.99元，北京市、天津市与河北省流动人口月平均工资分别为5 949.41元、4 233.55元、3 673.29元，可见，北京市流动人口的工资水平分别是天津市和河北省的 1. 41 倍、1. 62 倍。

二、京津冀地区流动人口行业工资收入

(一) 行业工资水平

京津冀流动人口从业行业月工资收入水平如表 5 – 11 所示。由表 5 – 11 可知，京津冀地区流动人口所有行业的平均月工资为 4 758 元，信息传输、软件和信息技术服务业的平均月工资收入均超过了 8 000 元；超过 7 000 元 而不足 8 000 元的行业包括计算机及通信电子设备制造、科研和技术服务和金融业，这些行业的平均工资分别为 7 719 元、7 583 元和 7 478 元。整体而言，国际组织、计算机及通信电子设备制造、信息传输、软件和信息技术服务、科研和技术服务、金融、文体和娱乐、仪器仪表制造等行业月工资标准差较大，说明这些行业的流动人口收入差距较大。

表 5 –11　　　　　不同行业京津冀流动人口月平均工资水平

行业名称	京津冀总体		北京		天津		河北	
	均值（元）	标准差	均值（元）	标准差	均值（元）	标准差	均值（元）	标准差
专业设备制造	5 220	3 347	7 578	4 625	4 553	2 358	3 840	1 775
交通运输、仓储和邮政	4 859	2 678	5 067	2 576	4 877	2 869	4 495	2 469
交通运输设备制造	4 472	2 707	5 846	3 658	4 114	1 656	3 120	1 284
仪器仪表制造	6 734	4 557	7 600	5 293	5 414	3 359	6 833	3 253
住宿餐饮	3 879	2 425	4 467	2 771	3 981	2 510	3 364	1 928
信息传输、软件和信息技术服务	8 341	4 799	9 039	4 774	5 204	3 290	4 328	2 574
公共管理、社会保障和社会组织	4 236	2 462	5 200	3 017	3 345	1 561	3 471	1 494
其他制造业	4 014	2 052	5 004	3 319	4 029	1 981	3 685	1 410
农林牧渔	3 823	3 331	4 302	3 822	3 408	1 690	3 541	4 655
化学制品加工	4 713	2 606	5 406	3 341	4 703	2 428	3 885	1 841

行业名称	京津冀总体		北京		天津		河北	
	均值（元）	标准差	均值（元）	标准差	均值（元）	标准差	均值（元）	标准差
医药制造	6 393	4 333	7 276	4 759	5 120	2 981	4 289	2 760
卫生	4 528	3 143	5 738	3 558	3 427	2 723	3 692	1 988
印刷文体办公娱乐用品	4 684	3 188	6 568	4 431	3 553	1 629	3 763	1 552
国际组织	6 640	7 573	7 800	8 215	2 000	—	—	—
居民服务、修理和其他服务业	3 807	2 483	4 236	2 795	3 686	2 320	3 242	1 926
建筑	5 371	3 435	6 383	3 768	5 283	3 581	4 062	2 177
房地产	5 410	3 715	6 559	4 241	5 402	3 385	3 971	2 651
批发零售	4 474	3 134	5 192	3 511	4 251	2 926	3 766	2 577
教育	4 987	3 601	5 651	4 017	4 100	2 417	3 661	2 201
文体和娱乐	6 388	4 583	7 468	4 631	4 850	4 465	3 727	3 005
木材家具	4 753	2 716	6 178	3 439	5 366	3 005	4 225	2 230
水利、环境和公共设施管理	5 114	3 717	7 100	4 233	2 861	1 119	3 650	1 392
电器机械及制造	4 703	2 504	6 202	3 019	4 289	1 767	4 177	2 932
电煤水热生产供应	5 039	3 198	6 094	4 121	4 680	1 296	3 667	1 082
社会工作	3 641	2 440	4 696	3 342	3 202	1 230	3 045	1 752
科研和技术服务	7 583	4 660	8 535	4 771	4 460	1 987	4 709	3 219
租赁和商务服务	6 103	3 928	6 352	4 109	5 667	3 892	5 000	2 517
纺织服装	4 551	3 475	5 487	3 866	4 635	3 776	3 415	2 250
计算机及通信电子设备制造	7 719	4 828	9 430	4 830	4 447	3 000	4 348	2 176
采矿	5 932	3 958	9 667	5 724	3 833	1 258	4 692	1 939
金融	7 478	4 616	8 532	4 716	6 264	3 964	4 637	3 034
食品加工	3 981	2 681	4 823	3 358	3 986	2 555	3 075	1 560
所有行业	4 758	3 355	5 949	4 071	4 234	2 690	3 673	2 170

北京市流动人口月工资超过 8 000 元的行业为：采矿（9 667 元）、计算机及通信电子设备制造（9 430 元）、信息传输、软件和信息技术服务（9 039元）、科研和技术服务（8 535 元）、金融（8 532 元）。北京市流动人口月工资

标准差较大的行业是国际组织、采矿和仪器仪表制造行业，其月工资标准差均超过 5 000 元。

天津市流动人口工资超过 5 000 元以上的行业有：金融（6 264 元）、租赁和商务服务（5 667 元）、仪器仪表制造（5 414 元）、房地产（5 402 元）、木材家具（5 366 元）、建筑（5 283 元）、信息传输、软件和信息技术服务（5 204 元）和医药制造（5 120 元），其他行业的月平均工资均不高于 5 000 元。河北省仪器仪表制造、租赁与商务服务两个行业流动人口平均月工资水平最高，分别为 6 833 元和 5 000 元。

在流动人口从业行业月工资调查中发现，北京市、天津市和河北省之间行业的工资优势存在较大的差异。北京市工资优势行业为计算机及通信电子设备制造、信息传输、软件和信息技术服务、科研和技术服务、金融等；天津市工资优势行业为金融、租赁和商务服务、仪器仪表制造、房地产等行业；河北省的工资优势行业为仪器仪表制造、租赁和商务服务行业。

（二）行业工资基尼系数

通过对京津冀地区 32 个行业的总体分析，得出其流动人口从业行业工资基尼系数如表所示（见表 5 - 12）。从表 5 - 12 可知，首先，京津冀地区流动人口从业行业工资总体基尼系数为 0.336，行业内工资基尼系数为 0.0251，行业间基尼系数为 0.241，交叉基尼系数为 0.0704，后三者对总体基尼系数的贡献比例分别为 7.46%、71.59% 和 20.94%。从京津冀三地分别来看，行业间工资收入差距对总体工资收入分配差距的贡献均达到了 60% 以上，即流动人口的行业工资收入差距主要是行业间收入的差别造成的。其次，流动人口行业工资收入差距的行业有国际组织、农林牧渔和文体和娱乐业，其基尼系数分别为 0.468、0.373 和 0.392。

表 5 - 12   京津冀流动人口从业行业工资收入基尼系数

行业名称	京津冀三地流动人口基尼系数	北京流动人口基尼系数	天津流动人口基尼系数	河北流动人口基尼系数
专业设备制造	0.297	0.320	0.235	0.228
交通运输、仓储和邮政	0.262	0.24	0.278	0.258
交通运输设备制造	0.290	0.319	0.213	0.220

行业名称	京津冀三地流动人口基尼系数	北京流动人口基尼系数	天津流动人口基尼系数	河北流动人口基尼系数
仪器仪表制造	0.337	0.350	0.297	0.211
住宿餐饮	0.295	0.289	0.299	0.277
信息传输、软件和信息技术服务	0.315	0.291	0.288	0.277
公共管理、社会保障和社会组织	0.271	0.293	0.204	0.193
其他制造业	0.230	0.305	0.230	0.186
农林牧渔	0.392	0.401	0.255	0.591
化学制品加工	0.268	0.296	0.241	0.247
医药制造	0.344	0.346	0.286	0.254
卫生	0.333	0.303	0.331	0.269
印刷文体办公娱乐用品	0.305	0.329	0.231	0.218
国际组织	0.468	0.436	0	——
居民服务、修理和其他服务业	0.303	0.305	0.309	0.272
建筑	0.312	0.297	0.331	0.248
房地产	0.344	0.335	0.316	0.320
批发零售	0.340	0.327	0.344	0.328
教育	0.348	0.352	0.276	0.297
文体和娱乐	0.373	0.327	0.426	0.361
木材家具	0.283	0.287	0.261	0.261
水利、环境和公共设施管理	0.360	0.320	0.209	0.200
电器机械及制造	0.261	0.259	0.221	0.279
电煤水热生产供应	0.294	0.338	0.143	0.161
社会工作	0.292	0.307	0.212	0.262
科研和技术服务	0.331	0.304	0.222	0.336
租赁和商务服务	0.320	0.320	0.337	0.237
纺织服装	0.347	0.317	0.374	0.304
计算机及通信电子设备制造	0.338	0.284	0.311	0.227
采矿	0.297	0.282	0.145	0.197

行业名称	京津冀三地流动人口基尼系数	北京流动人口基尼系数	天津流动人口基尼系数	河北流动人口基尼系数
金融	0.327	0.295	0.307	0.315
食品加工	0.313	0.326	0.300	0.268
组内基尼系数	0.0251	0.0233	0.0290	0.0278
组间基尼系数	0.241	0.250	0.225	0.178
交叉基尼系数	0.0704	0.0702	0.0512	0.0752
组内基尼系数比重	0.0746	0.0677	0.0952	0.0988
组间基尼系数比重	0.7159	0.7281	0.7368	0.6335
交叉基尼系数比重	0.2094	0.2041	0.1679	0.2677
所有行业	0.336	0.344	0.305	0.281

北京市流动人口总体基尼系数为0.344，高于京津冀地区基尼系数的平均值；其中，收入分配差距最大的行业为国际组织和农林牧渔行业，基尼系数分别为0.468和0.392；仪器仪表制造、医药制造、电煤水热生产供应、房地产、印刷文体办公娱乐用品、文体和娱乐等行业基尼系数均超过了北京市；

天津市流动人口总体基尼系数为0.305，低于京津冀地区基尼系数。天津市流动人口从业工资收入基尼系数最高的行业为文体和娱乐，基尼系数为0.426，其他行业均未超过0.4。天津市基尼系数超过0.3的行业还包括：纺织服装（0.374）、批发零售（0.344）、租赁和商务服务（0.337）、建筑（0.331）、卫生（0.331）、房地产（0.316）、计算机及通信电子设备制造（0.311）、居民服务、修理和其他服务业（0.309）、金融（0.307）。

河北省流动人口总体基尼系数为0.281，在京津冀三地中收入分配差距是最小的。河北省流动人口收入分配差距最大的行业为农林牧渔（0.591）、文体和娱乐（0.361）、科研和技术服务（0.336）、批发零售（0.328）、房地产（0.320）、金融（0.315）、纺织服装行业（0.304）。

从行业组内工资收入分配差距贡献率来看，河北省流动人口的行业组内收入分配差距贡献最高，为9.88%，而天津市流动人口的行业组间差距贡献最高，为73.68%。

三、京津冀地区不同单位性质下流动人口工资收入

（一）同单位性质下流动人口月工资收入水平

京津冀地区不同单位性质下流动人口工资收入如表5-13所示。京津冀地区流动人口在外商独资企业中的月平均工资最高，为6 669元；月平均工资居第二位的是股份制/联营企业。北京市流动人口在外商独资企业工作具有明显的工资优势，流动人口从事在该单位类型企业中获得月均工资为8 921元；同时，相对于在国有企业及其控股企业工作，在私营企业和股份制/联营企业工作也具有一定的工资优势；天津市流动人口在外商独资企业（4 621元）、股份制/联营企业（4 611元）、个体工商户（4 548元）、港澳台独资企业（4 427元）中获得的工资具有较为明显的优势；

表5-13　　　　　京津冀地区不同单位性质下流动人口工资水平　　　　　单位：元

单位性质	京津冀		北京		天津		河北	
	均值	标准差	均值	标准差	均值	标准差	均值	标准差
个体工商户	4 485	3 227	5 239	3 730	4 548	3 241	3 729	2 449
中外合资企业	5 041	3 542	5 833	4 109	3 992	2 135	3 250	965.3
其他	3 908	3 026	5 242	4 173	3 289	1 930	3 005	1 591
国有及国有控股企业	5 116	3 337	5 943	3 824	3 972	2 056	4 094	2 151
外商独资企业	6 669	4 424	8 921	5 120	4 621	2 205	6 780	4 893
无单位	3 573	2 261	4 110	2 602	3 809	2 492	3 146	1 788
机关、事业单位	4 237	2 597	4 839	3 079	3 444	1 982	3 703	1 589
港澳台独资企业	4 578	2 813	6 400	4 021	4 427	2 097	3 387	423.2
社团/民办组织	4 208	2 498	5 400	3 125	3 427	1 370	2 911	662.3
私营企业	5 143	3 509	6 550	4 231	4 157	2 339	3 802	1 957
股份制/联营企业	6 146	4 162	7 307	4 585	4 611	2 545	4 193	2 588
集体企业	4 092	2 208	3 979	2 338	4 296	1 789	3 893	2 724
所有行业	4 758	3 355	5 949	4 071	4 234	2 690	3 673	2 170

河北省流动人口在外商独资企业（6 780 元）、股份制/联营企业（4 193 元）、国有及国有控股企业（4 094 元）中获得的工资具有一定的优势，其平均月工资均超过了 4 000 元。

综上，北京市、天津市和河北省流动人口均在外商独资企业和股份制/联营企业中具有一定的工资优势，但是河北省突出的特点是，国有及国有控股企业中流动人口具有明显的工资优势。

（二）不同单位性质下流动人口工资收入基尼系数

京津冀地区流动人口 2018 年的工资收入分配差距在不同性质的工作单位中分布也有所差异，具体如表 5 - 14 所示。其中，流动人口中个体工商户平均每月工资收入基尼系数为 0.344；股份制/联营企业、外商独资企业、中外合资企业等单位中流动人口平均每月工资收入的基尼系数分别为 0.343、0.341、0.331；机关事业单位、集体企业、社团/民办组织等单位的流动人口平均每月工资收入基尼系数都相对较小。从总体上看，流动人口在股份制/联营企业中的收入分配差距最大，在集体企业、社团/民办组织中的收入分配差距较小。

表 5 - 14　　2018 年京津冀地区不同单位性质下流动人口工资收入的基尼系数

单位性质	京津冀总体	北京	天津	河北
个体工商户	0.3440	0.3410	0.3500	0.3160
中外合资企业	0.3310	0.3430	0.2720	0.1560
其他	0.3470	0.3760	0.2910	0.2680
国有及国有控股企业	0.3200	0.3350	0.2370	0.2450
外商独资企业	0.3410	0.3200	0.2380	0.3210
无单位	0.3080	0.3180	0.3180	0.2790
机关、事业单位	0.2930	0.3000	0.2980	0.2320
港澳台独资企业	0.2600	0.3160	0.1830	0.0470
社团/民办组织	0.2690	0.2700	0.1880	0.1020
私营企业	0.3240	0.3300	0.2600	0.2420
股份制/联营企业	0.3430	0.3340	0.2530	0.2740
集体企业	0.2730	0.2830	0.2340	0.3080
组内基尼系数	0.0828	0.0824	0.0782	0.0815

单位性质	京津冀总体	北京	天津	河北
组间基尼系数	0.1980	0.1950	0.2040	0.1580
交叉基尼系数	0.0551	0.0664	0.0220	0.0413
组内基尼系数比重	0.2464	0.2399	0.2568	0.2901
组间基尼系数比重	0.5897	0.5669	0.6709	0.5628
交叉基尼系数比重	0.1639	0.1933	0.0723	0.1471
所有行业	0.3360	0.3440	0.3050	0.2810

北京市流动人口在中外合资企业中的收入分配差距最大，为0.343；不论是天津市还是河北省，个体工商户和中外合资企业的收入分配差距都较为明显，显著高于其他单位的收入分配差距，这说明在单位性质方面，不论是从整体来看还是京津冀三地分别来看，私人投资性质的企业中流动人口收入分配差距都相对较大。

从总体来看，在单位性质方面，天津市组间收入分配差距贡献较高，为67.09%，北京市和河北省的组间基尼系数比重均为56%左右，天津市的交叉基尼系数比重是最低的。

四、京津冀地区流动人口基尼系数分解

根据明瑟方程，可以知道人口特征、人力资本、行业或者企业性质等均会影响劳动者的收入水平，这些因素也是引起京津冀地区流动人口收入分配差距的重要因素。为了分析影响工资收入水平的因素对京津冀流动人口收入分配差距作用的程度，本书采用基于收入来源不平等分解的回归分析方法进行研究，结果如表5－15所示。从京津冀地区总体来看，性别对京津冀地区流动人口的收入分配差距影响最大，性别导致基尼系数增加0.034，对基尼系数相对贡献程度达到了11.0%；受教育年限和打工年限也对基尼系数影响较大，对基尼系数相对贡献程度分别达到了19.0%和7.4%，打工年限的平方项对基尼系数相对贡献达到了0.7%，二者之和为8.1%；此外，行业和户口对基尼系数的贡献也相对较大。

表 5 - 15　　　　　京津冀地区流动人口各变量对基尼系数的贡献

变量	京津冀		北京		天津		河北	
	绝对贡献	相对贡献	绝对贡献	相对贡献	绝对贡献	相对贡献	绝对贡献	相对贡献
常数	0.000	0.000	0.000	0.000	0.000	0.000	0.000	0.000
性别	0.034	0.110	0.030	0.095	0.052	0.169	0.043	0.156
年龄	0.001	0.004	0.004	0.011	0.001	0.004	0.001	0.004
民族	0.001	0.002	0.001	0.003	0.000	0.001	0.000	0.000
户口	0.009	0.029	0.007	0.023	0.000	0.000	0.002	0.008
婚姻	− 0.001	− 0.005	− 0.001	− 0.002	0.000	0.000	− 0.000	− 0.001
周工作小时	0.001	0.002	0.001	0.002	0.005	0.015	0.001	0.002
教育年限	0.059	0.190	0.086	0.271	0.038	0.125	0.026	0.093
打工年限	0.023	0.074	0.019	0.061	0.015	0.049	0.010	0.035
打工年限平方	0.002	0.007	0.004	0.013	0.003	0.009	0.001	0.003
单位性质	0.000	0.000	0.000	0.000	0.007	0.021	0.001	0.003
行业	0.005	0.016	0.007	0.022	0.002	0.006	0.001	0.004
残差项	0.177	0.570	0.159	0.501	0.183	0.599	0.191	0.693
基尼系数	0.310	1	0.317	1	0.305	1	0.276	1

北京市流动人口的教育年限和性别因素对收入分配差距的影响较为明显，其对基尼系数的相对贡献率分别为 27.1% 和 9.5%；另外，打工年限对基尼系数的相对贡献为 6.1%，打工年限的平方项对基尼系数的相对贡献为 1.3%，二者之和为 7.4%，户口和行业造成的收入分配不平等贡献值分别达到了 2.3% 和 2.2%。所以，北京市流动人口收入分配差距主要是由教育年限、打工年限、行业、性别、户口等引起的。天津市流动人口性别对收入分配有着明显的影响，其所形成的不平等贡献率达到了 16.9%，受教育年限所形成的基尼系数占比达到了 12.5%，打工年限所形成的基尼系数占比达到了 4.9%，说明天津市流动人口的工资收入分配差距主要是性别、受教育年限、打工年限引起的。河北省流动人口性别对收入分配有着明显的影响，其所形成的不平等贡献率达到了 15.6%，受教育年限所形成的基尼系数占比达到了 9.3%，打工年限所形成的基尼系数占比达到了 3.5%。

综合京津冀三地基尼系数形成的原因，能够发现其共性，即教育年限和打工年限是造成收入分配差距的重要原因。除打工年限之外，对于北京市流动人口来说，性别、行业和户口也是形成收入分配差距的主要因素；天津市流动人口的性别是形成收入分配差距的另一重要原因；河北省流动人口的基尼系数主要由性别和教育年限等多种因素综合形成的。

第六章

中国流动人口居留意愿
与社会融合状况

第一节　中国流动人口居留意愿

一、流动人口的父母经历

由表6－1可知，在被调查人口首次流动时，其父母双方均未发生过流动的人口比例达到76.23%，父母发生过流动的人口比例为20.94%；此外，在父母发生过流动的流动人口中，父母双方均发生过流动的比例为14.68%；父亲发生过流动，母亲没有发生过流动的比例为5.42%；家庭中仅母亲发生过流动的比例仅占0.84%。这说明在家庭中，男性成员单独流动的比例要超过女性成员单独流动的比例。

表6－1　　　　　　　流动人口外出务工或经商经历统计

流动情况	频数	百分比	累积百分比
本人出生就流动	522	0.310	0.310
母亲有、父亲没有	1 425	0.840	1.150
父亲有、母亲没有	9 207	5.420	6.560
父母均有	24 947	14.680	21.240
父母均没有	129 585	76.230	97.470

流动情况	频数	百分比	累积百分比
记不清	4 303	2.530	100.000
总计	169 989	100.000	—

资料来源：2018 年国家卫生健康委中国流动人口动态监测调查数据，本章其余表同。

二、流动人口住房

由表 6-2 可知，在数据调查全部样本中，住房属于租住（包括整租、合租），单位、雇主提供的，或居住在就业场所的占流动人口总数比例达到将近七成，仅不到三成的流动人口拥有自购房（包括商品房、小产权房和保障性住房）、自建房等较为稳定的住所；此外，还有 1.61% 的流动人口借住在他人的住所，居住在政府提供的公租房的人口仅为 1.01%。从上述数据可以得知，租赁仍是现阶段我国流动人口住房的主要方式，为减轻住房负担，大多数流动人口租住在城乡接合部等治安管理较差、住房设施配套不齐全的居住环境内，只有少部分人能够拥有自己的住房，这主要是由以下几方面原因造成的。首先，当前房地产市场中大多数住房都开发为高档商品房，其高昂的购房费用难以为流动人口所负担。其次，住房公积金作为重要的购房优惠制度，通常在政府、国企、事业单位等地得到较好的落实，大多数流动人口没有住房公积金，购房优惠的欠缺也是流动人口难以拥有自己住房的原因之一。最后，随着流动人口的不断涌入，对人口流入地，特别是对我国东部省会地区的社会保障体系造成了冲击，其原有的社会保障体系难以承载数目巨大的流动人口。由于政策等方面的壁垒，流动人口不能享受与当地人口相同的住房优惠，因此，相较于租赁，购买流入地保障性住房或租住在政府提供公租房的流动人口占比较小。

表 6-2　　　　　　　　　　流动人口的住房性质分布

住房性质	频数	百分比	累积百分比
借住房	2 733	1.610	1.610
其他非正规居所	847.000	0.500	2.110

续表

住房性质	频数	百分比	累积百分比
单位/雇主提供（不包括就业场所）	15 915	9.360	11.470
就业场所	4 392	2.580	14.050
政府提供公租房	1 710	1.010	15.060
租住私房－合租	17 520	10.310	25.360
租住私房－整租	77 792	45.760	71.130
自建房	6 162	3.620	74.750
自购保障性住房	2 135	1.260	76.010
自购商品房	36 448	21.440	97.450
自购小产权住房	4 335	2.550	100.000
合计	169 989	100.000	—

三、流动人口社会交往对象

从流动人口社会交往对象来看（见表6-3），调查对象在业余时间能与本地人交往的人数占到样本总数的三成；有将近七成的流动人口难以与当地原住民建立密切的交往关系，其中，27.53%的流动人口倾向于与自己的同乡交往，10.83%的流动人口更多地与其他外地人交往，还有22.88%的流动人口很少与人交往。流动人口与本地人在语言、偏好、住所、甚至是劳动技能的差异，在一定程度上造成他们与当地人在婚姻市场、劳动力市场和住宅市场上产生隔离。据此可知，难以融入当地社交网络成为制约流动人口社会融合的一大因素。

表6-3　　　　　　　　流动人口业余时间的交往对象统计

交往对象	频数	百分比	累积百分比
其他外地人	18 411	10.830	10.830
其他本地人	55 628	32.720	43.560
同乡（户口仍在老家）	146 804	27.530	71.090

交往对象	频数	百分比	累积百分比
同乡（户口迁至本地与老家以来的其他地区）	4 036	2. 370	73. 460
同乡（户口迁至本地）	6 216	3. 660	77. 120
很少与人来往	38 893	22. 880	100. 000
合计	169 89	100. 000	—

四、流动人口面临的困难

（一）流动人口本地面临的困难

从流动人口在人口流入地面临的困难来看（见表 6 - 4），54. 99% 的流动人口都认为在人口流入地的生活面临着困难。其中，72. 95% 的流动人口表示他们的收入太低，60. 94% 的流动人口处于买不起房子的困境，可知，收入低、住房难仍是流动人口面临的两大难题。48. 12% 的流动人口表示其生意难做，40. 15% 的流动人口表示难以找到稳定的工作。造成流动人口就业问题的原因主要在于以下几方面：首先，在当地劳动力市场中，部分雇主更倾向于寻找具有相同语言及文化背景的人进行交流合作；其次，来自不同区域的流动人口可能会在劳动技能上存在系统性差异，流动人口的劳动技能可能在流入地难以得到施展；最后，流动人口的租住地往往处于交通欠发达的地段，较长的通勤时间和较高的通勤费用也是造成流动人口就业难的原因之一。31. 91% 的流动人口表示他们的子女在上学问题上面临着一定的困难。此外，还有 10% 左右的流动人口表示在流入地生活时还面临着被本地人看不起、生活不习惯等困难。

（二）流动人口老家面临的困难

从流动人口流出后，其流出地家庭面临的困难来看（见表 6 - 5），39. 37% 的流动人口表示家庭有困难。其中，34. 8% 的流动人口有家人患病需要医药费，18. 01% 的流动人口表示子女教育费的支付存在困难，可知，经济仍是推动人口流动的一大因素，与人口流入地相比，流出地在就业机会、薪资报酬、社会福利等方面的优惠对流动人口产生了巨大的拉力，将其从流出地"拉出"。

表 6 - 4　　　　　　　　　　流动人口在本地面临的困难

困难情况	回答	频数	百分比
有没有困难	有	93 482	54.99
	没有	76 507	45.01
生意不好做	有	44 986	48.12
	没有	48 496	51.88
难以找到稳定的工作	有	37 533	40.15
	没有	55 949	59.85
买不起房子	有	56 964	60.94
	没有	36 518	39.06
被本地人看不起	有	9 954	10.65
	没有	83 528	89.35
子女上学困难	有	29 834	31.91
	没有	63 648	68.09
收入太低	有	68 199	72.95
	没有	25 283	27.05
生活不习惯	有	8 812	9.43
	没有	84 670	90.57
其他困难	有	9 057	9.69
	没有	84 425	90.31

表 6 - 5　　　　　　　　　　流动人口在老家面临的困难

困难情况	回答	频数	百分比
有没有困难	有	66 930	39.37
	没有	103 059	60.63
老人赡养方面的困难	有	47 413	70.84
	没有	19 517	29.16
子女照看方面的困难	有	14 228	21.26
	没有	52 702	78.74

困难情况	回答	频数	百分比
子女教育费用方面的困难	有	12 054	18.01
	没有	54 876	81.99
配偶异地，生活孤单	有	3 332	4.98
	没有	63 598	95.02
家人有病，缺钱治疗	有	23 291	34.80
	没有	43 639	65.20
土地耕种等缺劳动力	有	23 925	35.75
	没有	43 005	64.25
其他困难	有	10 529	15.73
	没有	56 401	84.27

由于青壮年劳动力流出，空巢老人、留守儿童及土地闲置现象日益明显，70.84%的流动人口表示家庭当中老人赡养面临着困难，35.75%的流动人口表示家里土地耕种缺乏劳动力，21.26%的流动人口面临着子女无人照看的困境；此外，4.98%的流动人口还表示与配偶分居两地，会感到孤单，这也对流动人口的婚姻产生了影响。因此，随着我国流动人口数目的不断增加，由人口流动而造成的"老无所依""幼无所养"等家庭危机成为亟待解决的难题。

五、流动人口长久迁入意愿

（一）户口迁入本地意愿

从流动人口是否愿意将户籍迁入流入地来看（见表6-6），39.01%的流动人口愿意将户口迁入流入地，34.47%的流动人口不愿意将户口迁入流入地，26.52%的流动人口没有想好是否要将户口迁入流入地。由数据可知，现阶段我国流动人口的落户意愿较低；究其原因，主要有以下几方面：首先，流入地的城市吸引力是影响流动人口落户意愿的重要原因，人口流入地的薪资待遇、福利水平、物价、房价等因素决定着城市的吸引力，进而影响流动人口的落户意愿；其次，流动人口的个人特征也是影响其落户意愿的一大因素，人力资本、收入水平高者落户意愿相对强烈；最后，近年来，一些惠农政策的出台导致农村户口"含金量"不断增加，导致部分来自农村地区的流动人口更倾向于将户口留在家乡。

表6-6　　　　　　　　　流动人口户口迁入本地的意愿

意愿	频数	百分比	累积百分比
不愿意	58 603	34.47	34.47
愿意	66 310	39.01	73.48
没有想好	45 076	26.52	100.00
合计	169 989	100.00	—

落户意愿的高低会影响流动人口在流入地的医疗保险、志愿服务等活动的参与意愿，进而影响其在流入地的心理认同、生活习惯和幸福度，最终对流动人口的社会融合造成影响。因此，要加快流动人口的社会融合，需要从加强流动人口的落户意愿入手，消除其在落户过程中可能遇到的各种壁垒和隔膜。

（二）留在本地的意愿

从流动人口的居留意愿来看（见表6-7），有超过八成的流动人口愿意继续留在流入地，仅有2.46%的流动人口不打算继续留在流入地，流动人口的居留意愿远高于落户意愿。导致二者之间差距如此巨大的因素包括个人情感认知、流入地社会融入情况、流出地土地和宅基地等资产以及家庭经济状况等。相较于居留而言，落户作为一种永久性迁移，其要付出的成本代价更大；因此，对于是否将户籍进行迁移，流动人口在做出这项抉择时会比做出居留抉择时更加谨慎。虽然居留意愿与落户意愿二者之间数据差距悬殊，但是这两者之间仍有一些相同的影响因素，例如流入地的薪资待遇、福利水平、物价、房价等，而家庭的居留意愿还取决于流入地的教育、医疗等条件，这些方面吸引力越大则流动人口的居留意愿越强烈。

综上可知，大多数流动人口愿意继续留在流入地。因此，要促进流动人口的社会融合，可以从"将居留意愿深化为落户意愿"入手，这就需要提高流入城市对流入人口的吸引力，建立健全关于流动人口的社会保障体系，从就业、医疗、教育等方面为其提供帮助，减少永久性迁移带来的成本；鼓励流入人口参与当地的社区治理，提高流动人口在流入地的心理认同及社会参与感，不断深化流动人口的居留意愿，直至将其转化为落户意愿，最终达到促进流动人口社会融合的目的。

表6-7　　　　　　　　　流动人口打算继续留在本地的意愿

意愿	频数	百分比	累积百分比
不愿意	4 180	2.46	2.46
愿意	140 494	82.65	85.11
没有想好	25 315	14.89	100.00
合计	169 989	100.00	—

（三）留在本地的原因

由推拉理论可知，人口流入地的多种有利条件将形成拉力，促使人口迁入。从流动人口留在本地的原因来看（见表6-8），流入地的拉力主要包括以

表6-8　　　　　　　　　流动人口留在本地的原因

原因	频数	百分比	累积百分比
与本地人结婚	5 910	4.21	4.21
个人发展空间大	27 038	19.25	23.45
其他	7 687	5.47	28.92
医疗技术好	988	0.70	29.63
城市交通发达、生活方便	12 978	9.24	38.86
子女有更好的教育机会	31 369	22.33	61.19
家人习惯本地生活	15 655	11.14	72.34
收入水平高	22 396	15.94	88.28
政府管理规范	668	0.48	88.75
社会关系网都在本地	5 660	4.03	92.78
积累工作经验	10 142	7.22	100.00
合计	140 491	100.00	—

下几方面。一是迁移可以为家人提供更好的生活环境。其中，22.33%的流动人口表示子女可以在流入地获得更好的教育机会；11.14%的流动人口表示，其留在本地的原因是家人已经习惯了本地生活。二是迁移可以为其自身发展提供更好的条件。19.25%的流动人口表示迁移可以扩大其发展空间；15.94%的流动人口表示在流入地，其收入水平得到了提高；还有7.22%的流动人口表示，其留在流入地的原因是积累工作经验。三是与流出地相比，流入地的基础设施可以为流动者带来更多的便利。9.24%的流动者表示其留在流入地的原因是流入地拥有更加发达的交通，生活更加便利；0.7%的流动人口表示流入地拥有发达的医疗水平；0.48%的流动人口表示流入地的政府管理更加规范。此外，流动人口留在人口流入地的原因还包括婚姻、社交等，4.21%的流动人口因为配偶是本地人而留在本地，4.03%的流动人口留在本地的原因是其社会关系网在本地。

（四）返乡的原因

从流动人口返乡的原因来看（见表6-9），主要分为以下几个方面。第一，家庭原因仍是决定流动人口居留意愿及落户意愿的主要因素。18.42%的流动人口表示要照顾老人而返乡，13.13%的流动人口表示要照顾子女而返乡，4.89%的流动人口表示因不愿与家人两地分居而返乡，2.59%的流动人口表示要返乡结婚生育，2.23%的流动人口因家中土地需要打理而返乡，0.86%的流动人口返乡的原因是家中的劳动力不足。第二，就业也是迫使流动人口返乡的一大原因。14.21%的流动人口表示要返乡创业，这也说明，自主创业逐渐成为吸纳劳动力就业的一大方式；8.02%的流动人口表示流入地的就业形势并没有达到预期水平；2.88%的流动人口认为家乡的就业机会可能更多。第三，流动人口的个人因素也是促使其返乡的重要因素。12.01%的流动人口表示因自身年龄太大而返乡；2.3%的流动人口表示自己不习惯外地生活；2.27%的流动人口因自身身体状况不好而返乡；1.22%的流动人口表示自身缺乏特长或劳动技能。第四，还有部分流动人口认为在故乡生活可以为其带来更多的便利。相较于人口流入地，3.31%的流动人口认为家乡的自然环境更好；0.4%的流动人口认为流入地的空气污染严重；3.31%的流动人口认为家乡的生活成本低。此外，还有0.29%的流动人口表示他们由于很难融入流入地而决定返乡。

表 6 – 9 流动人口打算返乡的原因

原因	频数	百分比	累积百分比
不习惯外地生活	64	2.30	2.30
与家人两地分居	136	4.89	7.19
其他	213	7.66	14.86
土地需要打理	62	2.23	17.09
外面就业形势不好	223	8.02	25.11
家乡就业机会多	80	2.88	27.99
家乡生活成本低	92	3.31	31.29
家乡自然环境好	92	3.31	34.60
家里劳动力不足	24	0.86	35.47
年龄太大	334	12.01	47.48
很难融入流入地	8	0.29	47.77
本地空气污染严重	11	0.40	48.17
没有特长/技能	34	1.22	49.39
结婚生育	72	2.59	51.98
身体不好	63	2.27	54.24
返乡创业	395	14.21	68.45
需要照顾小孩	365	13.13	81.58
需要照顾老人	512	18.42	100.00
合计	2 780	100.00	—

第二节　中国流动人口社会融合

一、本地组织活动参与情况

流动人口参与的社会组织活动（见表 6 – 10）大致可以分为两类：一是家乡属性更强的组织活动，包括老乡会、家乡商会等；二是本地属性更强的工会、志愿者协会、同学会等。数据显示，流动人口参与率较高的活动大都为老乡会与同学会所组织；其中，参加过老乡会活动的流动人口占比为

22.32%，参加过同学会活动的流动人口占比为23.37%。而除同学会之外，流动人口参与本地活动的比例集中在7%~8%，参与率相对较低；其中，参加过工会活动的流动人口占比为8.45%；参加过志愿者协会活动的流动人口占比为7.13%。

表6-10　　　　　　　　流动人口在流入地参与活动情况

参加活动情况	频数	百分比	累积百分比
是否参加过工会的活动	否	155 626	91.55
	是	14 363	8.45
是否参加过志愿者协会的活动	否	157 862	92.87
	是	12 127	7.13
是否参加过同学会的活动	否	130 266	76.63
	是	39 723	23.37
是否参加过老乡会的活动	否	132 045	77.68
	是	37 944	22.32
是否参加过家乡商会的活动	否	164 025	96.49
	是	5 964	3.51
是否参加过上述活动之外的其他活动	否	157 073	92.40
	是	12 916	7.60

综上可知，流动人口在流入地的活动参与率普遍较低，流动人口所参与的活动是其社会融入的重要体现，较低的活动参与率意味着流动人口在流入地不能充分认知社会、参与社会，进而难以融入社会。其中，流动人口活动参与率低的原因主要包括以下几种：其一，大多数流动人口的工作都具有劳动时间过长的特点，过度劳动使他们缺乏时间和精力参与到当地各组织的活动当中；其二，部分活动存在着户籍限制，流动人口由于不具备当地户籍而难以参与；其三，语言、生活习惯、文化习俗的差异导致流动人口社交网络有限，进而活动参与意愿较低。因此，可以从流动人口劳动时间、流入地各组织的户籍限制等方面入手，促使流动人口参与到流入地组织当中。

从调查流动人口所参与过的社会活动来看（见表6-11），流动人口参与无偿献血、捐款等志愿服务的比例为35.89%，在其参与过的活动中占比最高。而参与其他社会治理的活动较低，其中，参与当地社会事务管理的比例为8.35%；在网上发表自身关于国家或社区治理意见的流动人口占比为6.2%；参与过当地党团活动的流动人口比例为5.16%；而向有关部门反映过自己想法的流动人口比例则更少，仅为4.76%。

表6－11　　　　　　　　　　流动人口参与本地管理活动情况

参与情况	回答	频数	百分比	累积百分比
是否给所在单位/社区/村提建议或监督单位/社区/村务管理	偶尔	10 357	6.09	6.09
	有时	2 878	1.69	7.79
	没有	155 797	91.65	99.44
	经常	957	0.56	100.00
	合计	169 989	100.00	—
是否通过各种方式向政府有关部门反映情况/提出政策建议	偶尔	5 903	3.47	3.47
	有时	1 771	1.04	4.51
	没有	161 899	95.24	99.76
	经常	416	0.24	100.00
	合计	169 989	100.00	—
是否在网上就国家事务、社会事件等发表评论，参与讨论	偶尔	8 014	4.71	4.71
	有时	1 945	1.14	5.86
	没有	159 453	93.80	99.66
	经常	577	0.34	100.00
	合计	169 989	100.00	—
是否主动参与捐款、无偿献血、志愿者活动等	偶尔	41 187	24.23	24.23
	有时	15 846	9.32	33.55
	没有	108 972	64.11	97.66
	经常	3 984	2.34	100.00
	合计	169 989	100.00	—
是否参与党/团组织活动，参与党支部会议	偶尔	3 600	2.12	2.12
	有时	2 472	1.45	3.57
	没有	161 224	94.84	98.42
	经常	2 693	1.58	100.00
	合计	169 989	100.00	—

由数据可知，现阶段流动人口在人口流入地的社会参与率仍比较低。随着城市流动人口的不断增加，为完成建立共建共治共享的社会治理格局的目标，必须要鼓励流动人口参与到当地社会治理当中，提高流动人口参与社会治理的动力与能力可以从以下两方面入手：首先，要消除过于严格的户籍制度给流动人口参与当地社会治理带来的障碍，单位、社区等组织应鼓励流动人口参与到当地治理当中，加强流动人口参与治理的动力；其次，要鼓励流动人口参加继续教育，使流动人口具备社会治理的能力。

二、对迁入地的融入与认同情况

从流动人口对迁入地的融入与认同情况来看（见表6-12），有相当一部分流动人口对于融入流入地持乐观态度：在是否同意"我喜欢我现在居住的城

表6-12　　　　　　　　　流动人口在当地的融入情况

融入情况	回答	频数	百分比	累积百分比
是否同意"我喜欢我现在居住的城市/地方"这个说法	不同意	3 026	1.78	1.78
	基本同意	92 385	54.35	56.13
	完全不同意	1 501	0.88	57.01
	完全同意	73 077	42.99	100.00
	合计	169 989	100.00	—
是否通过各种方式向政府有关部门反映情况/提出政策建议	不同意	6 272	3.69	3.69
	基本同意	91 974	54.11	57.80
	完全不同意	1 679	0.99	58.78
	完全同意	70 064	41.22	100.00
	合计	169 989	100.00	—
是否同意"我很愿意融入本地人当中，成为其中一员"这个说法	不同意	9 945	5.85	5.85
	基本同意	88 307	51.95	57.80
	完全不同意	1 719	1.01	58.81
	完全同意	70 018	41.19	100.00
	合计	169 989	100.00	—

融入情况	回答	频数	百分比	累积百分比
是否同意"我觉得本地人愿意接受我成为其中一员"这个说法	不同意	10 281	6.05	6.05
	基本同意	96 676	56.87	62.92
	完全不同意	1 801	1.06	63.98
	完全同意	61 231	36.02	100.00
	合计	169 989	100.00	—
是否同意"我感觉本地人看不起外地人"这个说法	不同意	92 719	54.54	54.54
	基本同意	24 169	14.22	68.76
	完全不同意	48 444	28.50	97.26
	完全同意	4 657	2.74	100.00
	合计	169 989	100.00	—
是否同意"按照老家的风俗习惯办事对我比较重要"这个说法	不同意	59 231	34.84	34.84
	基本同意	71 977	42.34	77.19
	完全不同意	16 659	9.80	86.99
	完全同意	22 122	13.01	100.00
	合计	169 989	100.00	—
是否同意"我的卫生习惯与本地市民存在较大差别"这个说法	不同意	91 648	53.91	53.91
	基本同意	28 101	16.53	70.45
	完全不同意	44 537	26.20	96.65
	完全同意	5 703	3.35	100.00
	合计	169 989	100.00	—
是否同意"我觉得我已经是本地人了"这个说法	不同意	35 405	20.83	20.83
	基本同意	86 635	50.97	71.79
	完全不同意	5 304	3.12	74.91
	完全同意	42 645	25.09	100.00
	合计	169 989	100.00	—

市/地方"这个说法上，有97.34%的流动人口持同意观点；95.33%的流动人口愿意通过各种方式向流入地政府有关部门提供政策建议；93.14%的流动人

口表示愿意融入本地人当中，成为其中一员；92.89%的流动人口同意"我觉得本地人愿意接受我成为其中一员"的观点；更是有76.06%的流动人口认为他们已经充分融入了当地，已成为本地人其中一员。因此，从流动人口的主观态度来分析他们对迁入地的融入与认同情况可知，大多数流动人口主观愿意融入流入地社会，他们喜欢流入地城市，没有从当地人身上觉察到排斥感，愿意通过各种方式为流入地发展出谋划策，愿意融入流入地社会并且部分流动人口认为他们已成功融入当地社会。然而，仍有部分流动人口对于融入流入地社会持悲观态度：16.96%的流动人口认为自己被本地人看不起，55.35%的流动人口仍然更倾向于按照其家乡的风俗习惯办事，19.88%的流动人口认为其卫生习惯与本地市民存在较大差别。综上可知，不同的语言、文化、风俗以及生活等习惯使流动人口与当地人的偏好差异较大，这种偏好的存在将会导致流动人口在婚姻、劳动以及住宅市场上产生隔离，进而阻碍流动人口融入当地社会的进程。

第七章

中国省际与省内流动人口工资收入
分配及其影响因素分析

第一节 中国流动人口省际和省内流动
人口数据、变量及描述

　　本章使用有工作的流动人口作为研究样本，选取月工资的对数作为被解释变量，解释变量主要包括流动人口性别、年龄（年）、民族、户口类别、结婚状况以及每周平均工作时长（小时）等人口特征，其中性别、民族、结婚状况和户口类型为虚拟变量；流动人口外出打工年限（年），外出打工年限的平方及学历水平，其中学历水平作为虚拟变量引入，且分为小学及以下、初中、高中、大专、本科和研究生六个层次；流动人口工作企业的性质作为第三类解释变量，企业类型包括机关、事业单位、国有企业、国有控股企业、集体企业和外资企业等，具体变量以及变量的含义见表 7 - 1。本章研究中的哑变量处理原则：流动人口在类别变量中，女性为基准比较群体；汉族之外的其他民族为基准比较群体；农村户口流动人口为基准比较群体；未婚流动人口为基准比较群体；小学及小学以下教育程度的流动人口为基准比较群体；机关、事业单位工作的流动人口为基准比较群体。

　　省际和省内流动人口对应的各解释变量的均值、标准误、最小值和最大值等信息如表 7 - 2 所示。调查样本中，流动人口中男性平均比例为 51.4%，女性平均比例为 48.6%；平均年龄为 36.497 岁；汉族人员比例为 90.6%；非农业户口人口比例 21.2%；已婚比例为 97.4%，从流动人口特征来看，流动人口多数为具有农村户口的已婚年轻人。流动人口平均周工作时间为 56.805 小时，

表 7 – 1　　　　　　　　　　**中国流动人口变量定义**

变量名称	变量定义
lnwage	月工资的对数
demographics	人口特征
gender	男性 =1，女性 =0
age	流动人口的年龄
national	汉族 =1，其他 =0
hukou	农村户口 =0，非农户口 =1
married	已婚 =1，未婚 =0
hour	周平均工作时间
Human capital	人力资本
time	外出打工年限
time2	外出打工年限的平方
Primary	小学及以下 =1，其他 =0；
Junior	初中学历 =1，其他 =0
High	高中学历 =1，其他 =0
Junior college	大专学历 =1，其他 =0
Bachelor	本科学历 =1，其他 =0
Postgraduate	研究生学历 =1，其他 =0
Enterprise nature	企业性质
Government	机关、事业单位 =1，其他 =0；
SOEs	国有及国有控股企业 =1，其他 =0
CES	集体企业 =1，其他 =0
JEs	股份制/联营企业 =1，其他 =0
IEs	个体工商户 =1，其他 =0
PEs	私营企业 =1，其他 =0
HMTEs	港澳台独资企业 =1，其他 =0
FOEs	外商独资企业 =1，其他 =0
SFJEs	中外合资企业 =1，其他 =0
CPOs	社团/民办组织 =1，其他 =0
other	无明确单位性质 =1，有明确单位性质 =0
No unit	无单位 =1，有单位 =0

表 7 - 2　　　　　　　　　　　中国流动人口变量基本信息

变量	观测值	平均值	标准差	最小值	最大值
lnwage	135 185	8. 18	0. 591	0	9. 903
gender	163 511	0. 514	0. 500	0	1
age	163 511	36. 497	9. 523	16	60
national	163 511	0. 906	0. 292	0	1
hukou	163 511	0. 212	0. 409	0	1
married	145 008	0. 974	0. 159	0	1
hour	137 815	56. 805	18. 369	0	99
time	163 511	7. 252	5. 960	1	58
time2	163 511	88. 104	147. 498	1	3 364
Primary	163 511	0. 136	0. 343	0	1
Junior	163 511	0. 442	0. 497	0	1
High	163 511	0. 221	0. 415	0	1
Junior college	163 511	0. 107	0. 309	0	1
Bachelor	163 511	0. 066	0. 248	0	1
Postgraduate	163 511	0. 005	0. 073	0	1
Government	163 511	0. 023	0. 151	0	1
SOEs	163 511	0. 04	0. 195	0	1
CES	163 511	0. 008	0. 092	0	1
JEs	163 511	0. 032	0. 175	0	1
IEs	163 511	0. 350	0. 477	0	1
PEs	163 511	0. 235	0. 424	0	1
HMTEs	163 511	0. 014	0. 116	0	1
FOEs	163 511	0. 012	0. 109	0	1
SFJEs	163 511	0. 009	0. 095	0	1
CPOs	163 511	0. 003	0. 055	0	1
other	163 511	0. 018	0. 131	0	1
No unit	163 511	0. 099	0. 299	0	1
industry1	137 820	0. 023	0. 149	0	1
industry2	137 820	0. 308	0. 462	0	1
industry3	163 511	0. 564	0. 496	0	1

数据来源：2018 年国家卫生健康委中国流动人口动态监测调查数据。

最近一次平均外出工作时间为 7.252 年；这说明流动人口平均流动期限相对较长，且流动人口的工作时间偏长，平均每周高于标准工作时间 16.805 小时，可见流动人口处于超负荷的工作状态；从学历来看，流动人口平均学历相对偏低，大多数仅具有初中学历，该比例达到流动人口比例的 44.2%；高中以下学历的人群比重达到了流动人口的 80%；具有大学本科以上学历的人口占比为 0.71%。从流动人口进入的企业性质来看，以个体工商户身份或者在私营企业工作的比例较大，二者占比为 58.5%；在国有和集体企业工作的比例综合不到 1%。从总体上来看，当前的流动人口为农村户口、低学历的已婚年轻人，主要在私营企业和以个体工商户的身份从事过度加班加点的工作。

省际流动人口与省内流动人口在月工资对数、性别、年龄、民族、户口类型、工作企业性质等方面存在明显的差异（具体见表 7－3），这些差异会不同程度影响流动人口的工资收入分配。从表 7－3 可以看出，省际流动人口平均工资显著高于省内流动人口，省际流动人口男性比例显著高于省内流动人口，省际流动人口农村户口比例偏高，省际流动人口工作时间显著高于省内流动人口，省际流动人口在教育、企业性质等方面也存在显著差异。因此，为了比较省际流动与否对收入的影响，必须将省际和省内流动人口的群体性差异进行控制。

表 7－3　　　　　中国流动人口变量省际和省内均值及其均值差异

变量名称	省际流动均值	省内流动均值	均值差异
lnwage	8.259	8.099	− 0.160 ***
gender	0.531	0.498	− 0.0335 ***
age	36.74	36.259	− 0.482 ***
national	0.932	0.880	− 0.0524 ***
hukou	0.184	0.240	0.0565 ***
married	0.977	0.971	− 0.00651 ***
hour	57.266	56.335	− 0.931 ***
time	7.427	7.080	− 0.348 ***
time2	92.705	83.600	− 9.105 ***
Primary	0.148	0.124	− 0.0241 ***
Junior	0.465	0.419	− 0.0457 ***

变量名称	省际流动均值	省内流动均值	均值差异
High	0.203	0.239	0.0358 ***
Junior_college	0.088	0.125	0.0370 ***
Bachelor	0.064	0.067	0.00274 *
Postgraduate	0.008	0.003	− 0.00416 ***
Government	0.014	0.032	0.0179 ***
SOEs	0.037	0.042	0.00570 ***
CES	0.009	0.008	− 0.000597
JEs	0.033	0.030	− 0.00340 ***
IEs	0.341	0.360	0.0190 ***
PEs	0.261	0.210	− 0.0513 ***
HMTEs	0.019	0.009	− 0.00963 ***
FOEs	0.017	0.007	− 0.0106 ***
SFJEs	0.013	0.006	− 0.00704 ***
CPOs	0.002	0.004	0.00214 ***
other	0.018	0.017	− 0.00107
No_unit	0.096	0.102	0.00576 ***
industry1	0.020	0.026	0.00570 ***
industry2	0.362	0.254	− 0.108 ***
industry3	0.532	0.596	0.0641 ***
N			163 511

注：*、**、*** 分别表示在 1%、5%、10% 的水平上显著。
数据来源：Stata 统计输出。

第二节　省际和省内流动人口平均工资
及收入分配差距实证策略

S. 菲尔波等（Firpo et al., 2018）通过建立再中心化影响函数（recentered influence function，RIF）和各种统计量之间的对应关系，将所需要的统计量表示成为其他变量的线性投影，进而可以计算所需要考察的变量对相应统计量影响的大小和显著性。本节主要结合 S. 菲尔波（2018）的再中心化影响函数和 Blinder-Oaxaca 分解方法，对流动人口的收入分配及其影响因素进行系统研究。

假设 $v = v(F)$ 是定义在任意分布函数 F 上的泛函数。根据研究目的，v 选择是刻画工资收入 y 分布 $F(y)$ 的基尼系数。y 的无条件分布函数（边缘分布函数）可以写为：

$$F_Y(y) = \int F_{Y|X}(y | X = x) \cdot dF_X(X) \tag{7-1}$$

其中，x 表示影响收入分布 y 的向量，则任意分布 $F(y)$ 的再中心化影响函数可以定义为：

$$RIF(y; v) \equiv v(F) + IF(y; v) = v(F) + \lim_{\varepsilon \to 0} \frac{v(F_\varepsilon) - v(F)}{\varepsilon} \tag{7-2}$$

基尼系数可以利用洛伦兹函数 $R(F_Y)$ 界定为：

$$v(F_Y) = 1 - 2\mu^{-1}R(F_Y) \tag{7-3}$$

式（7-3）中，μ 表示样本的平均工资水平，根据影响函数定义

$$IF(y; v, F) = \lim_{\varepsilon \to 0} \frac{(v(F_\varepsilon) - v(F))}{\varepsilon}$$

其中，$F_\varepsilon(y) = (1-\varepsilon)F + \varepsilon\delta_y$，$0 \le \varepsilon \le 1$，$\delta_y$ 表示刻画工资收入 y 分布集中度的变量，所以，$\int_{-\infty}^{+\infty} IF(y; v)] \cdot dF(y) = 0$。

进一步可以推导出 RIF 函数的性质之一，即 $RIF(y; v)$ 函数的积分等于泛函 $v(F)$：

$$\int RIF(y; v) \cdot dF(y) = \int [v(F) + IF(y; v)] \cdot dF(y) = v(F) \tag{7-4}$$

另外，

$$E[RIF(Y; v) | X = x] = \int_y RIF(y; v) \cdot dF_{Y|X}(y | X = x) \tag{7-5}$$

综合式（7-1）、式（7-4）、式（7-5）可以得到 $RIF(y; v)$ 在 X 条件下的条件期望值等于泛函数 $v(F)$ 的结论，即：

$$v(F) = \int RIF(y; v). dF(y) = \int E[RIF(y; v) | X = x] \cdot dF_X(x) \tag{7-6}$$

令：$m_v(x) \equiv E[RIF(y, v) | X]$，则式（7-6）的线性方程可以表示为：

$$\hat{m}_{v,RIF-OLS}(x) = x^T \cdot \hat{\gamma}_v \qquad (7-7)$$

式（7-7）中，$\hat{\gamma}_v$ 表示导数 $dm_v(x)/dx$ 的估计量，估计系数向量可以表示一组投影系数：

$$\hat{\gamma}_v = \left(\sum_{i=1}^{N} X_i \cdot X_i^T\right)^{-1} \cdot \sum_{i=1}^{N} X_i \cdot \hat{RIF}(y;\ v) \qquad (7-8)$$

为了实现对于省际流动人口和省内流动人口两个群体的基尼系数的分解，假设：$v_t = v(F_t)$，$t = u$，n，n 表示省际流动，u 表示省内流动；假设 $v_c = v(F_c)$，v_c 为反事实泛函。因此 v_t、v_c 的期望值表达式为：

$$v(F_t) = E[RIF(y_n;\ v)\,|\,T = t],\ t = u,\ n\ 和\ v(F_C) = E[RIF(y_u;\ v)\,|\,t = n],$$

其中，$F_C(\bullet)$ 是反事实状态的分布函数。那么 RIF 回归可以表达为：

$$m_v^t(x) \equiv E[RIF(y,\ v)\,|\,X,\ T = t],\ t = u,\ n \qquad (7-9)$$

$$m_c^t(x) \equiv E[RIF(y_u,\ v_c)\,|\,X,\ T = n] \qquad (7-10)$$

那么基尼系数差异可以表示为：

$$D = E[m_v^n(X)\,|\,T = n] - E[m_v^c(X)\,|\,T = n] + E[m_c^c(X)\,|\,T = n] - E[m_v^u(X)\,|\,T = u]$$

假设 x^T 表示影响工资收入分配的禀赋向量，且考虑线性投射，可得：

$$m_v^t(x) \equiv x^T \cdot \hat{\gamma}_v^t,\ m_v^c(x) \equiv x^T \cdot \hat{\gamma}_v^c \qquad (7-11)$$

分解方程式可以进一步表达为 Blinder-Oaxaca 分解形式：

$$D = E[m_v^n(X)\,|\,T = n] - E[m_v^c(X)\,|\,T = n] + E[m_c^c(X)\,|\,T = n] - E[m_v^u(X)\,|\,T = u]$$

$$= E[X\,|\,T = n]^T \cdot (\hat{\gamma}_v^n - \hat{\gamma}_v^c) + E[X\,|\,T = n]^T \cdot \hat{\gamma}_v^c - E[X\,|\,T = u]^T \cdot \hat{\gamma}_v^u$$

$$(7-12)$$

第三节　省际和省内流动人口平均工资收入的影响因素实证结果

下面分别采用省际与省内流动人口月工资对数和月工资为被解释变量研究省际和省内流动人口工资的影响因素。其中，第（1）第（2）列被解释变量是省际流动人口和省内流动人口月工资对数，第（3）第（4）列被解释变量是省际流动人口和省内流动人口月工资。通过 OLS 模型进行回归分析，估计结果如表 7-4 所示。不论是省际还是省内流动，性别对工资都有显著的正向影响，说明在劳动力市场上，男性会受到偏爱，女性会受到歧视，省内流动男性相对女性的工资优势更加明显，这在一定程度上说明省际流动有利于降低男性和女性在劳动力市场上的工资差距；流动人口的工资会受到年龄的负面影响，这也说明当前流动人口在年轻阶段获得较高的工资回报，但随着年龄的增加，流动人口在劳动力市场中的竞争能力下降，随着年龄的增加其并没有积累丰富的工作经验，最终并没有形成职业化；省内流动人口年龄对工资的影响大于省际流动，说明省际流动可以减缓年龄对工资的负面影响；无论是省际还是省内的汉族流动人口相较其他民族的流动人口，工资水平分别高3.5%和5.3%。非农户口的流动人口具有工资优势，但户口类型对省际流动人口的影响不如省内流动人口显著，非农户口在省内流动相对于农业户口劳动者而言拥有更高的工资。已婚的流动人口具有工资优势，相对于未婚人口而言，已婚流动人口工资优势超过了10%，且已婚省际流动人口拥有更高的工资优势。

　　流动人口的打工经验回报情况符合一般的经验回报规律，即随着工作年限的增加，劳动者的工资收入回报先增加后减少。随着学历的上升，流动人口的工资也会逐渐增加。省级流动人口随着学历的上升，工资上升速度明显高于省内流动人口；其中省际流动人口教育水平分别为小学、初中、高中、大专、本科、研究生时，相对于文盲来说，其工资上升的比例分别为10.2%、21.8%、31.0%、45.0%、65.1%、87.1%；省内流动人口教育水平分别为小学、初中、高中、大专、本科、研究生时，相对于文盲来说，其工资上升的比例分别为7.0%、19.4%、26.8%、37.6%、48.9%、64.1%；流动人口在不同性质企业中工作获得的工资回报也存在着显著差别。在国有企业中工作的流动人口具有工资优势，省际流动人口和省内流动人口的工资比在机关或事业单位工作分别高出14.8%、15.3%。流动人口在集体企业、联营企业、私营企业等企业工作均比在机关事业单位工作具有工资优势，其中，省际和省内流动人口在外商独资企业中工作的工资优势最为明显，其工资优势分别达到了20.9%和24.1%。

表7-4　　　中国省际和省内流动人口工资收入的影响因素实证结果

自变量	(1)	(2)	(3)	(4)
	因变量			
	省际	省内	省际	省内
VARIABLES	lnwage	lnwage	wage	wage
gender	0.244 *** (0.005)	0.294 *** (0.005)	1 020.084 *** (22.445)	1 102.879 *** (19.861)

续表

自变量	（1）	（2）	（3）	（4）
	因变量			
	省际	省内	省际	省内
age	-0.001*** （0.000）	-0.001*** （0.000）	-1.435 （1.335）	-2.752** （1.231）
national	0.035*** （0.009）	0.053*** （0.007）	138.904*** （43.340）	172.388*** （31.212）
hukou	0.093*** （0.010）	0.094*** （0.007）	551.402*** （47.683）	355.106*** （30.299）
married	0.127*** （0.017）	0.126*** （0.014）	750.207*** （83.740）	604.375*** （62.090）
hour	0.000*** （0.000）	0.002*** （0.000）	-0.219 （0.622）	6.468*** （0.569）
time	0.011*** （0.001）	0.010*** （0.001）	63.532*** （5.307）	48.170*** （4.913）
time2	-0.000*** （0.000）	-0.000*** （0.000）	-1.773*** （0.217）	-1.912*** （0.198）
Primary	0.102*** （0.016）	0.070*** （0.018）	241.369*** （77.577）	101.366 （74.239）
Junior	0.218*** （0.016）	0.194*** （0.017）	696.837*** （75.884）	487.531*** （72.132）
High	0.310*** （0.016）	0.268*** （0.018）	1 177.602*** （79.343）	794.127*** （74.567）
Junior_college	0.450*** （0.018）	0.376*** （0.018）	1 918.159*** （86.798）	1 251.512*** （78.403）
Bachelor	0.651*** （0.019）	0.489*** （0.020）	3 190.343*** （95.015）	1 750.310*** （84.687）
Postgraduate	0.871*** （0.039）	0.641*** （0.047）	4 786.133*** （192.595）	2 504.623*** （204.005）
SOEs	0.148*** （0.022）	0.153*** （0.017）	694.876*** （108.852）	612.231*** （73.428）
CES	0.139*** （0.029）	0.129*** （0.026）	730.248*** （141.600）	519.031*** （113.134）

续表

自变量	（1）	（2）	（3）	（4）
	因变量			
	省际	省内	省际	省内
JEs	0.212 *** （0.022）	0.188 *** （0.018）	1 119.773 *** （108.838）	810.978 *** （76.400）
IEs	0.169 *** （0.019）	0.207 *** （0.014）	1 169.267 *** （95.027）	1 076.753 *** （60.298）
PEs	0.190 *** （0.019）	0.176 *** （0.014）	973.058 *** （95.341）	764.070 *** （60.503）
HMTEs	0.133 *** （0.024）	0.162 *** （0.025）	534.706 *** （117.904）	624.454 *** （107.304）
FOEs	0.209 *** （0.025）	0.241 *** （0.028）	989.368 *** （122.321）	983.853 *** （120.193）
SFJEs	0.204 *** （0.027）	0.211 *** （0.030）	865.357 *** （130.914）	856.323 *** （131.292）
CPOs	− 0.099 * （0.053）	− 0.082 ** （0.034）	− 272.522 （260.298）	− 103.022 （148.537）
other	0.115 *** （0.024）	0.047 ** （0.020）	739.588 *** （118.328）	382.231 *** （87.943）
No_unit	0.091 *** （0.020）	0.102 *** （0.015）	774.377 *** （99.008）	627.238 *** （65.017）
industry2	0.246 *** （0.016）	0.323 *** （0.016）	785.843 *** （78.608）	717.199 *** （65.770）
industry3	0.191 *** （0.016）	0.260 *** （0.016）	649.245 *** （77.918）	544.166 *** （64.263）
Constant	7.273 *** （0.036）	6.966 *** （0.031）	20.879 （175.513）	− 160.913 （132.196）
Observations	60 624	59 641	61 219	60 357
R-squared	0.119	0.130	0.104	0.095

注：括号内的数值表示标准差，＊、＊＊、＊＊＊分别表示在1%、5%、10%的水平上显著。
数据来源：Stata 统计输出。

总体而言，省内流动人口的月平均工资为 3 774.3 元，省际流动人口的月平均工资为 4 344.08 元，两个群体平均工资差异为 569.78 元。禀赋效应使得省内流动人口的平均工资高于省际流动人口 86.65 元，系数效应使得省内流动人口的平均工资低于省际流动人口 594.59 元；交叉效应使得省内流动人口的平均工资高于省际流动人口 61.84 元。这说明省际流动对流动人口的资源禀赋回报机制更高，省际流动人口的资源禀赋在一定程度上低于省内流动人口，这也说明当下流动人口大多为学历较低的弱势群体（见表 7-5）。

表 7-5　　　　　　　　　跨省和省内流动人口的月工资差异分解

分解变量	月平均工资（元）	标准误	Z 统计量值	P > |z|	95% 的置信区间 Interval	
省内	3 774.30	375.460	0.000	375.460	3 754.60	3 794.00
省际	4 344.08	381.490	0.000	381.490	4 321.76	4 366.40
省内 - 省际	-569.78	-37.510	0.000	-37.510	-599.55	-540.01
禀赋效应	86.65	7.548	11.480	0.000	71.86	101.45
系数效应	-594.59	15.179	-39.170	0.000	-624.34	-564.84
交叉效应	-61.84	7.379	-8.380	0.000	-76.30	-47.38
禀赋效应						
gender	-26.68	2.957	-9.020	0.000	-32.48	-20.89
age	0.84	0.784	1.070	0.285	-0.70	2.37
national	-6.22	1.953	-3.180	0.001	-10.05	-2.39
hukou	37.07	3.359	11.040	0.000	30.49	43.66
married	-5.27	0.920	-5.730	0.000	-7.07	-3.47
hour	0.27	0.774	0.350	0.725	-1.24	1.79
time	-20.01	2.732	-7.330	0.000	-25.37	-14.66
time2	16.43	2.486	6.610	0.000	11.56	21.30
Primary	-8.22	2.685	-3.060	0.002	-13.48	-2.95
Junior	-39.44	4.734	-8.330	0.000	-48.72	-30.16
High	44.23	4.077	10.850	0.000	36.24	52.22
Junior college	81.01	4.872	16.630	0.000	71.46	90.56
Bachelor	47.69	4.216	11.310	0.000	39.43	55.95

续表

分解变量	月平均工资（元）	标准误	Z 统计量值	P > |z|	95％的置信区间 Interval	
禀赋效应						
Postgraduate	− 6.16	1.568	− 3.930	0.000	− 9.23	− 3.09
SOEs	5.14	1.117	4.600	0.000	2.95	7.33
CES	− 0.39	0.422	− 0.920	0.356	− 1.22	0.44
JEs	− 0.19	1.187	− 0.160	0.871	− 2.52	2.13
IEs	44.47	4.903	9.070	0.000	34.86	54.08
PEs	− 43.63	4.950	− 8.810	0.000	− 53.34	− 33.93
HMTEs	− 6.17	1.417	− 4.350	0.000	− 8.95	− 3.39
FOEs	− 10.10	1.408	− 7.170	0.000	− 12.86	− 7.34
SFJEs	− 6.22	1.065	− 5.840	0.000	− 8.31	− 4.14
CPOs	− 0.78	0.750	− 1.040	0.299	− 2.25	0.69
other	− 0.77	0.627	− 1.230	0.217	− 2.00	0.46
No unit	8.51	1.832	4.640	0.000	4.91	12.10
industry2	− 91.46	9.380	− 9.750	0.000	− 109.84	− 73.07
industry3	72.72	8.900	8.170	0.000	55.27	90.16
Total	86.65	7.548	11.480	0.000	71.86	101.45
系数效应						
gender	48.03	17.388	2.760	0.006	13.95	82.11
age	− 48.21	66.488	− 0.730	0.468	− 178.53	82.10
national	31.20	49.764	0.630	0.531	− 66.34	128.73
hukou	− 15.94	4.593	− 3.470	0.001	− 24.95	− 6.94
married	− 142.30	101.721	− 1.400	0.162	− 341.67	57.07
hour	389.07	49.068	7.930	0.000	292.90	485.24
time	− 111.86	52.658	− 2.120	0.034	− 215.06	− 8.65
time2	− 12.58	26.564	− 0.470	0.636	− 64.64	39.48
Primary	− 22.45	17.222	− 1.300	0.192	− 56.21	11.30
Junior	− 104.67	52.356	− 2.000	0.046	− 207.28	− 2.05

续表

分解变量	月平均工资（元）	标准误	Z 统计量值	P > |z|	95% 的置信区间 Interval	
系数效应						
High	− 76. 03	21. 595	− 3. 520	0. 000	− 118. 35	− 33. 70
Junior college	− 48. 75	8. 583	− 5. 680	0. 000	− 65. 57	− 31. 93
Bachelor	− 60. 52	5. 475	− 11. 050	0. 000	− 71. 26	− 49. 79
Postgraduate	− 8. 76	1. 219	− 7. 190	0. 000	− 11. 15	− 6. 37
SOEs	− 2. 93	4. 657	− 0. 630	0. 529	− 12. 06	6. 20
CES	− 2. 15	1. 849	− 1. 160	0. 244	− 5. 78	1. 47
JEs	− 10. 97	4. 728	− 2. 320	0. 020	− 20. 23	− 1. 70
IEs	− 37. 51	45. 634	− 0. 820	0. 411	− 126. 95	51. 93
PEs	− 62. 65	33. 852	− 1. 850	0. 064	− 129. 00	3. 70
HMTEs	2. 05	3. 636	0. 560	0. 574	− 5. 08	9. 17
FOEs	− 0. 10	3. 174	− 0. 030	0. 974	− 6. 32	6. 12
SFJEs	− 0. 12	2. 559	− 0. 050	0. 961	− 5. 14	4. 89
CPOs	0. 33	0. 588	0. 560	0. 572	− 0. 82	1. 49
other	− 7. 85	3. 244	− 2. 420	0. 016	− 14. 20	− 1. 49
No unit	− 17. 75	14. 290	− 1. 240	0. 214	− 45. 76	10. 26
industry2	− 25. 36	37. 869	− 0. 670	0. 503	− 99. 58	48. 86
industry3	− 64. 01	61. 528	− 1. 040	0. 298	− 184. 61	56. 58
cons	− 181. 79	219. 729	− 0. 830	0. 408	− 612. 45	248. 87
Total	− 594. 59	15. 179	− 39. 170	0. 000	− 624. 34	− 564. 84
交叉效应						
gender	− 2. 17	0. 819	− 2. 650	0. 008	− 3. 77	− 0. 56
age	0. 77	1. 063	0. 720	0. 469	− 1. 31	2. 85
national	− 1. 50	2. 391	− 0. 630	0. 531	− 6. 19	3. 19
hukou	− 13. 20	3. 815	− 3. 460	0. 001	− 20. 68	− 5. 72
married	1. 02	0. 745	1. 370	0. 169	− 0. 44	2. 48
hour	− 8. 32	1. 263	− 6. 590	0. 000	− 10. 79	− 5. 84
time	4. 84	2. 337	2. 070	0. 038	0. 26	9. 42

分解变量	月平均工资（元）	标准误	Z 统计量值	P＞|z|	95％的置信区间 Interval	
交叉效应						
time2	1.29	2.720	0.470	0.636	−4.04	6.62
Primary	4.77	3.666	1.300	0.194	−2.42	11.95
Junior	11.85	5.956	1.990	0.047	0.17	23.52
High	−14.40	4.189	−3.440	0.001	−22.61	−6.19
Junior college	−28.15	5.064	−5.560	0.000	−38.08	−18.23
Bachelor	−21.53	2.613	−8.240	0.000	−26.65	−16.40
Postgraduate	2.94	0.822	3.570	0.000	1.33	4.55
SOEs	−0.61	0.976	−0.630	0.531	−2.52	1.30
CES	0.11	0.154	0.730	0.465	−0.19	0.41
JEs	0.05	0.328	0.160	0.871	−0.59	0.70
IEs	−3.52	4.288	−0.820	0.412	−11.92	4.89
PEs	9.37	5.092	1.840	0.066	−0.61	19.35
HMTEs	−1.04	1.840	−0.560	0.574	−4.64	2.57
FOEs	0.06	1.750	0.030	0.974	−3.37	3.49
SFJEs	0.06	1.334	0.050	0.961	−2.55	2.68
CPOs	0.48	0.859	0.560	0.573	−1.20	2.17
other	0.37	0.334	1.120	0.264	−0.28	1.03
No unit	−1.62	1.331	−1.210	0.225	−4.22	0.99
industry2	7.99	11.930	0.670	0.503	−15.39	31.37
industry3	−11.77	11.316	−1.040	0.298	−33.95	10.41
Total	−61.84	7.379	−8.380	0.000	−76.30	−47.38

注：观测值数量为 121 576 个。

数据来源：Stata 统计输出。

省内流动人口的月平均工资对数为 8.084，省际流动人口的月平均工资对数为 8.225，两个群体月平均工资对数差异为 0.140。禀赋效应使得省内流动人口的月平均工资对数高于省际流动人口 0.009，系数效应使得省内流动人口的月平均工资对数低于省际流动人口 0.143；交叉效应使得省内流动人口的月平均工资对数高于省际流动人口 0.006（见表 7 – 6）。

表 7 – 6　　　　　　　　跨省和省内流动人口的月工资对数分解

分解变量	月工资对数（lnwage）	标准误	Z 统计量值	P > |z|	95% 的置信区间 Interval	
省内	8.084	0.002	3 392.670	0.000	8.080	8.089
省际	8.225	0.002	3 517.010	0.000	8.220	8.229
省内 – 省际	– 0.140	0.003	– 42.020	0.000	– 0.147	– 0.134
禀赋效应	0.009	0.002	5.640	0.000	0.006	0.012
系数效应	– 0.143	0.003	– 43.200	0.000	– 0.149	– 0.136
交叉效应	– 0.006	0.002	– 4.130	0.000	– 0.010	– 0.003
禀赋效应						
gender	– 0.006	0.001	– 8.930	0.000	– 0.008	– 0.005
age	0.001	0.000	4.210	0.000	0.000	0.001
national	– 0.002	0.000	– 3.910	0.000	– 0.002	– 0.001
hukou	0.006	0.001	9.310	0.000	0.005	0.008
married	– 0.001	0.000	– 5.310	0.000	– 0.001	– 0.001
hour	– 0.001	0.000	– 3.120	0.002	– 0.001	– 0.000
time	– 0.004	0.001	– 6.980	0.000	– 0.005	– 0.003
time2	0.004	0.001	6.730	0.000	0.002	0.005
Primary	– 0.004	0.001	– 6.010	0.000	– 0.005	– 0.002
Junior	– 0.012	0.001	– 11.430	0.000	– 0.014	– 0.010
High	0.012	0.001	12.250	0.000	0.010	0.014
Junior college	0.019	0.001	17.890	0.000	0.017	0.021
Bachelor	0.010	0.001	11.420	0.000	0.008	0.012
Postgraduate	– 0.001	0.000	– 3.850	0.000	– 0.002	– 0.001
SOEs	0.001	0.000	4.700	0.000	0.001	0.002
CES	– 0.000	0.000	– 0.970	0.332	– 0.000	0.000
JEs	– 0.000	0.000	– 0.140	0.890	– 0.000	0.000

分解变量	月工资对数（lnwage）	标准误	Z统计量值	P>｜z｜	95%的置信区间 Interval	
禀赋效应						
IEs	0.007	0.001	7.440	0.000	0.005	0.009
PEs	−0.009	0.001	−8.540	0.000	−0.010	−0.007
HMTEs	−0.002	0.000	−5.240	0.000	−0.002	−0.001
FOEs	−0.002	0.000	−7.390	0.000	−0.003	−0.002
SFJEs	−0.001	0.000	−6.520	0.000	−0.002	−0.001
CPOs	−0.000	0.000	−1.830	0.067	−0.001	0.000
other	−0.000	0.000	−1.120	0.265	−0.000	0.000
No unit	0.001	0.000	3.290	0.001	0.000	0.001
industry2	−0.029	0.002	−14.170	0.000	−0.033	−0.025
industry3	0.022	0.002	11.270	0.000	0.018	0.026
Total	0.009	0.002	5.640	0.000	0.006	0.012
系数效应						
gender	0.029	0.004	7.740	0.000	0.022	0.037
age	0.001	0.014	0.070	0.942	−0.027	0.029
national	0.017	0.011	1.620	0.105	−0.004	0.038
hukou	0.000	0.001	0.080	0.935	−0.002	0.002
married	−0.001	0.022	−0.040	0.966	−0.044	0.042
hour	0.091	0.011	8.470	0.000	0.070	0.111
time	−0.006	0.011	−0.560	0.572	−0.029	0.016
time2	−0.010	0.006	−1.690	0.090	−0.021	0.002
Primary	−0.005	0.004	−1.360	0.174	−0.013	0.002
Junior	−0.012	0.012	−1.020	0.306	−0.034	0.011
High	−0.008	0.005	−1.750	0.081	−0.018	0.001
Junior college	−0.005	0.002	−2.910	0.004	−0.009	−0.002
Bachelor	−0.007	0.001	−5.770	0.000	−0.009	−0.004
Postgraduate	−0.001	0.000	−3.640	0.000	−0.001	−0.000

续表

分解变量	月工资对数（lnwage）	标准误	Z统计量值	P>|z|	95%的置信区间 Interval	
系数效应						
SOEs	0.000	0.001	0.170	0.865	-0.002	0.002
CES	-0.000	0.000	-0.260	0.793	-0.001	0.001
JEs	-0.001	0.001	-0.860	0.389	-0.003	0.001
IEs	0.015	0.010	1.570	0.117	-0.004	0.034
PEs	-0.004	0.007	-0.560	0.573	-0.018	0.010
HMTEs	0.001	0.001	0.820	0.410	-0.001	0.002
FOEs	0.001	0.001	0.860	0.390	-0.001	0.002
SFJEs	0.000	0.001	0.190	0.847	-0.001	0.001
CPOs	0.000	0.000	0.270	0.784	-0.000	0.000
other	-0.001	0.001	-2.140	0.032	-0.003	-0.000
No unit	0.001	0.003	0.440	0.656	-0.005	0.007
industry2	0.028	0.009	3.320	0.001	0.012	0.045
industry3	0.042	0.014	3.060	0.002	0.015	0.069
cons	-0.307	0.048	-6.460	0.000	-0.401	-0.214
Total	-0.143	0.003	-43.200	0.000	-0.149	-0.136
交叉效应						
gender	-0.001	0.000	-5.880	0.000	-0.002	-0.001
age	-0.000	0.000	-0.070	0.942	-0.000	0.000
national	-0.001	0.001	-1.620	0.106	-0.002	0.000
hukou	0.000	0.001	0.080	0.935	-0.002	0.002
married	0.000	0.000	0.040	0.966	-0.000	0.000
hour	-0.002	0.000	-6.840	0.000	-0.002	-0.001
time	0.000	0.001	0.560	0.573	-0.001	0.001
time2	0.001	0.001	1.680	0.094	-0.000	0.002
Primary	0.001	0.001	1.360	0.175	-0.000	0.003
Junior	0.001	0.001	1.020	0.307	-0.001	0.004

分解变量	月工资对数（lnwage）	标准误	Z 统计量值	P > |z|	95% 的置信区间 Interval	
交叉效应						
High	− 0.002	0.001	− 1.740	0.082	− 0.003	0.000
Junior college	− 0.003	0.001	− 2.900	0.004	− 0.005	− 0.001
Bachelor	− 0.002	0.000	− 5.240	0.000	− 0.003	− 0.002
Postgraduate	0.000	0.000	2.710	0.007	0.000	0.001
SOEs	0.000	0.000	0.170	0.865	− 0.000	0.000
CES	0.000	0.000	0.250	0.800	− 0.000	0.000
JEs	0.000	0.000	0.140	0.892	− 0.000	0.000
IEs	0.001	0.001	1.560	0.119	− 0.000	0.003
PEs	0.001	0.001	0.560	0.573	− 0.002	0.003
HMTEs	− 0.000	0.000	− 0.820	0.410	− 0.001	0.000
FOEs	− 0.000	0.000	− 0.860	0.390	− 0.001	0.000
SFJEs	− 0.000	0.000	− 0.190	0.847	− 0.001	0.001
CPOs	0.000	0.000	0.270	0.784	− 0.000	0.000
other	0.000	0.000	1.010	0.312	− 0.000	0.000
No unit	0.000	0.000	0.440	0.658	− 0.000	0.001
industry2	− 0.009	0.003	− 3.310	0.001	− 0.014	− 0.004
industry3	0.008	0.003	3.050	0.002	0.003	0.013
Total	− 0.006	0.002	− 4.130	0.000	− 0.010	− 0.003

注：观测值数量为 120 265 个。

数据来源：Stata 统计输出。

第四节　省际和省内流动人口工资收入基尼系数影响因素实证结果

分别以省际省内流动人口月工资计算基尼系数，采用 RIF-OLS 进行回归估计，结果如表 7 – 7 所示。性别对省际和省内流动人口的基尼系数影响明显，男性流动人口可以有效地降低流动人口的基尼系数，人口流动可以有效地降低劳动力市场的歧视。流动人口年龄的增加会增加流动人口基尼系数，符合随着年龄的增加收入差距变大的现象，而年龄对省内流动人口基尼系数影响较小。相较其他民族的流动人口，民族为汉族的省内流动人口基尼系数更低，汉族人口的收入差距不如少数民族人口收入差距大。非农户口会增加省际流动人口基尼系数，但会降低省内流动人口基尼系数。表明拥有农业户口的省际流动人口收入分配差距较小，而省内流动人口收入分配差距较大。未婚会增加省际流动人口基尼系数。省际流动人口在国有企业、集体企业、港澳台企业、外商独资企业等工作时，相对于国有企业来说，对基尼系数没有显著影响。

表7－7　　　　中国省际和省内流动人口基尼系数的影响因素实证结果

自变量	因变量（gini）	
	省际	省内
gender	−0.002 (0.002)	−0.034*** (0.002)
age	0.001*** (0.000)	0.000*** (0.000)
national	0.000 (0.005)	−0.007** (0.003)
hukou	0.035*** (0.005)	−0.012*** (0.003)
married	0.059*** (0.009)	0.021*** (0.007)
hour	−0.000*** (0.000)	−0.000*** (0.000)
time	0.004*** (0.001)	0.002*** (0.001)
time2	−0.000** (0.000)	0.000 (0.000)
Primary	−0.034*** (0.008)	−0.033*** (0.008)

续表

自变量	因变量 （gini）	
	省际	省内
Junior	−0. 041 *** （0. 008）	−0. 057 *** （0. 008）
High	−0. 019 ** （0. 008）	−0. 059 *** （0. 008）
Junior_college	0. 020 ** （0. 009）	−0. 057 *** （0. 008）
Bachelor	0. 131 *** （0. 010）	−0. 057 *** （0. 009）
Postgraduate	0. 284 *** （0. 020）	−0. 033 （0. 021）
SOEs	0. 013 （0. 011）	−0. 010 （0. 008）
CES	0. 029 * （0. 015）	−0. 006 （0. 012）
JEs	0. 046 *** （0. 011）	−0. 003 （0. 008）
IEs	0. 117 *** （0. 010）	0. 045 *** （0. 006）
PEs	0. 039 *** （0. 010）	−0. 000 （0. 006）
HMTEs	−0. 011 （0. 012）	−0. 017 （0. 011）
FOEs	0. 021 （0. 013）	−0. 017 （0. 013）
SFJEs	−0. 003 （0. 014）	−0. 032 ** （0. 014）
CPOs	0. 035 （0. 027）	0. 052 *** （0. 016）
other	0. 080 *** （0. 012）	0. 044 *** （0. 009）
No_unit	0. 092 *** （0. 010）	0. 044 *** （0. 007）

自变量	因变量（gini）	
	省际	省内
industry2	- 0. 117 *** (0. 008)	- 0. 177 *** (0. 007)
industry3	- 0. 094 *** (0. 008)	- 0. 157 *** (0. 007)
Constant	0. 258 *** (0. 018)	0. 491 *** (0. 014)
Observations	61 219	60 357
R-squared	0. 050	0. 040

注：括号内的数值表示标准差，＊、＊＊、＊＊＊分别表示在1%、5%、10%的水平上显著。
数据来源：Stata 统计输出。

省内流动人口的基尼系数为 0. 318，省际流动人口的基尼系数为 0. 312，二者的差距为 0. 006，说明省际流动相比省内流动更容易减少工资分配不均。在共同富裕的背景下，人口流动更有助于减少收入分配差距、增强收入分配的公平性；其中可以用资源禀赋效应进行解释的部分是 0. 013，不能解释部分为 - 0. 002，这说明禀赋效应和系数效应均可以有效降低收入差距，意味着人口流动可以使得资源禀赋差距缩小，也会使资源禀赋的回报机制缩小（见表 7 - 8）。

表 7 - 8　　　　　　　省际和省内流动人口的工资基尼系数分解

分解变量	基于月工资对数测算的基尼系数	标准误	Z统计量值	P > │z│	95% 的置信区间 Interval	
省内	0. 318	0. 001	310. 280	0. 000	0. 316	0. 320
省际	0. 312	0. 001	267. 770	0. 000	0. 309	0. 314
省内 - 省际	0. 006	0. 002	4. 130	0. 000	0. 003	0. 009
禀赋效应	0. 013	0. 001	19. 570	0. 000	0. 012	0. 014
系数效应	0. 002	0. 002	1. 300	0. 195	- 0. 001	0. 005
交叉效应	- 0. 009	0. 001	- 11. 020	0. 000	- 0. 010	- 0. 007

续表

分解变量	基于月工资对数测算的基尼系数	标准误	Z 统计量值	P > |z|	95%的置信区间 Interval	
禀赋效应						
gender	0.000	0.000	0.710	0.477	− 0.000	0.000
age	− 0.001	0.000	− 5.750	0.000	− 0.001	− 0.000
national	− 0.000	0.000	− 0.030	0.973	− 0.000	0.000
hukou	0.002	0.000	6.910	0.000	0.002	0.003
married	− 0.000	0.000	− 4.960	0.000	− 0.001	− 0.000
hour	0.000	0.000	4.600	0.000	0.000	0.001
time	− 0.001	0.000	− 5.930	0.000	− 0.002	− 0.001
time2	0.001	0.000	2.440	0.015	0.000	0.001
Primary	0.001	0.000	4.030	0.000	0.001	0.002
Junior	0.002	0.000	4.980	0.000	0.001	0.003
High	− 0.001	0.000	− 2.270	0.023	− 0.001	− 0.000
Junior college	0.001	0.000	2.230	0.026	0.000	0.002
Bachelor	0.002	0.000	8.860	0.000	0.002	0.002
Postgraduate	− 0.000	0.000	− 3.830	0.000	− 0.001	− 0.000
SOEs	0.000	0.000	1.120	0.264	− 0.000	0.000
CES	− 0.000	0.000	− 0.850	0.398	− 0.000	0.000
JEs	− 0.000	0.000	− 0.160	0.871	− 0.000	0.000
IEs	0.004	0.001	8.820	0.000	0.003	0.005
PEs	− 0.002	0.000	− 3.770	0.000	− 0.003	− 0.001
HMTEs	0.000	0.000	0.920	0.358	− 0.000	0.000
FOEs	− 0.000	0.000	− 1.600	0.110	− 0.000	0.000
SFJEs	0.000	0.000	0.220	0.827	− 0.000	0.000
CPOs	0.000	0.000	1.270	0.205	− 0.000	0.000
other	− 0.000	0.000	− 1.230	0.217	− 0.000	0.000
No unit	0.001	0.000	4.830	0.000	0.001	0.001
industry2	0.014	0.001	13.510	0.000	0.012	0.016
industry3	− 0.011	0.001	− 11.070	0.000	− 0.012	− 0.009
Total	0.013	0.001	19.570	0.000	0.012	0.014

分解变量	基于月工资对数测算的基尼系数	标准误	Z 统计量值	P > |z|	95% 的置信区间 Interval	
系数效应						
gender	− 0.019	0.002	− 10.370	0.000	− 0.023	− 0.015
age	− 0.019	0.007	− 2.710	0.007	− 0.033	− 0.005
national	− 0.007	0.005	− 1.270	0.204	− 0.017	0.004
hukou	− 0.004	0.000	− 7.850	0.000	− 0.005	− 0.003
married	− 0.037	0.011	− 3.470	0.001	− 0.058	− 0.016
hour	0.009	0.005	1.690	0.092	− 0.001	0.019
time	− 0.018	0.006	− 3.220	0.001	− 0.029	− 0.007
time2	0.006	0.003	2.010	0.044	0.000	0.011
Primary	0.000	0.002	0.080	0.934	− 0.003	0.004
Junior	− 0.008	0.006	− 1.410	0.159	− 0.019	0.003
High	− 0.008	0.002	− 3.460	0.001	− 0.012	− 0.003
Junior college	− 0.006	0.001	− 6.250	0.000	− 0.007	− 0.004
Bachelor	− 0.008	0.001	− 13.540	0.000	− 0.009	− 0.007
Postgraduate	− 0.001	0.000	− 8.810	0.000	− 0.001	− 0.001
SOEs	− 0.001	0.000	− 1.700	0.090	− 0.002	0.000
CES	− 0.000	0.000	− 1.860	0.063	− 0.001	0.000
JEs	− 0.002	0.000	− 3.500	0.000	− 0.003	− 0.001
IEs	− 0.029	0.005	− 6.060	0.000	− 0.039	− 0.020
PEs	− 0.012	0.004	− 3.270	0.001	− 0.019	− 0.005
HMTEs	− 0.000	0.000	− 0.360	0.722	− 0.001	0.001
FOEs	− 0.001	0.000	− 2.070	0.039	− 0.001	− 0.000
SFJEs	− 0.000	0.000	− 1.490	0.136	− 0.001	0.000
CPOs	0.000	0.000	0.530	0.598	− 0.000	0.000
other	− 0.001	0.000	− 2.300	0.021	− 0.001	− 0.000
No unit	− 0.006	0.002	− 3.850	0.000	− 0.009	− 0.003
industry2	− 0.022	0.004	− 5.500	0.000	− 0.030	− 0.014
industry3	− 0.038	0.006	− 5.930	0.000	− 0.051	− 0.026
cons	0.233	0.023	10.080	0.000	0.188	0.278
Total	0.002	0.002	1.300	0.195	− 0.001	0.005

续表

分解变量	基于月工资对数测算的基尼系数	标准误	Z 统计量值	P > |z|	95% 的置信区间 Interval	
				交叉效应		
gender	0.001	0.000	6.890	0.000	0.001	0.001
age	0.000	0.000	2.620	0.009	0.000	0.001
national	0.000	0.000	1.270	0.205	− 0.000	0.001
hukou	− 0.003	0.000	− 7.720	0.000	− 0.004	− 0.002
married	0.000	0.000	3.140	0.002	0.000	0.000
hour	− 0.000	0.000	− 1.670	0.095	− 0.000	0.000
time	0.001	0.000	3.040	0.002	0.000	0.001
time2	− 0.001	0.000	− 1.980	0.048	− 0.001	− 0.000
Primary	− 0.000	0.000	− 0.080	0.934	− 0.001	0.001
Junior	0.001	0.001	1.410	0.160	− 0.000	0.002
High	− 0.001	0.000	− 3.390	0.001	− 0.002	− 0.001
Junior college	− 0.003	0.001	− 6.090	0.000	− 0.004	− 0.002
Bachelor	− 0.003	0.000	− 9.130	0.000	− 0.003	− 0.002
Postgraduate	0.000	0.000	3.730	0.000	0.000	0.001
SOEs	− 0.000	0.000	− 1.650	0.100	− 0.000	0.000
CES	0.000	0.000	0.840	0.402	− 0.000	0.000
JEs	0.000	0.000	0.160	0.871	− 0.000	0.000
IEs	− 0.003	0.000	− 5.520	0.000	− 0.004	− 0.002
PEs	0.002	0.001	3.220	0.001	0.001	0.003
HMTEs	0.000	0.000	0.360	0.722	− 0.000	0.000
FOEs	0.000	0.000	2.050	0.040	0.000	0.001
SFJEs	0.000	0.000	1.480	0.139	− 0.000	0.000
CPOs	0.000	0.000	0.530	0.598	− 0.000	0.000
other	0.000	0.000	1.100	0.270	− 0.000	0.000
No unit	− 0.001	0.000	− 3.210	0.001	− 0.001	− 0.000
industry2	0.007	0.001	5.460	0.000	0.004	0.009
industry3	− 0.007	0.001	− 5.870	0.000	− 0.009	− 0.005
Total	− 0.009	0.001	− 11.020	0.000	− 0.010	− 0.007

注：观测值数量为 121 576 个。

数据来源：stata 统计输出。

第五节　省际和省内流动人口工资收入基尼系数影响因素研究结论

　　本章主要借助 2018 年流动人口动态监测数据，以省际流入劳动力和省内流动人口为研究对象，研究省际和省内流动人口的收入分配差距，分析造成收入分配差距的工资作用机制，得出以下几个结论。

　　（1）从总体上来说，当前的流动人口为农村户口、低学历的已婚年轻人，主要在私营企业和以个体工商户的身份从事过度加班加单的工作。

　　（2）不论是省际还是省内流动，性别对工资都有显著的正向影响，说明在劳动力市场上，男性会受到偏爱，女性会受到歧视；

　　（3）流动人口的工资受年龄的负面影响，这也说明当前流动人口在年轻阶段获得较高的工资回报，但随着年龄的增加，流动人口在劳动力市场中的竞争能力下降，其并没有随着年龄的增加而积累丰富的工作经验，最终并没有形成职业竞争优势；省内流动年龄对工资的影响大于省际流动，说明省际流动可以减缓年龄对工资的负面影响。

　　（4）不论是省际还是省内流动，性别对工资都有显著的正向影响，说明在劳动力市场上，男性会受到偏爱，女性会受到歧视，省内流动男性相对女性的工资优势更加明显，这在一定程度上说明省际流动有利于降低男性和女性在劳动力市场上的工资差距。

　　（5）省际流动对省际流动人口的资源禀赋回报机制更高；省际流动人口的资源禀赋在一定程度上低于省内流动人口，这主要是由于当前的流动人口为农村户口、低学历的已婚年轻人等弱势群体。

　　（6）流动人口的禀赋效应和系数效应均可以有效地缩小收入差距，这意味着人口流动可以使资源禀赋差距缩小，也会使资源禀赋的回报缩小。

第八章

城市与农村户口流动人口的收入 分配及其影响因素研究

第一节　数据描述与实证策略

一、城市与农村户口流动人口收入状况分析

为研究户籍对流动人口工资收入及分配差距的影响，本节对流动人口的收入按照基尼系数进行统计。统计结果表明，农村户口流动人口工资的基尼系数为 0.260，城镇户口流动人口工资的基尼系数为 0.293，这说明城镇户口流动人口的收入分配差距明显大于农村户口流动人口（见表 8 - 1）。

表 8 - 1　　　农民工和城市居民流动人口的基尼系数组内和组间分解

组别	基尼系数	人口比例	收入比例	绝对贡献	相对贡献
农村户口	0.260	0.647	0.613	0.103	0.3752
	0.001	0.002	0.002	0.001	0.0029
城镇户口	0.293	0.353	0.387	0.040	0.1459
	0.002	0.002	0.002	0.001	0.0016
组内	—	—	—	0.143	0.5211
组间	—	—	—	0.034	0.1220
交叉	—	—	—	0.098	0.3569
总体	0.275	1.000	1.000	0.275	1.0000

数据来源：2018 年国家卫生健康委中国流动人口动态监测调查数据。

根据对总体流动人口工资基尼系数按照户籍进行分解，农村户口流动人口占总流动人口的比重为 64.7%，城镇户籍流动人口比例为 35.3%。从收入分配比例来看，农村户口流动人口占总流动人口收入的比重为 61.3%，城镇户口流动人口的收入占总流动人口收入的比重为 38.7%。两个群体的工资基尼系数差异分为组内差异和组间差异。流动人口样本总体的基尼系数为 0.275，农村户口和城镇户口流动人口群体组内工资差距形成的工资基尼系数为 0.143，组内工资差距形成的基尼系数占流动人口总体基尼系数的比例为 52.11%；农村户口和城镇户口流动人口群体之间的工资差距基尼系数为 0.034，组间工资差距形成的基尼系数占流动人口总体基尼系数的比例为 12.20%；两个群体的交叉效应形成的工资基尼系数为 0.098，两个群体交叉效应所形成的基尼系数占总体流动人口工资基尼系数的比例为 35.69%。

二、研究城市居民与农民工收入相关变量

本章采用 2018 年国家卫生健康委中国流动人口动态监测调查数据，选择男性和女性样本中有劳动收入，并且就业身份为有固定雇主的雇员为研究对象，最终筛选出有效样本数量为 69 096 个，其中男性样本 31 482 个，女性样本 37 614 个。本研究选择月工资对数为因变量，自变量主要包括：年龄（年）、民族、户口类型、婚姻状况、周工作时间、党员身份等人口特征变量；受教育年限、打工年限（年）、打工年限的平方等人力资本变量；机关事业单位、国有及国有控股企业、集体企业、股份制/联营企业等一系列不同企业性质虚拟变量。

三、户籍对流动人口工资收入的影响实证策略

城市户口和农村户口流动人口的教育投资回报收益率由于市场歧视可能会存在显著的差异，而且不同的教育背景，市场对不同户籍类型的劳动者可能歧视的程度并不相同。因此，为了能够更好地了解不同户口类型下劳动者的教育投资回报收益率，以及不同教育阶段下不同户口类型劳动者的平均工资收入，建立以下模型：

$$\ln wage = \alpha + \beta edu + \eta hukou + \tau hukou \cdot edu + \gamma Z + \varepsilon \qquad (8-1)$$

式（8-1）中，lnwage 表示劳动者的月工资对数，其中 edu 设定为离散

变量，即文盲、小学、初中、高中、大专、本科和研究生。hukou 表示户口，hukou = 1 表示流动人口为城镇户口，hukou = 0 表示流动人口为农村户口，hukou·edu 为户口与离散型教育变量的交叉项。β、η、τ、γ 为参数，ε 为随机干扰项。其中 β 表示相对于基础组（文盲），其他教育阶段劳动者的教育投资回报收益率高出的比例；τ 表示相对于基础组（农村户口流动人口）各个教育阶段，城镇流动人口劳动者相应教育投资回报收益率高出的比例。

$$wage = \alpha' + \beta'edu + \eta'hukou + \tau'hukou \cdot edu + \gamma'Z + \varepsilon' \qquad (8-2)$$

式（8-2）中，wage 表示劳动者的月工资，其中 edu 设定为离散变量，即文盲、初中、中学、高中、大专、本科和研究生。hukou 表示户口，hukou = 1 表示流动人口为城镇户口，hukou = 0 表示流动人口为农村户口，hukou·edu 为户口与离散型教育变量的交叉项。β'、η'、τ'、γ' 为参数，ε' 为随机干扰项。其中，β' 表示相对于基础组（文盲），其他教育阶段流动人口月工资高出的部分；τ' 表示相对于基础组（农村户口流动人口）各教育阶段，城镇户口流动人口相应教育阶段劳动者月工资高出的部分。

四、户籍对流动人口工资收入分配差距影响的实证策略

通常计量收入分配不平等的模型采用 Oaxaca-Blinder 分解方法，通过该方法，将两个不同群体收入差距分解为可解释部分和不可解释部分两大类。然而该方法只能解决两个群体平均工资收入的差距，以及造成平均工资差距的原因。随着研究的深入，学者们更多地关注像衡量收入分配的基尼系数、方差、变异系数等变量的大小及其影响因素，而这些也正是通常的 Oaxaca-Blinder 分解方法无法达到的。所以，基于本章研究目的，引入基尼系数的 RIF 函数对城市居民与农民工收入分配问题进行探讨。

S. 菲尔波（2018）通过建立再中心化影响函数（recentered influence function，RIF）和各种统计量之间的对应关系，将所需要的统计量表示成为其他变量的线性投影，进而可以计算所需要考察的变量对相应统计量的影响大小和显著性。本章主要结合 S. 菲尔波（2018）的再中心化影响函数和 Blinder-Oaxaca 分解方法，对流动人口的收入分配及其影响因素进行系统的研究（具体见本书第七章）。

可以采用两种方式通过对基尼系数统计量的 RIF 函数回归来计算户口对工资分布不平等的影响：第一种方法将户口变量放到回归方程的自变量中，进而

计算户口哑变量的回归系数，通过回归系数的显著性来判断户口对基尼系数影响的显著性以及影响程度；第二种方式可以分别用城市居民与农民工小时工资来建立以基尼系数为统计量的 RIF 回归方程，进而通过 Oaxaca-Blinder 分解来判断城市居民与农民工基尼系数具体受到哪些变量的影响以及影响程度。

第二节　户籍对流动人口工资收入的综合性影响

一、户籍对流动人口教育投资回报收益率的影响

户口对流动人口教育投资回报收益率影响的实证结果见表 8-2。与文盲相比，流动人口中小学、初中、高中、大专、本科、研究生学历的教育投资回报收益率分别高 8.5%、19.9%、27.0%、37.2%、51.0%、70.5%，说明教育水平的提高有益于教育投资回报收益提高；与农村户口相应的教育阶段相比，城镇户口流动人口中小学、初中、高中、大专、本科、研究生学历的教育投资回报收益率分别高 2.1%、2.5%、5.8%、10.1%、15.5%、23.8%，但是小学、初中、高中学历的城镇流动人口劳动者的教育投资回报收益率与农村相应教育阶段没有显著差异。这说明在高中以下教育阶段，农村和城镇户口流动人口的教育投资回报收益率没有显著差别。

表 8-2　　　　　　　户籍对流动人口教育投资回报收益率的影响

自变量	因变量（lnwage）
hukou	0.012 (0.059)
6. edu	0.085 *** (0.012)
9. edu	0.199 *** (0.012)
12. edu	0.270 *** (0.012)

自变量	因变量（lnwage）
15. edu	0. 372 ***
	（0. 013）
16. edu	0. 510 ***
	（0. 015）
19. edu	0. 705 ***
	（0. 042）
1. hukou# * 0. edu	0. 000
	（0. 000）
1. hukou#6. edu	0. 021
	（0. 062）
1. hukou#9. edu	0. 025
	（0. 059）
1. hukou#12. edu	0. 058
	（0. 060）
1. hukou#15. edu	0. 101 *
	（0. 060）
1. hukou#16. edu	0. 155 **
	（0. 061）
1. hukou#19. edu	0. 238 ***
	（0. 081）
Constant	7. 059 ***
	（0. 024）
Observations	120 265
R-squared	0. 120

注：括号内的数值表示标准差，* 、** 、*** 分别表示在1%、5%、10%的水平上显著。变量 gender、age、national、married、hour、time、time2、SOEs、CES、JEs、IEs、PEs、HMTEs、FOEs、SFJEs、CPOs、other、No_unit、industry2、industry3 已控制。6. edu 表示小学，9. edu 表示初中，12. edu 表示高中，15. edu 表示大专，16. edu 表示本科，19. edu 表示研究生；1. hukou# * . edu 表示城镇户口且具有相应学历。

数据来源：Stata 统计输出。

二、户籍对流动人口工资收入的影响

为了更好地了解户口对收入的影响，将被解释变量变更为劳动者的月工资。户口对流动人口工资的影响实证结果见表 8-3。与文盲相比，流动人口中小学、初中、高中、大专、本科、研究生学历的劳动者收入分别显著提高 168. 421 元、572. 308 元、918. 894 元、1 406. 933 元、2 132. 943 元、3 225. 348 元，这说明随着学历的提升，劳动者收入提高幅度相对较大，教育对流动人口收入水平有重要影响。与农村户口流动人口相比，城镇户口流动人口中小学、初中、高中学历劳动者的收入没有显著变化；与农村户口相应教育阶段相比，城镇户口流动人口中大专、本科、研究生学历的劳动者收入分别显著提高 568. 679 元、966. 767 元、1 819. 803 元。这说明在高中以下教育阶段，农村和城镇户口流动人口的教育投资回报收益率没有显著性的差别，在高中阶段以后，城镇户口流动人口的学历才会呈现超值回报。

表 8-3　　　　　　　学历对不同户籍流动人口工资收入的影响

自变量	因变量（wage）
hukou	-33. 980 （269. 639）
6. edu	168. 421 *** （55. 333）
9. edu	572. 308 *** （53. 890）
12. edu	918. 894 *** （56. 148）
15. edu	1 406. 933 *** （60. 794）
16. edu	2 132. 943 *** （69. 097）
19. edu	3 225. 348 *** （194. 787）

自变量	因变量（wage）
1. hukou#*0. edu	0. 000 （0. 000）
1. hukou#6. edu	124. 053 （284. 210）
1. hukou#9. edu	169. 458 （272. 642）
1. hukou#12. edu	334. 975 （273. 772）
1. hukou#15. edu	568. 679 ** （276. 000）
1. hukou#16. edu	966. 767 *** （278. 719）
1. hukou#19. edu	1 819. 803 *** （373. 468）
Constant	− 336. 260 *** （108. 089）
Observations	121 576
R-squared	0. 093

注：括号内的数值表示标准差，＊、＊＊、＊＊＊分别表示在1%、5%、10%的水平上显著。变量 gender、age、national、married、hour、time、time2、SOEs、CES、JEs、IEs、PEs、HMTEs、FOEs、SFJEs、CPOs、other、No_unit、industry2、industry3 已控制。6. edu 表示小学，9. edu 表示初中，12. edu 表示高中，15. edu 表示大专，16. edu 表示本科，19. edu 表示研究生；1. hukou# ＊. edu 表示城镇户口且具有相应学历。

数据来源：Stata 统计输出。

　　为了更好地了解户口对收入的影响，在控制表8－3其他因素之后，对回归方程式子计算工资的边际值。见表8－4流动人口中文盲、小学、初中、高中、大专、本科、研究生学历的劳动者平均月工资分别为3 268.976 元、3 451.613 元、3 860.703 元、4 226.256 元、4 741.077 元、5 512.706 元和6 702.865 元。农村户口流动人口中文盲、小学、初中、高中、大专、本科、研究生学历的劳动者平均月工资分别为：3 272.870 元、3 441.291 元、3 845.178 元、4 191.764 元、4 679.8047 元、5 405.813 元和6 498.218 元；城市户口流动人口中文盲、小学、初中、高中、大专、本科、研究生学历的劳动者平均月工资分别为 3 238.890 元、3 531.365 元、3 980.656 元、4 492.759 元、5 214.503 元、6 338.601 元、8 284.042 元。

表 8 - 4　　　　　　　　不同户籍类型下流动人口工资收入状况

自变量	月平均工资（元）	标准误	Z 统计量值	P > |z|	95% 置信区间	
hukou						
0	4 014.634	7.921	506.810	0.000	3 999.108	4 030.160
1	4 258.227	26.341	161.660	0.000	4 206.601	4 309.854
edu						
0	3 268.976	56.004	58.370	0.000	3 159.209	3 378.743
6	3 451.613	21.359	161.600	0.000	3 409.751	3 493.475
9	3 860.703	10.888	354.590	0.000	3 839.363	3 882.043
12	4 226.256	15.986	264.370	0.000	4 194.924	4 257.589
15	4 741.077	25.685	184.590	0.000	4 690.737	4 791.418
16	5 512.706	38.917	141.650	0.000	5 436.431	5 588.981
19	6 702.865	167.098	40.110	0.000	6 375.358	7 030.371
hukou#edu						
0. hukou#0. edu	3 272.870	52.811	61.970	0.000	3 169.363	3 376.377
0. hukou#6. edu	3 441.291	20.977	164.050	0.000	3 400.177	3 482.406
0. hukou#9. edu	3 845.178	11.248	341.850	0.000	3 823.132	3 867.224
0. hukou#12. edu	4 191.764	17.181	243.970	0.000	4 158.089	4 225.439
0. hukou#15. edu	4 679.804	28.103	166.520	0.000	4 624.722	4 734.885
0. hukou#16. edu	5 405.813	43.064	125.530	0.000	5 321.409	5 490.217
0. hukou#19. edu	6 498.218	187.161	34.720	0.000	6 131.389	6 865.048
1. hukou#0. edu	3 238.890	264.943	12.220	0.000	2 719.611	3 758.170
1. hukou#6. edu	3 531.365	88.099	40.080	0.000	3 358.695	3 704.035
1. hukou#9. edu	3 980.656	39.032	101.980	0.000	3 904.155	4 057.157
1. hukou#12. edu	4 492.759	44.366	101.270	0.000	4 405.803	4 579.714

自变量	月平均工资（元）	标准误	Z统计量值	P>|z|	95%置信区间	
			hukou#edu			
1. hukou#15. edu	5 214. 503	52. 635	99. 070	0. 000	5 111. 340	5 317. 666
1. hukou#16. edu	6 338. 601	57. 893	109. 490	0. 000	6 225. 133	6 452. 068
1. hukou#19. edu	8 284. 042	179. 323	46. 200	0. 000	7 932. 574	8 635. 509

注：＊. hukou#＊. edu 表示户口变量和教育年限均作为离散变量处理形成交叉项。
数据来源：Stata 统计输出。

第三节 户籍对流动人口工资收入分配差距影响实证结果

本节首先采用 RIF-OLS 回归，实证影响农村户口和城镇户口流动人口工资基尼系数的因素。其次，在 RIF-OLS 回归结果的基础上，利用 Oaxaca-Blinder 分解，研究禀赋效应、回报机制效应（系数效应），以及二者的交叉效应分析造成收入分配差距的因素。

通过前文表 8－1 的描述性统计，农村户口流动人口工资的基尼系数为0. 260，城镇户口流动人口工资的基尼系数为 0. 293，这说明城镇户口流动人口的收入分配差距明显大于农村户口流动人口。下面采用 RIF-OLS 实证分析影响不同户籍流动人口工资基尼系数的影响因素。

一、农村和城镇流动人口的工资基尼系数影响因素分析

农村户口和城镇户口流动人口的基尼系数影响因素实证结果如表 8－5 所示。农村户口中男性流动人口和城镇户口男性流动人口的基尼系数分别低于相应群体女性流动人口基尼系数 0. 036 和 0. 008，说明男性流动人口可以有效地降低收入分配差距，而且农村男性的流动对降低收入分配差距更有效。不论是农村还是城镇的流动人口，随着年龄上升，均会扩大收入分配差距，且城镇户口流动人口扩大收入分配差距的程度要明显大于农村户口流动人口。城镇户口流动人口和农村户口流动人口教育水平都会提高收入分配差距，且城镇户口流

动人口随着教育程度的提高，教育对收入分配差距扩大的影响将比农村户口流动人口大；农村户口和城镇户口流动人口的外出打工年限都会提高收入分配差距；对于从事的企业性质而言，相对于国有企业，农村流动人口在其他企业中工作都会有效地降低基尼系数。

表8-5　　　　　　　农村户口与城镇户口流动人口工资基尼
系数统计量的 RIF-OLS 实证结果

自变量	因变量	
	农村户口流动人口基尼系数	城镇户口流动人口基尼系数
gender	-0.036 *** (0.002)	-0.008 ** (0.003)
age	0.001 *** (0.000)	0.002 *** (0.000)
edu	0.002 *** (0.000)	0.012 *** (0.001)
time	0.001 *** (0.000)	0.006 *** (0.001)
time2	0.000 (0.000)	-0.000 *** (0.000)
national	-0.006 * (0.003)	-0.010 (0.007)
marriage	0.001 (0.002)	0.009 ** (0.004)
weekhour	-0.001 *** (0.000)	-0.001 *** (0.000)
dy	0.016 *** (0.005)	0.013 ** (0.006)
Government	-0.032 *** (0.010)	-0.060 *** (0.022)
SOEs	-0.059 *** (0.010)	-0.021 (0.022)

续表

自变量	因变量	
	农村户口流动人口基尼系数	城镇户口流动人口基尼系数
CEs	−0.043*** (0.012)	−0.016 (0.025)
JEs	−0.050*** (0.010)	0.025 (0.022)
IEs	−0.036*** (0.009)	0.011 (0.022)
PEs	−0.060*** (0.009)	0.005 (0.021)
HMTEs	−0.086*** (0.010)	−0.049** (0.024)
FOEs	−0.086*** (0.011)	0.122*** (0.023)
SFJEs	−0.091*** (0.011)	0.003 (0.024)
CPOs	0.028* (0.015)	0.000 (0.028)
No_unit	−0.013 (0.012)	0.036 (0.034)
Constant	0.322*** (0.012)	0.089*** (0.026)
Observations	44 505	24 309
R-squared	0.025	0.049

注：括号内的数值表示标准差，*、**、*** 分别表示在1%、5%、10%的水平上显著。表中变量见表7−1，其中，edu表示受教育年限，dy表示党员身份哑变量，dy = 1表示党员，dy = 0表示非党员。

数据来源：Stata统计输出。

为了分析导致农村户口和城镇户口流动人口收入分配差距的具体原因，以及这些原因是通过何种效应来影响两者的收入分配，下面主要对RIF-OLS估计的结果按照禀赋效应、回报机制效应（系数效应）和交叉效应进行Oaxaca-Blinder分解。

二、农村与城镇流动人口工资收入分配差距效应分析

根据实证结果（见表 8－6），农村户口流动人口工资基尼系数为 0.267，城镇户口流动人口工资基尼系数为 0.294，农村户口流动人口工资基尼系数比城镇户口流动人口基尼系数低 0.027。农村户口与城镇户口工资基尼系数的差异由三部分造成，即二者的禀赋差异、回报机制差异以及禀赋与回报机制的交叉效应。根据回归结果，禀赋效应使得农村户口流动人口基尼系数低于城镇户口流动人口基尼系数 0.029；回报机制促使农村户口流动人口基尼系数高出城镇户口流动人口基尼系数 0.01884；交叉效应促使农村户口流动人口基尼系数比城镇户口流动人口基尼系数高 0.020。且这三部分的效应引起的基尼系数差异非常显著。

表 8－6　　　　　农村户口与城镇户口流动人口工资基尼系数
统计量的 RIF-OLS 回归结果

自变量	月工资基尼系数	标准误	Z 统计量值	P > |z|	95% 置信区间	
农村户口	0.26709	0.00091	293.09	0.000	0.26531	0.26888
城镇户口	0.29451	0.00168	174.90	0.000	0.29121	0.29781
农村户口－城镇户口	－0.02742	0.00191	－14.32	0.000	－0.03117	－0.02366
禀赋效应						
gender	－0.00012	0.00006	－1.96	0.049	－0.00024	－0.00000
age	－0.00112	0.00020	－5.67	0.000	－0.00151	－0.00073
edu	－0.02526	0.00129	－19.65	0.000	－0.02779	－0.02274
time	－0.00097	0.00028	－3.50	0.000	－0.00152	－0.00043
time2	－0.00008	0.00011	－0.67	0.506	－0.00030	0.00015
national	0.00025	0.00017	1.50	0.134	－0.00008	0.00059
marriage	－0.00022	0.00011	－2.03	0.042	－0.00043	－0.00001
hour	－0.00360	0.00054	－6.72	0.000	－0.00464	－0.00255

自变量	月工资基尼系数	标准误	Z统计量值	P>|z|	95%置信区间	
禀赋效应						
dy	−0.00085	0.00038	−2.25	0.024	−0.00160	−0.00011
Government	0.00285	0.00106	2.70	0.007	0.00078	0.00492
SOEs	0.00087	0.00090	0.96	0.337	−0.00090	0.00263
CEs	−0.00002	0.00003	−0.54	0.587	−0.00007	0.00004
JEs	−0.00030	0.00026	−1.14	0.256	−0.00082	0.00022
IEs	0.00061	0.00119	0.52	0.604	−0.00171	0.00294
PEs	0.00011	0.00053	0.21	0.832	−0.00093	0.00116
HMTEs	−0.00080	0.00040	−2.01	0.044	−0.00158	−0.00002
FOEs	−0.00071	0.00021	−3.38	0.001	−0.00112	−0.00030
SFJEs	−0.00000	0.00002	−0.11	0.915	−0.00003	0.00003
CPOs	−0.00000	0.00005	0.00	0.997	−0.00011	0.00010
other	0.00000	(omitted)	—	—	—	—
No unit	0.00032	0.00031	1.04	0.297	−0.00028	0.00093
合计	−0.02901	0.00123	−23.67	0.000	−0.03142	−0.02661
系数效应						
gender	−0.01496	0.00204	−7.32	0.000	−0.01896	−0.01096
age	−0.04554	0.00869	−5.24	0.000	−0.06256	−0.02851
edu	−0.13154	0.00877	−15.01	0.000	−0.14872	−0.11436
time	−0.02430	0.00478	−5.08	0.000	−0.03367	−0.01492
time2	0.00818	0.00225	3.63	0.000	0.00376	0.01260
national	0.00365	0.00673	0.54	0.587	−0.00953	0.01684
marriage	−0.00547	0.00351	−1.56	0.120	−0.01235	0.00142
hour	0.01275	0.00691	1.84	0.065	−0.00080	0.02630
dy	0.00038	0.00080	0.47	0.637	−0.00119	0.00194
Government	0.00225	0.00199	1.13	0.259	−0.00165	0.00614
SOEs	−0.00442	0.00277	−1.60	0.110	−0.00984	0.00100

续表

自变量	月工资基尼系数	标准误	Z 统计量值	P > |z|	95% 置信区间	
系数效应						
CEs	− 0.00039	0.00041	− 0.96	0.339	− 0.00118	0.00041
JEs	− 0.00606	0.00194	− 3.12	0.002	− 0.00987	− 0.00225
IEs	− 0.00678	0.00341	− 1.99	0.047	− 0.01347	− 0.00009
PEs	− 0.03051	0.01098	− 2.78	0.005	− 0.05203	− 0.00899
HMTEs	− 0.00068	0.00050	− 1.37	0.171	− 0.00166	0.00030
FOEs	− 0.00627	0.00080	− 7.82	0.000	− 0.00785	− 0.00470
SFJEs	− 0.00206	0.00059	− 3.51	0.000	− 0.00322	− 0.00091
CPOs	0.00023	0.00025	0.89	0.375	− 0.00027	0.00072
other	0.00000	（omitted）	—	—	—	—
No unit	− 0.00018	0.00014	− 1.32	0.187	− 0.00044	0.00009
cons	0.23290	0.02871	8.11	0.000	0.17662	0.28917
合计	− 0.01884	0.00203	− 9.30	0.000	− 0.02282	− 0.01487
交叉效应						
gender	− 0.00044	0.00013	− 3.43	0.001	− 0.00069	− 0.00019
age	0.00071	0.00017	4.21	0.000	0.00038	0.00103
edu	0.02126	0.00144	14.74	0.000	0.01844	0.02409
time	0.00076	0.00024	3.13	0.002	0.00028	0.00124
time2	0.00009	0.00014	0.67	0.506	− 0.00018	0.00036
national	− 0.00010	0.00019	− 0.54	0.588	− 0.00047	0.00027
marriage	0.00018	0.00012	1.52	0.129	− 0.00005	0.00042
hour	0.00107	0.00058	1.84	0.066	− 0.00007	0.00221
dy	− 0.00023	0.00049	− 0.47	0.637	− 0.00118	0.00072
Government	− 0.00131	0.00116	− 1.13	0.259	− 0.00359	0.00097
SOEs	0.00158	0.00099	1.59	0.111	− 0.00036	0.00352
CEs	− 0.00003	0.00004	− 0.68	0.494	− 0.00010	0.00005
JEs	0.00088	0.00032	2.72	0.006	0.00025	0.00152
IEs	− 0.00257	0.00130	− 1.98	0.048	− 0.00512	− 0.00002

续表

自变量	月工资基尼系数	标准误	Z统计量值	P > |z|	95%置信区间	
交叉效应						
PEs	− 0.00162	0.00064	− 2.54	0.011	− 0.00286	− 0.00037
HMTEs	− 0.00059	0.00043	− 1.36	0.173	− 0.00143	0.00026
FOEs	0.00121	0.00031	3.87	0.000	0.00059	0.00182
SFJEs	0.00006	0.00011	0.57	0.569	− 0.00015	0.00028
CPOs	− 0.00005	0.00006	− 0.85	0.397	− 0.00018	0.00007
other	0.00000	(omitted)	—	—	—	—
No unit	− 0.00044	0.00033	− 1.33	0.185	− 0.00108	0.00021
合计	0.02044	0.00140	14.62	0.000	0.01770	0.02318

注：观察样本数量为 68 814 个。表中变量见表 7-1，其中，edu 表示受教育年限，dy 表示党员身份哑变量，dy = 1 表示党员，dy = 0 表示非党员。

数据来源：Stata 统计输出。

在资源禀赋效应中，性别、年龄、教育、外出打工经验、婚姻状况、周工作时间、党员身份等都发挥着显著的作用，使得农村户口流动人口基尼系数低于城镇户口流动人口基尼系数。在回报机制效应中，性别、年龄、教育、外出打工经验等的回报机制，使得农村户口流动人口基尼系数低于城镇户口流动人口基尼系数；在交叉效应中，性别、年龄、教育、外出打工经验等使得农村户口流动人口基尼系数高于城镇户口流动人口基尼系数。

三、实证结论

本章主要研究了农村户口和城市户口流动人口对流动人口收入分配的影响，发现农村户口流动人口的收入分配差距要显著小于城市户口流动人口的收入分配差距。不论是农村户口还是城镇户口流动人口，性别、年龄、教育、外出打工经验等变量均对其收入分配产生了显著性的影响。流动人口中男性劳动者的有序流动会有效降低收入分配差距；流动人口的周工作时间也显著降低了收入分配差距；教育和外出打工经验显著地提高了收入分配差距。在资源禀赋效应中，性别、年龄、教育、外出打工经验、婚姻状况、周工作时间、党员身份等为农村户口流动人口和城镇户口流动人口基尼系数差异的主要来源。在回报机制效应中，性别、年龄、教育、外出打工经验等是农村户口流动人口和城镇户口流动人口基尼系数差异的主要来源。在交叉效应中，性别、年龄、教育、外出打工经验是农村户口流动人口和城镇户口流动人口基尼系数差异的主要来源。

第九章

京津冀地区省际与省内流动人口
工资收入分配及其影响因素分析

在中国经济高速发展和劳动力市场逐步完善的背景下，由于户籍管制的放松，城乡发展的融合，中国劳动力资源配置逐步打破了地域行政壁垒，形成了一场规模空前的人口流动（余运江等，2017）。根据国家统计局《2017 年农民工监测调查报告》，截止到 2017 年底，中国农民工流动人口已达 2.87 亿，而且随着我国区域经济一体化的发展，长江三角洲、珠江三角洲、京津冀等地区在较长时间内已成为人口流入的集中地（王桂新等，2012）。在这场大规模的人口流动中，工资收入发挥着至关重要的调节作用，因此区域经济体中流动人口的工资收入分配问题逐渐成为人们关注的焦点。本章主要关注的问题是，在京津冀一体化政策被提升到国家战略地位背景下，什么因素影响了京津冀地区省际和省内流动人口的工资收入分配，这些因素在多大程度上影响工资收入水平和工资收入基尼系数?[①]

第一节　京津冀地区省际与省内流动
人口工资收入分配文献回顾

关于流动人口工资收入分配影响因素问题，国内外学术界已有很多研究（Knight et al.，1999；Maurer-Fazi，2004；李春玲等，2008；陈维涛等，2012；梁明双，2017；曾永明等，2018），但研究结论不尽相同。例如，毛雷尔和法

---

① 根据 2015 年国家卫生健康委中国流动人口动态监测调查数据的研究成果。参见：袁青川，易定红. 京津冀地区省际与省内流动工资收入分配及其影响因素分析 [J]. 经济经纬，2019（6）：9 – 16.

齐奥（Maurer and Fazio et al.，2004）认为职业隔离、行业隔离是造成流动人口工资收入劣势的首要因素；李春玲等（2008）认为估价性歧视和分配性歧视叠加，严重影响了流动人口的工资收入；更多的学者认为户籍、区域保护制度是影响流动人口工资收入的主要因素（Knight et al.，1999；彭小敏，2012；梁明双等，2017）。可见，影响流动人口工资收入的因素不但包括人力资本等生产性要素，还包括了隔离、歧视、制度等非生产性要素。

随着京津冀一体化政策被提升到国家战略高度，跨行政区划界限的人口流动，以及其是否能够获得与自身生产率禀赋相对应的劳动报酬问题成为人们关注的焦点。但是截止到当前，只有少数学者研究了京津冀地区人口流动问题。其中叶裕民等（2008）初步研究了京津冀地区人口流动的现状，发现京津冀流动人口主要集中在京津地区，河北是京津地区人口流动的重要来源地；张耀军等（2015）的研究表明京津冀地区人口和地理重心向东北方向移动，且经济、社会和自然因素对京津冀三地人口区域分布的影响具有空间异质性（郑贞等，2014）；也有学者认为区域经济差异、政策、迁移距离、户籍制度、就业、医疗、交通等是影响京津冀三地人口流动的主要因素（李培等，2007；张耀军等，2015；李勇军，2017）。聚焦京津冀协同发展、探讨流动人口工资收入分配（王新霞等，2018）的研究更是屈指可数。此外，人口流动明显表现为省内流动和跨省流动，不同人口流动类型劳动者的工资收入分配存在显著差异，如果不区分劳动力人口流动类型，研究结论将具有一定的模糊性。

为有针对性地提出促进京津冀地区劳动力要素合理配置和有序流动的建议，本章主要借助中国流动人口动态监测调查数据，以京津冀地区流动人口为研究对象，探讨省际和省内流动人口工资收入分配状况，以及影响其工资收入分配的因素，并采用 Blnder-Oacaxa 分解方法研究相关禀赋影响流动人口工资收入分配差距的程度。

第二节　京津冀地区省际与省内流动人口
工资收入分配的实证策略

S. 菲尔波（Firpo et al.，2018）通过建立再中心化影响函数（recentered influence function，RIF）和各种统计量之间的对应关系，将所需要的统计量表示成为其他变量的线性投影，进而可以计算所需要考察的变量对相应统计量的影响大小和显著性。本章主要结合 S. 菲尔波（2018）的再中心化影响函数和 Blinder-Oaxaca 分解方法，对流动人口的收入分配及其影响因素进行系统研究（具体见本书第七章）。

第三节　京津冀地区省际与省内流动人口状况分析

一、京津冀三地流动人口变量定义、均值及均值检验

本节的研究采用 2018 年国家卫生健康委中国流动人口动态监测调查数据，选择京津冀地区省际和省内有劳动收入且当前处于就业状态的流动人口为研究对象。

本节选择月工资对数为因变量，自变量主要包括：性别、年龄（岁）、民族、户口、婚姻状况等人口特征变量；打工年限（年）、打工年限的平方、学历等人力资本变量；机关、事业单位、国有企业、国有控股企业、集体企业等不同企业性质类别变量；工作所在的产业即第一产业、第二产业、第三产业为产业类别变量，以及周工作时间（小时）等。具体变量以及变量的含义见表 9-1。研究中的哑变量处理原则为：流动人口在性别分类中，女性为基准比较群体；在民族分类中，汉族之外的其他民族为基准比较群体；在户籍分类中，农业户口流动人口为基准比较群体；在婚姻状况分类中，已婚流动人口为基准比较群体；在教育程度的分类中，小学及小学以下教育程度的流动人口为基准比较群体；在企业性质分类中，机关、事业单位工作的流动人口为基准比较群体；在工作所处产业分类中，第三产业工作的流动人口为基准比较群体。

表 9-1　　　　京津冀三地流动人口变量定义、均值及均值检验

变量名称	变量定义	省际流动均值 - 省内流动均值
lnwage	月工资的对数	-0.301***
demographics	人口特征	
gender	男性 =1，女性 =0	0.0174
age	流动人口的年龄	-1.419***
national	汉族 =1，其他 =0	0.00588
hukou	非农户口 =1，农业户口 =0	-0.111***

续表

变量名称	变量定义	省际流动均值－省内流动均值
married	已婚＝1，未婚＝0	−0.0132 **
hour	周平均工作时间	5.419 ***
Human capital	人力资本	
time	外出打工年限	−2.011 ***
time2	外出打工年限的平方	−42.52 ***
Primary	小学及以下＝1，其他＝0；	−0.0353 ***
Junior	初中学历＝1，其他＝0	0.0165
High	高中学历＝1，其他＝0	0.0713 ***
Junior college	大专学历＝1，其他＝0	0.0143 *
Bachelor	本科学历＝1，其他＝0	−0.0520 ***
Postgraduate	研究生学历＝1，其他＝0	−0.0116 ***
Enterprise nature	企业性质	
Government	机关、事业单位＝1，其他＝0；	0.0125 ***
SOEs	国有及国有控股企业＝1，其他＝0	−0.0274 ***
CES	集体企业＝1，其他＝0	−0.00281
JEs	股份制/联营企业＝1，其他＝0	−0.0170 ***
IEs	个体工商户＝1，其他＝0	0.0677 ***
PEs	私营企业＝1，其他＝0	−0.0252 **
HMTEs	港澳台独资企业＝1，其他＝0	0.0125 ***
FOEs	外商独资企业＝1，其他＝0	−0.0167 ***
SFJEs	中外合资企业＝1，其他＝0	−0.0147 ***
CPOs	社团/民办组织＝1，其他＝0	−0.000133
other	其明确单位性质＝1，有明确单位性质＝0	−0.00506
No unit	无单位＝1，有单位＝0	0.0213 ***
Industry	产业	
Industry_1	第一产业＝1，其他＝0	−0.00258
Industry_2	第二产业＝1，其他＝0	−0.0502 ***
Industry_3	第三产业＝1，其他＝0	0.0492 ***

注：＊、＊＊、＊＊＊分别表示在1%、5%、10%的水平上显著。
数据来源：Stata 统计输出。

在调查样本中，省际流动人口和省内流动人口在月工资对数、性别、年龄、婚姻状况、工作时间、学历、企业性质、工作所在的产业等方面均存在着显著差异（具体见表9-1），这些因素也会进一步影响流动后的工资收入分配。所以，为研究京津冀省际和省内流动人口的工资收入分配，还必须考虑流动人口的群体性因素。

二、京津冀三地流动人口特征分布

表9-2显示了京津冀地区流动人口的特征分布情况。在省际流动方面，北京市省际流动人口月工资对数均值最高，为8.504；河北省省际流动人口月工资对数均值最低，为8.141，省内流动人口月工资对数均值只有8.042，这说明人口省际流动的劳动收入回报普遍高于省内流动，且在京津地区的省际流动人口获得的收入回报具有明显的优势。在户口方面，河北省流动的农业户口人数比重最高，省际流动人口的农业户口比例达到85.6%，省内流动人口的农业户口比例为86.8%，北京农业户口省际流动人口比重最低，为66.7%。河北省外来劳动力周工作时间相对较长，达到60.265小时，北京市的省际流动人口周工作时间只有48.909小时，说明北京市加班时间较短；在外出打工年限方面，北京市省际流动人口平均外出打工年限最长，达到8.674年。在各个阶段学历教育状况方面，在大专和本科学历层次上，北京外来劳动人口所占比重相对河北与天津地区明显偏高；天津与河北省际流动人口分别在小学、初中等较低教育阶段占比相对较大。总体来讲，流动人口主要流入的行业为第三产业，其中北京流动人口进入第三产业的比例最高，达到67.4%（具体见表9-2）。

表9-2　　　　　　京津冀三地流动人口的特征变量分布情况

变量名称	河北省际流动人口	河北省内流动人口	北京省际流动人口	天津省际流动人口
lnwage	8.141	8.042	8.504	8.209
gender	0.578	0.527	0.494	0.503
age	38.327	35.492	36.398	36.996
national	0.942	0.956	0.949	0.954
hukou	0.144	0.132	0.333	0.167

续表

变量名称	河北省际流动人口	河北省内流动人口	北京省际流动人口	天津省际流动人口
married	0.967	0.95	0.949	0.978
hour	60.265	58.212	48.909	54.937
time	6.216	6.332	8.674	8.808
time2	67.494	68.479	116.708	121.903
Primary	0.189	0.076	0.065	0.140
Junior	0.532	0.437	0.332	0.492
High	0.166	0.268	0.214	0.187
Junior college	0.055	0.135	0.154	0.104
Bachelor	0.034	0.068	0.194	0.057
Postgraduate	0.005	0.006	0.031	0.004
Government	0.013	0.039	0.037	0.018
SOEs	0.011	0.026	0.070	0.049
CES	0.004	0.011	0.013	0.017
JEs	0.033	0.031	0.068	0.027
IEs	0.34	0.344	0.238	0.300
PEs	0.285	0.276	0.341	0.256
HMTEs	0.002	0.017	0.006	0.004
FOEs	0.001	0.001	0.018	0.024
SFJEs	0.003	0.002	0.022	0.016
CPOs	0.001	0.002	0.003	0.002
Other	0.013	0.014	0.016	0.025
No unit	0.175	0.105	0.049	0.091
Industry_2	0.361	0.248	0.224	0.376
Industry_3	0.560	0.646	0.674	0.508

数据来源：2018 年国家卫生健康委中国流动人口动态监测调查数据。

第四节　京津冀地区流动人口工资收入
分配影响因素实证结果

一、京津冀地区省际流动人口平均工资收入的影响因素实证结果

分别以北京、天津、河北省的省际流动人口月工资对数为因变量，采用 OLS 方法与相关影响因素进行回归分析，估计结果如表 9 – 3 所示。京津冀地区省际流动人口中，男性工资普遍比女性工资高，其中天津市男性省际流动人口相对于女性具有 33.9% 的工资优势，河北省男性流动人口工资优势是 23.1%，北京市男性流动人口工资优势为 25.6%。这说明河北省和北京市女性省际流动人口性别工资劣势相对较小，天津市女性省际流动人口的性别工资劣势较大；虽然省际流动人口在北京地区、河北和天津地区均具有明显的年龄工资劣势，尤其是北京市省际流动人口的年龄劣势为：年龄每增加一年，月工资将下降0.4%；北京市和天津市省际流动人口的打工经验回报情况符合一般的经验回报规律，即随着打工年限的增加，劳动者的工资收入回报先增加后减少，而河北省省际流动人口的打工经验对工资收入没有明显的影响；在人力资本投资回报方面，北京市流动人口具有明显的回报优势，尤其是研究生学历省际流动人口的工资高出小学及以下学历人群 101.6%，在河北省，相同教育群体的省际流动人口工资高出小学及以下学历人群的 63.06%，天津市相同教育群体省际流动人口的工资高出小学及以下学历人群的 64.5%，说明北京市人力资本投资回报率最高，其次是天津市，河北省劳动力市场对外来劳动力的人力资本回报率相对较低。

表 9 – 3　　　京津冀地区省际流动人口平均工资收入的影响因素实证结果

自变量	因变量（lnwage）		
	北京市省际流动	天津市省际流动	河北省省际流动
gender	0.256 *** （0.016）	0.339 *** （0.018）	0.231 *** （0.025）

自变量	因变量（lnwage）		
	北京市省际流动	天津市省际流动	河北省省际流动
age	-0.004 *** (0.001)	-0.003 ** (0.001)	-0.003 ** (0.001)
national	-0.067 * (0.036)	0.007 (0.043)	0.054 (0.054)
hukou	0.059 (0.036)	0.126 (0.078)	0.134 (0.123)
married	0.075 (0.048)	0.192 ** (0.096)	0.139 (0.138)
hour	-0.000 (0.001)	0.001 ** (0.000)	-0.000 (0.001)
time	0.019 *** (0.004)	0.010 ** (0.004)	0.009 (0.007)
time2	-0.001 *** (0.000)	-0.000 * (0.000)	-0.000 (0.000)
Primary	0.090 (0.079)	0.378 *** (0.077)	0.084 (0.094)
Junior	0.271 *** (0.077)	0.476 *** (0.075)	0.184 ** (0.093)
High	0.394 *** (0.078)	0.573 *** (0.078)	0.280 *** (0.097)
Junior_college	0.625 *** (0.080)	0.659 *** (0.082)	0.309 *** (0.110)
Bachelor	0.895 *** (0.081)	0.767 *** (0.091)	0.624 *** (0.130)
Postgraduate	1.016 *** (0.108)	0.645 *** (0.239)	0.636 * (0.362)
SOEs	0.030 (0.047)	0.112 (0.071)	-0.162 (0.217)

续表

自变量	因变量（lnwage）		
	北京市省际流动	天津市省际流动	河北省省际流动
CES	− 0.107 （0.069）	0.331 *** （0.084）	0.319 （0.233）
JEs	0.225 *** （0.047）	0.218 *** （0.080）	− 0.224 （0.157）
IEs	0.240 *** （0.040）	0.265 *** （0.062）	− 0.169 （0.145）
PEs	0.232 *** （0.039）	0.201 *** （0.063）	− 0.147 （0.145）
HMTEs	0.305 *** （0.101）	0.300 ** （0.148）	− 0.242 （0.283）
FOEs	0.222 *** （0.077）	0.256 *** （0.081）	− 0.537 （0.505）
SFJEs	0.130 ** （0.064）	0.111 （0.087）	− 0.382 （0.262）
CPOs	− 0.159 （0.177）	− 0.060 （0.232）	− 0.306 （0.316）
other	0.100 （0.067）	0.044 （0.077）	− 0.260 （0.175）
No_unit	0.101 ** （0.048）	0.167 ** （0.066）	− 0.371 ** （0.146）
industry2	0.229 *** （0.074）	0.023 （0.074）	− 1.193 *** （0.343）
industry3	0.173 ** （0.073）	− 0.043 （0.074）	− 1.261 *** （0.343）
Constant	7.492 *** （0.134）	7.081 *** （0.161）	9.155 *** （0.412）
Observations	4 194	3 441	1 617
R-squared	0.257	0.162	0.144

注：括号内的数值表示标准差，* 、** 、*** 分别表示在1%、5%、10%的水平上显著。
数据来源：Stata 统计输出。

省际流动人口在北京市第二产业和第三产业工作具有明显的工资优势，他们的工资在第二产业、第三产业分别比在第一产业工资高 22.9% 和 17.3%。然而在河北省的省际流动人口从事第二产业和第三产业工作具有明显的工资劣势，省际流动人口在天津市的三个产业工作回报没有显著差别。

二、京津冀地区省际流动人口工资收入基尼系数影响因素实证结果

分别以京津冀地区省际流动人口的月工资收入对数计算基尼系数，采用 RIF-OLS 回归估计结果见表 9 - 4。流动人口的性别比例对京津冀三地流动人口基尼系数的影响明显不同，其中北京、天津、河北地区的男性省际流动人口可以有效降低当地流动人口的基尼系数，这说明男性省际流动人口的收入分配相对于女性更加平均；在京津冀地区，省际流动人口年龄的增加会提高当地流动人口基尼系数，省际流动人口增加了当地流动人口的收入分配差距。从实证结果可以看出，北京市和天津市省际流动人口随着学历的提高，基尼系数在不断增加，高学历显著提高了省际流动人口的工资收入差距，然而河北省省际流动人口基尼系数并没有因为学历变化而出现明显变化。

表 9 - 4　　　京津冀各地区的省际流动人口工资收入基尼系数影响因素实证结果

自变量	因变量（gini）		
	北京市省际流动	天津市省际流动	河北省省际流动
gender	- 0. 002 ** (0. 001)	- 0. 004 *** (0. 001)	- 0. 004 ** (0. 002)
age	0. 000 *** (0. 000)	0. 000 ** (0. 000)	0. 000 ** (0. 000)
national	0. 003 (0. 002)	- 0. 002 (0. 003)	- 0. 005 (0. 003)
hukou	0. 000 (0. 002)	- 0. 000 (0. 005)	- 0. 003 (0. 008)
married	- 0. 002 (0. 003)	0. 004 (0. 006)	0. 007 (0. 009)
hour	0. 000 (0. 000)	0. 000 * (0. 000)	- 0. 000 (0. 000)

自变量	因变量（gini）		
	北京市省际流动	天津市省际流动	河北省省际流动
time	0.000 (0.000)	0.001 *** (0.000)	0.001 * (0.000)
time2	0.000 (0.000)	− 0.000 *** (0.000)	− 0.000 (0.000)
Primary	− 0.012 *** (0.005)	− 0.031 *** (0.005)	0.000 (0.006)
Junior	− 0.022 *** (0.004)	− 0.033 *** (0.005)	− 0.004 (0.006)
High	− 0.022 *** (0.005)	− 0.030 *** (0.005)	− 0.001 (0.006)
Junior_college	− 0.019 *** (0.005)	− 0.026 *** (0.005)	− 0.003 (0.007)
Bachelor	− 0.015 *** (0.005)	− 0.026 *** (0.006)	0.025 *** (0.008)
Postgraduate	− 0.007 (0.006)	− 0.029 * (0.015)	0.017 (0.023)
SOEs	0.005 * (0.003)	− 0.011 ** (0.005)	− 0.004 (0.013)
CES	0.009 ** (0.004)	− 0.005 (0.005)	0.030 ** (0.014)
JEs	0.005 * (0.003)	− 0.012 ** (0.005)	− 0.003 (0.010)
IEs	0.007 *** (0.002)	0.004 (0.004)	0.011 (0.009)
PEs	0.002 (0.002)	− 0.008 * (0.004)	0.003 (0.009)
HMTEs	− 0.002 (0.006)	− 0.005 (0.009)	− 0.012 (0.018)
FOEs	0.009 ** (0.004)	− 0.010 ** (0.005)	0.015 (0.031)

自变量	因变量（gini）		
	北京市省际流动	天津市省际流动	河北省省际流动
SFJEs	−0.002 (0.004)	−0.001 (0.006)	−0.000 (0.016)
CPOs	−0.008 (0.010)	−0.009 (0.015)	−0.006 (0.020)
other	0.016*** (0.004)	−0.002 (0.005)	0.005 (0.011)
No_unit	0.010*** (0.003)	0.001 (0.004)	0.010 (0.009)
industry2	−0.020*** (0.004)	0.002 (0.005)	−0.062*** (0.021)
industry3	−0.016*** (0.004)	0.004 (0.005)	−0.055** (0.021)
Constant	0.060*** (0.008)	0.051*** (0.010)	0.079*** (0.026)
Observations	4 194	3 441	1 617
R-squared	0.056	0.082	0.077

注：括号内的数值表示标准差，*、**、*** 分别表示在 1%、5%、10% 的水平上显著。
数据来源：Stata 统计输出。

三、京津冀地区省际与省内流动人口收入分配影响因素分解实证结果

为进一步研究省际和省内流动对流动人口收入产生的影响，以京津冀流动人口中有工资收入的劳动者为样本，在基于明瑟方程最小二乘法回归估计基础之上进行 Blnder-Oacaxa 分解。分解结果显示省际流动人口、省内流动人口平均月工资对数分别为 8.264、8.029，两群体工资差距为 0.236（见表 9-5）。根据对省内和省际流动人口的描述性统计（见表 9-1）可以发现，省内和省际流动人口具有明显的群体特征，这些群体特征将省内和省际流动人口的劳动收入部分合理化，使得由于群体禀赋不同导致的劳动收入差异可以被解释。但从下面的实证结果可以发现，在两个群体的劳动收入差距中可以解释的部分为

0.011，不可解释部分为 -0.232，这表明省内流动和省际流动人口的劳动收入差距主要是由于流动的范围不同。

表 9 - 5　　　　省际和省内流动人口月工资对数的影响因素实证结果

分解变量	工资对数	标准误	Z 统计量值	P > |z|	95% 置信区间	
省内	8.02871	0.01089	736.95	0.000	8.00736	8.05006
省际	8.26421	0.00584	1 414.41	0.000	8.25276	8.27566
省内 - 省际	- 0.23550	0.01236	- 19.05	0.000	- 0.25973	- 0.21127
禀赋效应	0.01097	0.00648	1.69	0.091	- 0.00174	0.02368
系数效应	- 0.23220	0.01446	- 16.06	0.000	- 0.26054	- 0.20386
交叉效应	- 0.01427	0.00982	- 1.45	0.146	- 0.03353	0.00498
禀赋效应						
demographics	0.00338	0.00359	0.94	0.346	- 0.00366	0.01042
hour	- 0.00031	0.00136	- 0.23	0.820	- 0.00298	0.00236
cappital	0.00324	0.00475	0.68	0.496	- 0.00608	0.01255
enterprisetype	0.00655	0.00246	2.66	0.008	0.00173	0.01138
industry	- 0.00189	0.00083	- 2.27	0.023	- 0.00352	- 0.00026
总体	0.01097	0.00648	1.69	0.091	- 0.00174	0.02368
系数效应						
demographics	- 0.03587	0.18189	- 0.20	0.844	- 0.39237	0.32064
hour	0.05635	0.04131	1.36	0.173	- 0.02461	0.13731
cappital	- 0.09494	0.12678	- 0.75	0.454	- 0.34342	0.15354
enterprisetype	- 0.09891	0.06861	- 1.44	0.149	- 0.23338	0.03557
industry	- 0.03438	0.13665	- 0.25	0.801	- 0.30221	0.23344
cons	- 0.02445	0.27138	- 0.09	0.928	- 0.55635	0.50746
总体	- 0.23220	0.01446	- 16.06	0.000	- 0.26054	- 0.20386
交叉效应						
demographics	- 0.00350	0.00458	- 0.76	0.445	- 0.01247	0.00547
hour	0.00442	0.00327	1.35	0.176	- 0.00198	0.01083
cappital	0.00656	0.00624	1.05	0.293	- 0.00566	0.01879

续表

分解变量	工资对数	标准误	Z统计量值	P > |z|	95%置信区间	
交叉效应						
enterprisetype	-0.02204	0.00633	-3.48	0.000	-0.03445	-0.00964
industry	0.00028	0.00179	0.16	0.874	-0.00322	0.00379
总体	-0.01427	0.00982	-1.45	0.146	-0.03353	0.00498

注：观测值基于 11 416 个样本。Demographics 包含指标：gender、age、national、residence、marriage；Human capital 包含指标：exp、exp^2、Primary、Junior、High、Junior college、Bachelor、Postgraduate；Enterprise nature 包含指标：SOEs、CES、JEs、IEs、PEs、HMTEs、FOEs、SFJEs、CPOs、Other、No unit；Industry 包含指标：Industry_1、Industry_2、Industry_3。

数据来源：Stata 统计输出。

具体而言，省内和省际流动人口劳动收入差异，主要是人口特征和人力资本特征等不同引起的，即使省内流动人口工作时间较短，但由于在人口特征、人力资本特征等方面的资源禀赋优势效应，省内流动人口的工资高于省际流动人口。

在不可解释部分，省际流动人口在人口特征、人力资本、企业性质等方面具有明显的回报优势，即省际流动人口工资的不可解释部分很大程度上是由于省际流动的人力资本回报率以及进入回报丰厚的企业单位工作而形成的。

根据省际和省内流动人口基于月工资对数测算的基尼系数的影响因素实证结果（见表9-6），京津冀地区省内流动人口工资收入基尼系数为0.03778，省际流动人口工资收入基尼系数为0.03709，二者基尼系数差距为0.00068，说明省际流动人口工资收入基尼系数明显低于省内流动人口。其中可以解释部分是-0.00064，且这种差异非常显著，不可解释部分是0.00108，差异并不显著，说明省内流动人口基尼系数与省际流动人口基尼系数差别并非由流动方式的差异引起，而是资源禀赋差异造成的。具体而言，省际和省内流动人口的基尼系数差异中可解释部分主要是人口特征、人力资本等，省际流动人口的人力资本优势、人口特征优势提高了其基尼系数。

表 9 - 6　　　　省际和省内流动人口基于月工资对数测算的
基尼系数影响因素分解结果

分解变量	基于月工资对数测算的基尼系数	标准误	Z 统计量值	P > | z |	95% 置信区间	
省内	0.03778	0.00075	50.62	0.000	0.03632	0.03924
省际	0.03709	0.00033	112.15	0.000	0.03644	0.03774
省内 - 省际	0.00068	0.00082	0.84	0.401	- 0.00091	0.00229
禀赋效应	- 0.00064	0.00027	- 2.38	0.017	- 0.00117	- 0.00011
系数效应	0.00108	0.00100	1.08	0.282	- 0.00089	0.00304
交叉效应	0.00025	0.00068	0.36	0.715	- 0.00108	0.00158
Endowments						
demographics	- 0.00030	0.00009	- 3.34	0.001	- 0.00047	- 0.00012
hour	0.00007	0.00008	0.81	0.416	- 0.00010	0.00023
cappital	- 0.00116	0.00020	- 5.76	0.000	- 0.00155	- 0.00076
enterprisetype	0.00054	0.00016	3.44	0.001	0.00023	0.00084
industry	0.00021	0.00006	3.38	0.001	0.00009	0.00033
总体	- 0.00064	0.00027	- 2.38	0.017	- 0.00117	- 0.00011
Coefficients						
demographics	- 0.00014	0.01271	- 0.01	0.991	- 0.02505	0.02477
hour	0.00175	0.00285	0.62	0.538	- 0.00383	0.00734
cappital	- 0.00266	0.00879	- 0.30	0.763	- 0.01989	0.01457
enterprisetype	- 0.00244	0.00472	- 0.52	0.605	- 0.01168	0.00680
industry	- 0.00691	0.00948	- 0.73	0.466	- 0.02549	0.01167
cons	0.01147	0.01888	0.61	0.543	- 0.02553	0.04847
总体	0.00108	0.00100	1.08	0.282	- 0.00089	0.00304
Interaction						
demographics	- 0.00008	0.00033	- 0.23	0.819	- 0.00072	0.00057
hour	0.00014	0.00022	0.61	0.539	- 0.00030	0.00058
cappital	0.00058	0.00043	1.35	0.176	- 0.00026	0.00142
enterprisetype	- 0.00037	0.00043	- 0.87	0.385	- 0.00121	0.00047

分解变量	基于月工资对数测算的基尼系数	标准误	Z统计量值	P > |z|	95% 置信区间	
Interaction						
industry	− 0.00002	0.00012	− 0.18	0.856	− 0.00027	0.00022
总体	0.00025	0.00068	0.36	0.715	− 0.00108	0.00158

注：观测值基于 11 416 个样本。Demographics 包含指标：gender、age、national、residence、marriage；Human capital 包含指标：exp、exp^2、Primary、Junior、High、Junior college、Bachelor、Postgraduate；Enterprise nature 包含指标：SOEs、CES、JEs、IEs、PEs、HMTEs、FOEs、SFJEs、CPOs、Other、No unit；Industry 包含指标：Industry_1、Industry_2、Industry_3。

数据来源：Stata 统计输出。

第五节 京津冀地区流动人口工资收入分配及其影响因素的研究结论与建议

本章基于 2018 年国家卫生健康委中国流动人口动态监测调查数据，研究了京津冀地区人口流动工资收入，以及省际和省内流动人口的工资收入分配影响因素等，主要的研究结论和建议如下。

首先，京津冀地区的人口流动尚属城镇化过程中的农民工劳动力转移。通过描述性统计可以发现，京津冀地区流动人口以及三地流动人口的基尼系数均明显较低，这主要与劳动者群体特征有很大关系：流动群体中多半属于农村户口，学历层次较低，说明目前人口流动尚属城镇化过程中的农民工劳动力转移，以提高工作匹配质量为目的的劳动力流动还未形成规模。若要提高京津冀地区的经济发展水平，必须采取积极的就业培训政策，加强劳动力信息中介服务建设，提高跨省和省内以就业匹配为目的的人口流动。

其次，北京市流动人口生产率禀赋回报最高，且可以有效降低流动人口收入分配差距。在学历投资回报方面，北京市流动人口的高学历人力资本投资回报率最高，河北省、天津市相对较低；这说明北京劳动力市场具有较强的流动性，劳动力生产率禀赋可以得到较为公正的估价，这也是北京地区成为主要人口流入地的重要原因。若要实现京津冀地区人口有序流动，必须消除三地间人口流动的行政障碍，完善当地劳动力市场，减弱非市场要素对工资收入分配的影响。

第十章

基于行业的流动人口
性别工资差距研究

第一节 基于行业的流动人口性别工资水平差异研究

一、数据来源、实证策略及变量选择

（一）实证策略

1. 工资方程

采用明瑟收入方程（mincer income equation）估计流动人口工资，其简易方程形式为：

$$\ln W = \beta_0 + \beta_1 edu + \beta_2 time + \beta_3 time^2 + \gamma Z + \varepsilon \qquad (10-1)$$

$\ln W$ 为流动人口月工资水平的对数形式，edu 为流动人口的受教育年限，time 为流动人口外出打工年限，Z 为影响流动人口工资收入的其他因素，ε 为服从正态分布的随机扰动项，通过普通最小二乘法得到待估计系数。

2. Mlogistic 模型

采用 Mlogistic 模型估计流动人口进入不同行业中的概率，为此假设

$$U_{ij} = = X_i' \beta_j + \varepsilon_{ij} \qquad (10-2)$$

其中，U_{ij} 表示流动人口 i 进入 j 行业的效用，其中 ε_{ij} 服从以下分布：

$$F(\varepsilon_i) = \exp(-\exp^{-\varepsilon_i})$$

$$f(\varepsilon_i) = \exp(-\varepsilon_i - \exp^{-\varepsilon_i}) \qquad (10-3)$$

如果流动人口 i 进入 j 行业，而没有进入其他行业，则意味着其进入 j 行

业获得的效用水平大于其到除 j 行业之外的其他任何一个行业 k 获得的效用水平，因此：

$$U_{ij} > U_{ik}, \quad \forall i \neq k \tag{10-4}$$

结合式（10-2）、式（10-3）和式（10-4），则：

$$
\begin{aligned}
Pr(y_i = j) &= Pr(U_{ij} > U_{ik}, \quad \forall i \neq k) \\
&= Pr(\varepsilon_{ik} - \varepsilon_{ij}, \leq X'_i\beta_j - X'_i\beta_k \quad \forall i \neq k) \\
&= \int_{-\infty}^{\infty} \prod_{i \neq k} F(\varepsilon_{ij} + X'_i\beta_j - X'_i\beta_k) f(\varepsilon_{ij}) d\varepsilon_{ij} \\
&= \int_{-\infty}^{\infty} \prod_{i \neq k} \exp(-e^{-\varepsilon_{ij} - X'_i\beta_j + X'_i\beta_k}) \exp(-\varepsilon_{ij} - e^{-\varepsilon_{ij}}) \\
&= \int_{-\infty}^{\infty} \exp(-\varepsilon_{ij}) \prod_{i \neq k} \exp(-e^{-\varepsilon_{ij}} - e^{-\varepsilon_{ij} - X'_i\beta_j + X'_i\beta_k}) \\
&= \int_{-\infty}^{\infty} \exp(-\varepsilon_{ij}) \prod_{i \neq k} \exp[-e^{-\varepsilon_{ij}}(1 + e^{-\varepsilon_{ij} - X'_i\beta_j + X'_i\beta_k})] \\
&= \int_{-\infty}^{\infty} \exp[-\varepsilon_{ij} - e^{-\varepsilon_{ij}}(1 + e^{-\varepsilon_{ij} - X'_i\beta_j + X'_i\beta_k})] \\
&= \int_{-\infty}^{\infty} \exp\left[-\varepsilon_{ij} - e^{-\varepsilon_{ij}}\left(1 + \sum_{k \neq j} \frac{e^{X'_i\beta_k}}{e^{X'_i\beta_j}}\right)\right] \tag{10-5}
\end{aligned}
$$

令 $\lambda_j = \log\left(1 + \sum_{k \neq j} \dfrac{e^{X'_i\beta_k}}{e^{X'_i\beta_j}}\right) = \log\left(\sum_{k} \dfrac{e^{X'_i\beta_k}}{e^{X'_i\beta_j}}\right)$

那么：

$$
\int_{-\infty}^{\infty} \exp[-\varepsilon_{ij} - e^{-(\varepsilon_{ij} - \lambda_j)}] = \exp(-\lambda_j) \int_{-\infty}^{\infty} \exp(-\varepsilon_{ij}^* - e^{-\varepsilon_{ij}^*}) d\varepsilon_{ij}^*
\tag{10-6}
$$

其中，$\varepsilon_{ij}^* = \varepsilon_{ij} - \lambda_j$

因此，

$$
\exp(-\lambda_j) \int_{-\infty}^{\infty} \exp(-\varepsilon_{ij}^* - e^{-\varepsilon_{ij}^*}) d\varepsilon_{ij}^* = \exp(-\lambda_j) = \frac{e^{X'_i\beta_j}}{\sum\limits_{k=1}^{m} e^{X'_i\beta_k}}
\tag{10-7}
$$

采用 Multinomial Logit 模型估计样本个体进入不同行业的概率，以行业类别为因变量，收入水平最低的农林牧渔业作为基准组，选取年龄、受教育年限、外出打工年限、外出打工年限的平方等变量作为影响行业进入的关键变量。i 表示男性、女性个体，j 代表各个行业，X 表示影响就业者行业准入的一组相关变量，β 代表相应解释变量的待估系数。

3. Brown 分解方程

利用 R. 布朗等（Brown R. et al.，1980）基于分割视角下的流动人口性别工资差异分解方法，进一步探讨流动人口性别工资差距的具体来源。在劳动力市场存在多种行业的现实下，流动人口劳动者工资的期望值等于进入各行业的概率和进入该行业后平均工资乘积的总和，如式（10－8）所示。其中，下标 m 代表男性，f 代表女性，j 则代表不同的行业；W_m、W_f 分别代表男女双方工资的期望值；P_j^m、P_j^f 分别代表男性和女性的进入各行业就业概率矩阵；W_j^m、W_j^f 分别代表男性和女性的各行业工资均值矩阵：

$$W_m - W_f = \sum (P_j^m W_j^m - P_j^f W_j^f)$$
$$= \sum P_j^f (W_j^m - W_j^f) + \sum W_j^m (P_j^m - P_j^f) \quad (10-8)$$

对式（10－8）的左半部分进行分解，得到式（10－9）。其中，β_j^m、β_j^f 分别代表各行业男性和女性的流动人口劳动者工资方程系数矩阵，该系数矩阵通过明瑟方程回归得到；X_j^m、X_j^f 分别代表各行业男性和女性的个体特征均值矩阵：

$$\sum P_j^f (W_j^m - W_j^f) = \sum P_j^f (X_j^m \beta_j^m - X_j^f \beta_j^f)$$
$$= \sum P_j^f (X_j^m - X_j^f) \beta_j^m + \sum P_j^f X_j^f (\beta_j^m - \beta_j^f) \quad (10-9)$$

对式（10－9）的右半部分进行分解，得到式（10－11）。其中，$\hat{P}_j^f$ 代表女性获得和男性相同的就业待遇而在各行业的分布概率矩阵，由 Multinomial logit 模型回归获得。

$$\sum W_j^m (P_j^m - P_j^f) = \sum W_j^m (P_j^m - \hat{P}_j^f) + \sum W_j^m (\hat{P}_j^f - P_j^f) \quad (10-10)$$

把式（10－9）和式（10－10）代入式（10－8）中可以得到式（10－11）：

$$W_j^m - W_j^f = \sum P_j^f (X_j^m - X_j^f) \beta_j^m + \sum P_j^f X_j^f (\beta_j^m - \beta_j^f)$$
$$+ \sum W_j^m (P_j^m - \hat{P}_j^f) + \sum W_j^m (\hat{P}_j^f - P_j^f) \quad (10-11)$$

如式（10－11）所示，流动人口的男性和女性工资差距可以进一步分解成四项：第一项表示行业内不同性别流动人口的资源禀赋效应造成的工资差异，第二项表示行业内不同性别流动人口的回报机制效应造成的工资差异，第三项表示行业间资源禀赋效应造成的流动人口的性别工资差异，第四项表示行业间回报机制效应造成的流动人口的性别工资差异。第一项和第三项之和为合理的部分，第二项和第四项之和为不合理的部分。而分解结果往往与研究选取的行业个数相关，如果选择行业的个数较少，通常会降低行业间部分对总的性别工资差异的影响。

（二）数据、变量及描述

本章采用 2018 年国家卫生健康委中国流动人口动态监测调查数据，选择男性和女性样本中有劳动收入，并且就业身份为有固定雇主的雇员为研究对象，最终筛选出有效样本数量为 69 096 个，其中男性样本 31 482 个，女性样本 37 614 个。选择月工资对数为因变量，自变量主要包括：年龄（岁）、民族、户口类型、婚姻状况、周工作时间、党员身份等人口特征变量，受教育年限、打工年限（年）、打工年限的平方等人力资本变量，机关事业单位、国有及国有控股企业、集体企业、股份制/联营企业等一系列不同企业性质虚拟变量。详细变量名称以及变量含义见表 10-1。在调查样本中，男性劳动力和女性劳动力在月工资对数、年龄、民族、户口类型、婚姻状况、周工作时间、党员身份、企业性质等方面均存在着显著的差异，这些差异会进一步影响行业准入机会和就业工资待遇，为研究行业分割视角下的性别工资差异，还必须考虑流动人口的群体性因素。值得注意的是，男性和女性劳动力在受教育年限方面不存在显著差异，说明男女受教育程度总体相差不大，这很大程度得益于我国的义务教育政策的普及。

表 10-1　　　　　　　　男女劳动力变量定义、均值及均值检验

变量名称	变量定义	总体均值	女性样本均值	男性样本均值	均值差异
lnwage	月工资的对数	8.2953	8.1292	8.4377	-0.3084 ***
demographics	人口特征				
age	年龄	33.1505	34.1996	31.9231	-2.2765 ***
national	汉族 =1，其他 =0	0.9148	0.9100	0.9188	-0.0088 ***
hukou	城市户口 =1，农村户口 =0	0.3546	0.3616	0.3487	0.0129 ***
married	已婚 =1，未婚 =0	0.7125	0.7009	0.7224	-0.0215 ***
hour	周工作时间	52.5588	50.9255	53.9548	-3.0293 ***
dy	党员 =1，非党员 =0	0.0674	0.0570	0.0764	-0.0194 ***

续表

变量名称	变量定义	总体均值	女性样本均值	男性样本均值	均值差异
human capital	人力资本				
edu_y	受教育程度	11.3112	11.3178	11.3055	0.0123
time	外出打工年限	5.1227	4.9114	5.3034	−0.3920 ***
time2	外出打工年限的平方	53.7380	48.4178	58.2854	−9.8677 ***
enterprise nature	企业性质				
Government	机关事业单位=1，其他=0	0.0507	0.0620	0.0411	0.0210 ***
SOEs	国有及国有控股企业=1，其他=0	0.0895	0.0616	0.1133	−0.0517 ***
CEs	集体企业=1，其他=0	0.0152	0.0139	0.0163	−0.0024 **
JEs	股份制/联营企业=1，其他=0	0.0737	0.0711	0.0759	−0.0048 **
IEs	个体工商户=1，其他=0	0.1796	0.2098	0.1537	0.0562 ***
PEs	私营企业=1，其他=0	0.4890	0.4718	0.5037	−0.0319 ***
HMTEs	港澳台独资企业=1，其他=0	0.0292	0.0314	0.0273	0.0041 ***
FOEs	外商独资企业=1，其他=0	0.0268	0.0265	0.0270	−0.0005
SFJEs	中外合资企业=1，其他=0	0.0218	0.0235	0.0203	0.0032 ***
EPOs	社团/民办组织=1，其他=0	0.0068	0.0112	0.0030	0.0083 ***
other	其他企业性质单位=1，其他=0	0.0084	0.0089	0.0079	0.0009
no_unit	无单位=1，其他=0	0.0094	0.0081	0.0105	−0.0024 ***

注：*、**、*** 分别表示在1%、5%、10%的水平上显著；均值差异=女性样本均值－男性样本均值。

行业划分标准将直接对 Brown 分解的结果产生影响。学者们在研究行业隔离视角下的性别工资差异时，选取的行业划分标准存在着较大差异。本章综合考虑行业性质、行业内就业人数分布和行业内工资待遇等因素后，参考罗俊峰（2017）的行业划分标准，将数据库中的 21 类行业划分为 6 大类行业，分别为：农林牧渔业、制造业、传统行业、低薪低知服务业、高薪高知服务业和公益性服务业。其中，农林牧渔业只包括农林牧渔业；制造业只包括制造业；传统行业包括：采矿，电煤水热生产供应，建筑，水利环境和公共设施管理 4 类行业；低知低薪服务业包括：批发零售，交通运输、仓储和邮政，住宿餐饮，居民服务、修理和其他服务业 4 类行业；高知高薪服务业包括：信息传输、软件和信息技术服务，金融，房地产，租赁和商务服务，科研和技术服务，文体和娱乐 6 类行业；公益性服务业包括：公共管理、社会保障和社会组织，国际组织，卫生，社会工作，教育 5 类行业。

　　男性和女性流动人口分行业就业分布比例差异、性别工资差异及平均受教育年限差异见表 10 - 2。从就业分布比例来看，样本中的男性和女性流动人口主要在制造业和低知低薪服务业就业，二者之和的比重均超过了 60%；此外，相比男性就业行业分布而言，女性流动人口就业更偏重于低知低薪服务业，这些行业的就业占比达到了 41.62%；从流动人口从事行业的分布差异来看，男性和女性流动人口在传统行业、低知低薪服务业和公益性服务业中就业概率的差别最大，二者的就业比例差距分别为 10.31%、9.12% 和 9.08%。从不同行业男性和女性流动人口月工资对数来看，无论在任何行业，男性流动人口的平均工资水平均高于女性；从两个群体的平均受教育程度来看，男性和女性流动人口的平均受教育年限都相对较低，均低于高中教育水平；其中，农林牧渔业、制造业和低知低薪服务业的男性流动人口从业者教育水平高于女性；而在相对高层次的行业中，女性流动人口的受教育水平高于男性，例如高知高薪服务业和公益性服务业，然而，虽然在这些行业中女性的受教育水平高于男性，但是女性并没有因此而获得高于男性的工资水平，这在一定程度上可以说明劳动力市场上针对流动人口的性别歧视是真实存在的。下面主要围绕造成男性和女性流动人口工资差异的行业因素、性别身份，以及基于两个不同群体的工资回报机制和资源禀赋探讨两个群体工资差异的主要来源。

表 10 - 2　　　　　　不同行业男性和女性流动人口就业分布比例差异、
性别工资差异及平均受教育年限差异

指标	农林牧渔业	制造业	传统行业	低知低薪服务业	高知高薪服务业	公益性服务业
男性就业分布比例（%）	1.18	32.11	14.30	32.50	13.32	6.59
女性就业分布比例（%）	0.88	26.49	3.99	41.62	11.35	15.67
行业分布差异（%）	0.30	5.62	10.31	-9.12	1.97	-9.08
男性月工资的对数	8.30	8.44	8.51	8.34	8.64	8.37
女性月工资的对数	7.92	8.16	8.21	8.03	8.42	8.13
性别工资差异	0.38	0.28	0.3	0.31	0.22	0.24

指标	农林牧渔业	制造业	传统行业	低知低薪服务业	高知高薪服务业	公益性服务业
男性平均受教育年限（年）	10.43	10.67	11.25	10.77	13.23	13.38
女性平均受教育年限（年）	9.46	9.59	12.53	10.75	13.84	13.70
受教育年限差异（年）	0.97	1.08	-1.28	0.02	-0.61	-0.32

二、就业行业分布对流动人口性别工资差异影响的实证分析

（一）分行业分性别下流动人口工资方程回归结果分析

男性流动人口工资方程回归结果见表 10-3。由回归结果可知，不同行业中，男性流动人口的工资水平均与其受教育年限呈现显著的正相关关系，即受教育年限越长，工资水平就越高；农林牧渔业、制造业、传统行业、低知低薪服务业、高知高薪服务业和公益性服务业中男性流动人口的教育投资回报率分别为 5.5%、3.67%、2.89%、2.51%、6.25% 和 4.93%，从男性流动人口在各行各业的教育回报率来看，男性流动人口的教育投资回报收益率普遍偏低，尤其是在制造业、传统行业和低知低薪服务业。除农林牧渔业和传统行业外，男性流动人口的外出打工年限和其月工资对数呈现二次方的关系，即随着外出打工年限的增加，男性流动人口的工资水平呈现先增加后减少的倒"U"型趋势，这就意味着男性流动人口在青壮年时期后，其收入会逐渐下降，进而说明男性流动人口的务工形式和工作状态等并没有实现职业化，仍然是以低技能的体力劳动职业为主。

表 10-3　　　　　　　不同行业男性流动人口工资方程回归结果

自变量	因变量（wage）					
	农林牧渔业	制造业	传统行业	低知低薪服务业	高知高薪服务业	公益性服务业
age	-0.0019 (0.0027)	-0.0022 *** (0.0004)	-0.0027 *** (0.0008)	-0.0058 *** (0.0005)	-0.0035 *** (0.0010)	-0.0044 *** (0.0012)

自变量	因变量（wage）					
	农林牧渔业	制造业	传统行业	低知低薪服务业	高知高薪服务业	公益性服务业
edu_y	0.0550 *** (0.0080)	0.0367 *** (0.0013)	0.0289 *** (0.0024)	0.0251 *** (0.0016)	0.0625 *** (0.0028)	0.0493 *** (0.0036)
time	−0.0015 (0.0100)	0.0153 *** (0.0017)	−0.0047 * (0.0028)	0.0051 *** (0.0018)	0.0139 *** (0.0034)	0.0128 *** (0.0039)
time2	0.0002 (0.0004)	−0.0005 *** (0.0001)	0.0002 ** (0.0001)	−0.0002 ** (0.0001)	−0.0004 ** (0.0002)	−0.0004 *** (0.0002)
national	0.3693 *** (0.0672)	0.0606 *** (0.0113)	0.0947 *** (0.0239)	0.0505 *** (0.0153)	0.0974 *** (0.0303)	0.0279 (0.0312)
hukou	−0.0229 (0.0540)	0.0119 (0.0074)	0.0177 (0.0145)	0.0272 *** (0.0088)	0.0508 *** (0.0148)	0.0793 *** (0.0202)
married	0.1387 ** (0.0624)	0.1905 *** (0.0087)	0.2281 *** (0.0182)	0.2834 *** (0.0102)	0.2110 *** (0.0177)	0.2061 *** (0.0236)
weekhour	0.0013 (0.0015)	0.0023 *** (0.0002)	0.0009 ** (0.0004)	−0.0003 (0.0003)	−0.0010 * (0.0006)	−0.0017 *** (0.0006)
dy	0.0647 (0.0789)	0.0314 ** (0.0154)	0.0356 (0.0230)	0.0175 (0.0182)	0.0454 * (0.0240)	0.0626 ** (0.0247)
Government	0.0144 (0.1197)	−0.0020 (0.1299)	−0.3456 *** (0.0652)	−0.0989 ** (0.0460)	−0.2129 ** (0.0915)	−0.4552 *** (0.1518)
SOEs	0.2015 * (0.1046)	−0.1002 * (0.0512)	−0.0407 (0.0494)	0.1462 *** (0.0373)	−0.0099 (0.0790)	−0.2834 * (0.1565)
CEs	0.0606 (0.1471)	−0.0453 (0.0617)	0.0414 (0.0589)	0.0598 (0.0457)	−0.0641 (0.0935)	−0.2235 (0.1689)
JEs	0.3290 *** (0.1073)	0.0232 (0.0511)	0.0587 (0.0549)	0.1857 *** (0.0379)	0.0936 (0.0788)	−0.2400 (0.1583)
IEs	0.2925 *** (0.1060)	−0.0606 (0.0519)	−0.0426 (0.0523)	0.0727 ** (0.0347)	0.0332 (0.0792)	−0.2307 (0.1545)
PEs	0.3517 *** (0.0891)	−0.0255 (0.0500)	−0.0076 (0.0483)	0.1641 *** (0.0346)	0.1081 (0.0765)	−0.1421 (0.1516)
HMTEs	0.2103 (0.3373)	−0.0754 (0.0513)	0.2406 (0.1934)	0.1845 ** (0.0729)	0.1283 (0.1065)	−0.0200 (0.2381)

续表

自变量	因变量（wage）					
	农林牧渔业	制造业	传统行业	低知低薪服务业	高知高薪服务业	公益性服务业
FOEs	0.8208 *** (0.2502)	0.0422 (0.0517)	0.2849 ** (0.1362)	0.3836 *** (0.0580)	0.3852 *** (0.0909)	0.4247 ** (0.1771)
SFJEs	−0.1467 (0.3380)	−0.0173 (0.0522)	−0.0562 (0.1314)	0.2621 *** (0.0583)	0.1347 (0.0942)	0.0787 (0.2196)
CPOs	0.1347 (0.4681)	−0.2004 (0.3626)	−0.0118 (0.2340)	−0.2394 *** (0.0883)	0.1467 (0.4892)	−0.5061 *** (0.1597)
other	0.0570 (0.1556)	−0.2065 ** (0.0982)	−0.1130 (0.0844)	−0.0257 (0.0486)	−0.1040 (0.1298)	−0.5580 *** (0.1651)
No_unit	—	—	—	—	—	—
constant	7.0393 *** (0.1886)	7.7776 *** (0.0575)	7.9817 *** (0.0711)	7.8932 *** (0.0466)	7.5853 *** (0.1000)	7.9807 *** (0.1662)
N	438	11 922	5 292	12 072	4 832	2 432
R-squared	0.3527	0.1520	0.0925	0.1261	0.2139	0.2548

注：括号内的数值表示标准误，*、**、*** 分别表示在 1%、5%、10% 的水平上显著，变量 No_unit 由于多重共线性而被省略。

从户口属性来看，在农林牧渔业、制造业和传统行业就业的男性流动人口的工资水平与其是否为城镇户口之间并没有显著性关系；但是在低知低薪服务业、高知高薪服务业和公益性服务业中工作的男性流动人口的工资水平却受到了户口属性的显著影响，这说明在一些相对高层次的行业中，依然存在着对流动人口的户籍歧视。

从婚姻状况来看，无论在哪个行业工作，流动人口中已婚男性劳动者的工资水平都普遍高于未婚男性劳动者；这说明婚姻属性在男性流动人口的劳动力市场中也发挥着一定的市场定价机制作用。

婚姻状况和户籍等并非劳动者的生产力要素，但是二者在流动人口的工资决定中却发挥着市场定价机制作用，这些非劳动力效率因素一旦在劳动力市场上发挥作用，会被认定为劳动力市场歧视。从男性流动人口工资方程回归结果中可以发现，劳动力市场存在一定程度的歧视。

女性流动人口工资方程回归结果见表 10 - 4。由回归结果可知，女性流动人口的工资水平均与受教育年限呈现显著的正相关关系，即受教育年限越长，工资水平就越高；农林牧渔业、制造业、传统行业、低知低薪服务业、高知高薪服务业和公益性服务业中女性流动人口教育投资回报率分别为 4.03%、3.10%、5.29%、3.32%、6.79% 和 6.04%，从女性流动人口在各行各业的教育回报率来看，女性流动人口的教育投资回报收益率普遍偏低，尤其是在制造业和低知低薪服务业。与男性流动人口不同，只有在制造业、高知高薪服务业和公益性服务业中就业的女性流动人口，其外出打工年限和月工资对数之间才呈现二次方的关系，即随着外出打工年限的增加，女性流动人口的工资水平呈现先增加后减少的趋势。

表 10 - 4　　　　　　　　不同行业女性流动人口工资方程回归结果

自变量	因变量（wage）					
	农林牧渔业	制造业	传统行业	低知低薪服务业	高知高薪服务业	公益性服务业
age	0.0037 (0.0037)	- 0.0002 (0.0006)	0.0053 ** (0.0021)	- 0.0031 *** (0.0005)	0.0038 ** (0.0015)	0.0062 *** (0.0011)
edu	0.0403 *** (0.0089)	0.0310 *** (0.0015)	0.0529 *** (0.0047)	0.0332 *** (0.0013)	0.0679 *** (0.0034)	0.0604 *** (0.0026)
time	- 0.0380 ** (0.0156)	0.0098 *** (0.0021)	0.0033 (0.0066)	- 0.0008 (0.0019)	0.0228 *** (0.0049)	0.0099 *** (0.0035)
time2	0.0014 * (0.0008)	- 0.0004 *** (0.0001)	- 0.0001 (0.0003)	- 0.0000 (0.0001)	- 0.0009 *** (0.0002)	- 0.0005 *** (0.0002)
national	0.1257 (0.0838)	0.0342 *** (0.0129)	- 0.0010 (0.0433)	0.0295 ** (0.0128)	0.0312 (0.0351)	0.0195 (0.0222)
hukou	0.0961 (0.0692)	- 0.0067 (0.0091)	0.0646 ** (0.0294)	0.0235 *** (0.0076)	0.0724 *** (0.0180)	0.0758 *** (0.0140)
married	0.0635 (0.0839)	0.0145 (0.0113)	- 0.0230 (0.0343)	- 0.0156 * (0.0085)	0.0066 (0.0206)	- 0.0062 (0.0161)
hour	0.0039 ** (0.0019)	0.0048 *** (0.0003)	- 0.0002 (0.0010)	0.0005 ** (0.0002)	- 0.0006 (0.0007)	- 0.0003 (0.0005)

自变量	因变量（wage）					
	农林牧渔业	制造业	传统行业	低知低薪服务业	高知高薪服务业	公益性服务业
dy	0.1549 (0.1189)	0.1641 *** (0.0240)	0.0165 (0.0448)	0.0527 ** (0.0213)	0.0991 *** (0.0290)	0.0597 *** (0.0208)
Government	0.1925 (0.1625)	0.5818 (0.3650)	− 0.1471 (0.1436)	− 0.1621 *** (0.0439)	− 0.1330 (0.1715)	− 0.1691 (0.1333)
SOEs	0.1587 (0.1243)	− 0.0826 (0.0533)	− 0.0031 (0.1347)	0.0123 (0.0377)	0.0231 (0.1628)	− 0.0518 (0.1363)
CEs	− 0.0514 (0.2185)	− 0.0180 (0.0672)	0.0381 (0.1573)	− 0.0114 (0.0440)	− 0.0013 (0.1714)	− 0.2032 (0.1418)
JEs	0.3619 ** (0.1407)	0.0087 (0.0518)	0.0883 (0.1404)	− 0.0042 (0.0363)	0.1302 (0.1625)	0.0035 (0.1369)
IEs	0.2367 * (0.1371)	− 0.1339 ** (0.0524)	0.0455 (0.1405)	− 0.0624 * (0.0336)	− 0.0645 (0.1637)	− 0.1450 (0.1345)
PEs	0.3101 *** (0.1130)	− 0.0415 (0.0500)	0.1221 (0.1327)	0.0279 (0.0336)	0.0550 (0.1614)	− 0.0538 (0.1331)
HMTEs	0.9038 * (0.4867)	− 0.0536 (0.0513)	0.2013 (0.2334)	0.2320 *** (0.0668)	0.2859 (0.1798)	0.3002 (0.1967)
FOEs	1.3927 *** (0.3041)	0.0625 (0.0521)	0.4393 ** (0.1938)	0.2807 *** (0.0503)	0.3321 ** (0.1692)	0.5892 *** (0.1527)
SFJEs	0.4047 (0.2606)	0.0346 (0.0524)	0.2173 (0.1857)	0.0945 ** (0.0475)	0.2264 (0.1698)	0.4020 ** (0.1780)
CPOs	—	− 0.3038 (0.3647)	− 0.3576 (0.4878)	− 0.1877 *** (0.0690)	− 0.2276 (0.3002)	− 0.3126 ** (0.1353)
other	− 0.0491 (0.1582)	− 0.0503 (0.1059)	− 0.0179 (0.2467)	− 0.0829 * (0.0499)	− 0.5325 ** (0.2102)	− 0.2438 * (0.1392)
No_unit	—	—	—	—	—	—
constant	6.8899 *** (0.2288)	7.5599 *** (0.0599)	7.2880 *** (0.1826)	7.7391 *** (0.0440)	7.1804 *** (0.1854)	7.1575 *** (0.1455)

自变量	因变量（wage）					
	农林牧渔业	制造业	传统行业	低知低薪服务业	高知高薪服务业	公益性服务业
N	278	8 412	1 264	13 222	3 565	4 975
R-squared	0.3549	0.1106	0.1912	0.1180	0.2036	0.1939

注：括号内的数值表示标准误，*、**、***分别表示在1%、5%、10%的水平上显著，变量 No_unit 由于多重共线性而被省略，农林牧渔业中的变量 CPOs 由于多重共线性而被省略。

从户口属性来看，女性流动人口在农林牧渔业、制造业就业时获得的工资水平与其是否为城镇户口之间并没有显著关系；但是在传统行业、低知低薪服务业、高知高薪服务业和公益性服务业中工作的女性流动人口的工资水平受到了户口属性的显著影响。

从婚姻状况来看，无论在哪个行业工作，是否结婚对女性流动人口的工资水平都没有显著性的影响。

通过表10-3和表10-4的对比可以看出，男性和女性流动人口在各行业的工资水平均与其受教育年限之间呈现显著的正相关关系，即受教育年限越长，工资水平越高；除了农林牧渔业和制造业外，其他几类行业的女性样本教育投资回报率都高于男性，并且高知高薪服务业的教育投资回报率明显高于其他几类行业，这说明提高受教育水平可以为在高知高薪服务业中工作的流动人口带来更显著的收入回报效应。

制造业、低知低薪服务业、高知高薪服务业和公益性服务业中，男性流动人口的外出打工年限和其月工资对数呈现二次方的关系，即随着外出打工年限的增加，男性流动人口的工资水平呈现先增加后减少的趋势；只有在制造业、高知高薪服务业和公益性服务业中，女性流动人口的外出打工年限和其月工资对数才呈现二次方的关系，即随着外出打工年限的增加，女性流动人口的工资水平呈现先增加后减少的趋势，说明外出打工经验对工资水平的影响在部分行业中并没有发挥显著性作用。

从婚姻状况来看，无论在哪个行业工作，流动人口中已婚男性的工资水平都普遍高于未婚男性劳动者；这说明婚姻属性在男性流动人口的劳动力市场中也发挥着一定的市场定价机制作用。无论在哪个行业工作，是否结婚对女性流动人口的工资水平都没有显著性的影响。

　　通过描述性统计还可以发现，男性和女性流动人口不但在资源禀赋和劳动力市场的回报机制上存在较大的差异，其在行业分布上也存在着差异。下面主要围绕流动人口就业分布进行分析。

（二）分行业分性别下流动人口就业方程回归结果分析

　　不同行业下男性流动人口就业的回归结果见表 10－5。由回归结果可知，除制造业外，其他行业受教育年限系数均为正数，这说明提高受教育程度可以显著提高劳动力进入收入相对更高的行业的概率，并且高知高薪服务业的系数最大。通过对比教育对流动人口进入不同行业的概率的影响可以发现，男性流动人口教育年限的提高可以显著增加其进入高知高薪服务业和公益性服务业的概率，这说明在这两个行业中，学历是非常重要的进入门槛。虽然在传统行业和低知低薪服务业中，男性流动人口受教育水平的提升也显著提高了其进入该行业的概率，但影响程度相对要小很多。

表 10－5　　　　　　　　　不同行业男性流动人口就业的回归结果

自变量	因变量（job）				
	制造业	传统行业	低知低薪服务业	高知高薪服务业	公益性服务业
age	− 0.0267 *** (0.0060)	0.0002 (0.0061)	− 0.0292 *** (0.0060)	− 0.0222 *** (0.0063)	− 0.0122 * (0.0067)
edu	− 0.0330 * (0.0187)	0.0543 *** (0.0191)	0.0326 * (0.0187)	0.2497 *** (0.0193)	0.2109 *** (0.0206)
time	− 0.0057 (0.0212)	− 0.0868 *** (0.0214)	− 0.0205 (0.0210)	− 0.0420 * (0.0218)	− 0.0375 (0.0233)
time2	− 0.0009 (0.0009)	0.0023 *** (0.0009)	0.0006 (0.0009)	0.0014 (0.0009)	0.0012 (0.0010)
national	0.4430 *** (0.1406)	0.6710 *** (0.1458)	0.8870 *** (0.1412)	0.8607 *** (0.1508)	0.5004 *** (0.1607)
hukou	− 0.1534 (0.1102)	− 0.2598 ** (0.1122)	− 0.1685 (0.1099)	− 0.0868 (0.1125)	0.0180 (0.1195)
married	− 0.0296 (0.1384)	0.3293 ** (0.1417)	− 0.1705 (0.1379)	− 0.0466 (0.1412)	− 0.4176 *** (0.1490)

自变量	因变量（job）				
	制造业	传统行业	低知低薪服务业	高知高薪服务业	公益性服务业
hour	0.0031 （0.0032）	− 0.0088 *** （0.0032）	− 0.0006 （0.0031）	− 0.0184 *** （0.0033）	− 0.0130 *** （0.0035）
dy	− 0.5180 *** （0.1720）	− 0.3872 ** （0.1731）	− 0.4857 *** （0.1711）	− 0.5347 *** （0.1734）	− 0.3438 * （0.1804）
Government	− 1.3964 *** （0.4391）	0.1153 （0.2877）	0.3501 （0.2726）	− 0.0554 （0.3178）	4.0224 *** （0.4210）
SOEs	2.7659 *** （0.2689）	2.1580 *** （0.2523）	1.1422 *** （0.2445）	1.0481 *** （0.2838）	1.1387 *** （0.4172）
CEs	1.7041 *** （0.3630）	1.4465 *** （0.3450）	1.1556 *** （0.3376）	0.9914 *** （0.3779）	1.7789 *** （0.4945）
JEs	2.9269 *** （0.2747）	0.7073 *** （0.2640）	1.1106 *** （0.2515）	1.4732 *** （0.2892）	1.2347 *** （0.4238）
IEs	2.1000 *** （0.2666）	1.0832 *** （0.2519）	2.7263 *** （0.2388）	1.5189 *** （0.2813）	2.2188 *** （0.4104）
PEs	3.2444 *** （0.2352）	1.5002 *** （0.2171）	1.7453 *** （0.2064）	1.7808 *** （0.2505）	2.1397 *** （0.3872）
HMTEs	5.6646 *** （0.7437）	− 0.1240 （0.8428）	1.2343 * （0.7493）	1.7928 ** （0.7636）	1.4841 * （0.9014）
FOEs	4.9641 *** （0.5535）	0.0173 （0.6067）	1.3249 ** （0.5509）	1.7701 *** （0.5672）	2.0664 *** （0.6617）
SFJEs	5.2711 *** （0.7452）	0.7019 （0.7853）	1.9043 ** （0.7435）	2.2041 *** （0.7575）	1.9365 ** （0.8596）
CPOs	− 0.0729 （1.4330）	0.4641 （1.1390）	2.0504 ** （1.0385）	− 0.6414 （1.4412）	5.3070 *** （1.0822）
other	0.1957 （0.4346）	0.2440 （0.3851）	1.1418 *** （0.3572）	0.0107 （0.4383）	2.3806 *** （0.5015）
No_unit	—	—	—	—	—
constant	1.2764 *** （0.4390）	0.6168 （0.4379）	1.8638 *** （0.4240）	− 0.7639 * （0.4612）	− 2.0051 *** （0.5671）

续表

自变量	因变量（job）				
	制造业	传统行业	低知低薪服务业	高知高薪服务业	公益性服务业
N	37 254				
Log likelihood	− 34 334. 322				
Pseudo R^2	0. 2429				

注：括号内的数值表示标准误，＊、＊＊、＊＊＊分别表示在1%、5%、10%的水平上显著，变量 No_unit 由于多重共线性而被省略。

不同行业女性流动人口就业的回归结果见表10－6。由回归结果可知，除制造业外，其他行业受教育年限系数均为正数，这说明提高受教育程度可以显著提高劳动力进入收入相对更高行业的概率，并且相对于男性流动人口而言，教育年限的提高可以更为显著提高女性流动人口进入到相应行业的概率，这说明教育对于女性就业的影响更大。除制造业外，流动人口的户口属性与其选择的行业类型之间没有显著关系；相对于农林牧渔业而言，已婚女性流动人口在低知低薪服务业、高知高薪服务业和公益性服务业工作的概率更低。

表 10 － 6　　　　　　分行业下女性流动人口就业方程回归结果

变量名称	因变量（job）				
	制造业	传统行业	低知低薪服务业	高知高薪服务业	公益性服务业
age	− 0. 0241 ***	0. 0211 **	− 0. 0082	− 0. 0096	− 0. 0177 **
	（0. 0082）	（0. 0090）	（0. 0081）	（0. 0086）	（0. 0085）
edu	− 0. 0168	0. 2341 ***	0. 1112 ***	0. 3531 ***	0. 2947 ***
	（0. 0204）	（0. 0227）	（0. 0202）	（0. 0214）	（0. 0212）
time	0. 0222	0. 0040	0. 0327	0. 0478	0. 0199
	（0. 0298）	（0. 0326）	（0. 0295）	（0. 0307）	（0. 0305）
time2	− 0. 0010	− 0. 0007	− 0. 0008	− 0. 0013	0. 0001
	（0. 0014）	（0. 0015）	（0. 0013）	（0. 0014）	（0. 0014）
national	0. 5223 ***	0. 3048	0. 8594 ***	0. 8185 ***	0. 5653 ***
	（0. 1699）	（0. 1891）	（0. 1688）	（0. 1809）	（0. 1764）
hukou	− 0. 2358 *	− 0. 1578	− 0. 1836	− 0. 1637	− 0. 1652
	（0. 1385）	（0. 1486）	（0. 1375）	（0. 1411）	（0. 1410）

变量名称	因变量（job）				
	制造业	传统行业	低知低薪服务业	高知高薪服务业	公益性服务业
married	0.1862 (0.1795)	−0.2034 (0.1910)	−0.5045 *** (0.1777)	−0.3427 * (0.1816)	−0.7360 *** (0.1812)
hour	0.0192 *** (0.0040)	−0.0068 (0.0045)	−0.0039 (0.0040)	−0.0210 *** (0.0042)	−0.0185 *** (0.0042)
dy	−0.6517 ** (0.2556)	−0.5248 ** (0.2633)	−1.0548 *** (0.2518)	−0.7236 *** (0.2527)	−0.7811 *** (0.2538)
Government	−3.2956 *** (1.0584)	1.4982 *** (0.4449)	0.6350 * (0.3383)	1.2405 *** (0.4732)	4.4350 *** (0.4386)
SOEs	1.5729 *** (0.2943)	1.6190 *** (0.3836)	0.0991 (0.2717)	1.4098 *** (0.4160)	0.7412 * (0.3974)
CEs	1.8779 *** (0.4936)	1.7899 *** (0.5682)	1.4285 *** (0.4712)	2.4532 *** (0.5756)	2.5223 *** (0.5584)
JEs	2.7689 *** (0.3276)	1.4006 *** (0.4197)	1.3180 *** (0.3083)	2.8038 *** (0.4406)	1.6926 *** (0.4244)
IEs	2.2384 *** (0.3197)	1.6606 *** (0.4133)	3.4053 *** (0.2976)	2.7297 *** (0.4362)	2.9443 *** (0.4142)
PEs	3.2155 *** (0.2651)	1.9341 *** (0.3619)	1.9051 *** (0.2414)	2.6862 *** (0.3962)	2.6884 *** (0.3733)
HMTEs	6.2294 *** (1.0321)	1.7301 (1.1361)	1.5357 (1.0360)	3.1117 *** (1.0849)	1.6517 (1.1110)
FOEs	4.7921 *** (0.6336)	1.0690 (0.7424)	1.3405 ** (0.6294)	2.6435 *** (0.7052)	1.7746 ** (0.7036)
SFJEs	4.2765 *** (0.5633)	1.0570 (0.6725)	1.2761 ** (0.5569)	2.4439 *** (0.6435)	0.6704 (0.6722)
CPOs	12.1785 (610.4845)	13.2272 (610.4846)	14.8638 (610.4837)	14.1907 (610.4840)	18.5190 (610.4838)
other	−0.4425 (0.4465)	−0.6685 (0.6287)	0.2899 (0.3619)	0.1835 (0.5423)	2.2577 *** (0.4658)
No_unit	—	—	—	—	—

变量名称	因变量（job）				
	制造业	传统行业	低知低薪服务业	高知高薪服务业	公益性服务业
constant	−0.0354 （0.5351）	−3.0748 *** （0.6357）	0.9949 * （0.5204）	−3.1861 *** （0.6274）	−1.6845 *** （0.6082）
N	31 842				
Log likelihood	−47 036.632				
Pseudo R²	0.1629				

注：括号内的数值表示标准误，*、**、*** 分别表示在1%、5%、10%的水平上显著，变量No_unit 由于多重共线性而被省略。

在得到进入行业系数估计的基础上，利用反事实估计法，分别列出女性获得男性在就业市场待遇时在各类行业的估计分布比例、男性获得女性在就业市场待遇时在各类行业的估计分布比例，以及估计分布比例和实际分布比例之间的差值（见表10-7）。

表 10 - 7　　　　　分行业分男女实际行业分布和预测行业分布

行业	男性各行业分布概率		差异	女性各行业分布概率		差异
	实际分布 （%）	估计分布 （%）		实际分布 （%）	估计分布 （%）	
农林牧渔业	1.18	0.94	−0.24	0.88	1.17	0.29
制造业	32.11	22.91	−9.20	26.49	27.41	0.92
传统行业	14.30	5.10	−9.20	3.99	12.51	8.52
低知低薪服务业	32.50	49.70	17.20	41.62	40.12	−1.50
高知高薪服务业	13.32	10.42	−2.90	11.35	13.58	2.23
公益性服务业	6.59	10.93	4.34	15.67	5.21	−10.46

从表10-7中可以看出，如果女性流动人口获得和男性流动人口相同的就业待遇，其进入农林牧渔业、制造业、传统行业和高知高薪服务业的概率分别增加0.29%、0.92%、8.52%和2.23%，而进入低知低薪服务业、公益性服务业的概率分别下降1.50%、10.46%。如果男性流动人口获得和女性流动人口相同的就业待遇，其进入低知低薪服务业、公益性服务业的概率分别增加

17.20%、4.34%，而进入农林牧渔业、制造业、传统行业和高知高薪服务业的概率分别下降0.24%、9.20%、9.20%和2.90%。整体来看，如果按照反事实估计的结果来重新配置男女择业行业，那么劳动力市场中男性和女性流动人口的分布结构将会产生较大的变化。

继续使用性别行业隔离指数法来进行分析，行业隔离下的性别差异指数可借鉴（Duncan et al.，1955）的职业隔离指数算法，计算公式为式（10 – 12）：

$$DSI = \frac{1}{2} \sum_{j} \left| \left(\frac{F_j}{F} \right) - \left(\frac{M_j}{F} \right) \right| \qquad (10-12)$$

DSI是指邓肯隔离指数（Duncan Segregation Index），j代表所处行业，F_j、M_j分别为该行业女性和男性的从业人数，F、M代表全行业女性和男性从业总人数。性别行业隔离指数的含义是假如某一性别劳动力现在的工作岗位固定，为了使两性就业的行业分布相同，另一性别劳动力需要做出行业调整的比例大小。如果男女在各行业分布完全相同，该指数取最小值0；如果男女在各行业分布完全不同，该指数取最大值1。根据本书数据库中的样本进行计算，得到邓肯隔离指数为22.03%，这说明若男性和女性的从业分布比例趋同，需要22.03%的男性或者女性从业人员改变所属行业，劳动力市场中存在着较为明显的性别行业分布差距。

（三）性别工资差异的 Brown 分解结果

按照式（10 – 9）的分解方法，对性别工资差异进行Brown分解（见表10 – 8）。分解结果表明：相对于男性流动人口，女性流动人口在劳动力市场中所处的地位更不利，男性和女性流动人口之间工资差异为0.3084。方法一为在Brown分解中假设女性流动人口获得和男性流动人口相同的就业待遇下的测算结果；方法二为在Brown分解中假设男性流动人口获得和女性流动人口相同的就业待遇下的测算结果。方法一测算出的行业间因素贡献值为0.0258，占总差异比重为8.37%，行业内因素贡献值为0.2826，占总差异的比重达到了91.63%。方法二测算出的行业间因素贡献值为0.0229，占总差异比重为7.43%，行业内因素贡献值为0.2855，占总差异比重为92.57%。综上可知，无论是方法一还是方法二，都表明行业内因素是性别工资差异的主要组成部分，而行业间因素对于性别工资差异的贡献度则相对较低。方法一的禀赋效应贡献值为0.0021，占总差异比重为0.68%，回报机制效应贡献值为0.3063，占总差异比重为99.32%。方法二的禀赋效应贡献值为0.0054，占总差异比重为 1.75%，回报机制效应贡献值为 0.3030，占总差异比重为 98.25%。不论是方法一还是方法二，都表明回报机制效应是性别工资差异的主要组成部分，人力资本禀赋等禀赋效应对于性别工资差异的贡献度非常低，劳动力市场中回报机制差异是男性和女性工资差距的重要来源。

表 10 - 8　　　Brown 分解下男女流动人口性别工资差异的分解结果

指标	方法一		方法二	
	月工资对数	百分比	月工资对数	百分比
总差异	0.3084	100	0.3084	100
行业内合计	0.2826	100	0.2855	100
行业内可解释部分	-0.0049	-1.73	-0.0035	-1.13
行业内不可解释部分	0.2875	101.73	0.2890	101.13
行业间合计	0.0258	100	0.0229	100
行业间可解释部分	0.0070	27.13	0.0089	38.64
行业间不可解释部分	0.0188	72.87	0.0140	61.36
可解释部分合计	0.0021	0.68	0.0054	1.75
不可解释部分合计	0.3063	99.32	0.3030	98.25

三、流动人口性别工资差异结论

本节利用 2018 年国家卫生健康委中国流动人口动态监测调查数据，采用 Mlogit 回归和 Brown 分解方法，基于行业隔离视角，研究了流动人口的性别工资差距，并将性别工资差距来源分解为行业内部禀赋效应、行业内部回报机制效应、行业间禀赋效应和行业间回报机制效应四个方面，研究有以下发现。

第一，劳动力市场歧视因素显著影响了流动人口的工资收入水平。婚姻状况和户籍等都并非劳动者的生产力要素，但是两者在流动人口的工资决定中却发挥着市场定价机制作用，这些非劳动力效率因素一旦在劳动力市场上发挥作用，则会被认定为劳动力市场歧视。从流动人口工资方程回归结果中可以发现，劳动力市场存在一定的歧视。

第二，教育年限不但影响流动人口教育投资回报收益率，而且影响流动人口进入各行业的概率。男性和女性流动人口在各行业的工资水平均与其受教育年限之间呈现显著的正相关关系，即受教育年限越长，其工资水平越高；流动人口就业回归结果显示，相对于男性流动人口而言，教育年限的提高可以更为显著地提高女性流动人口进入到相应行业的概率，这说明教育对于女性就业的影响更大，并且提高受教育水平可以为在高知高薪服务业中工作的女性流动人口带来更为显著的收入回报效应。因此，提高流动人口受教育水平，不但可以提高其教育投资回报收益率，更有利于降低行业隔离。

第三，行业内回报机制的性别差异是造成行业隔离的重要原因。实证结果表明，男性和女性流动人口在进入相应行业时行业内回报机制具有一定的性别差异。如果女性流动人口获得和男性流动人口相同的就业待遇，或者男性流动人口获得和女性流动人口相同的就业待遇，让流动人口按照相同的行业回报机制来重新择业，那么现有劳动力市场男女分布结构将会产生较大的变化。反事实的结果表明，男性和女性流动人口在进入选择行业时如果不存在回报机制差异，那么行业隔离指数将会显著下降，就业分布也将会得到有效调整。

第四，性别工资差异主要是由行业内因素和回报机制因素造成的。Brown分解结果表明，行业内因素是性别工资差异的主要组成部分，而行业间因素对于性别工资差异的贡献度则相对较低；回报机制的效应是性别工资差异的主要组成部分，人力资本禀赋等禀赋效应对于性别工资差异的贡献度非常低，劳动力市场中回报机制差异是男性和女性工资差距的重要来源。因此，在回报机制引起男性和女性流动人口的行业隔离和行业内回报机制差异的作用下，最终将形成流动人口的性别工资差距。

第二节 基于行业的流动人口性别基尼系数差异研究

一、实证策略

1. 基尼系数的计算

S. 菲尔波等（Firpo S. et al.，2018）通过建立再中心化影响函数（recentered influence function，RIF）和各种统计量之间的对应关系，将所需要的统计量表示成为其他变量的线性投影，进而可以计算所需要考察的变量对相应统计量的影响大小和显著性。本节主要结合 S. 菲尔波（2018）的再中心化影响函数和 Blinder-Oaxaca 分解方法，对流动人口的收入分配及其影响因素进行系统的研究。

假设 $v = v(F)$ 是定义在任意分布函数 F 上的泛函数。根据研究目的，v 选择刻画工资收入 y 分布 $F(y)$ 的基尼系数。y 的无条件分布函数（边缘分布函数）可以写为：

$$F_Y(y) = \int F_{Y|X}(y|X = x) \cdot dF_X(X) \qquad (10-13)$$

其中，x 表示影响收入分布 y 的向量，则任意分布 $F(y)$ 的再中心化影响函数可以定义为：

$$RIF(y; v) \equiv v(F) + IF(y; v) = v(F) + \lim_{\varepsilon \to 0}\frac{v(F_\varepsilon) - v(F)}{\varepsilon} \qquad (10-14)$$

基尼系数可以利用洛伦兹函数 $R(F_Y)$ 界定为：

$$v(F_Y) = 1 - 2\mu^{-1}R(F_Y) \qquad (10-15)$$

其中，μ 表示样本的平均工资水平。

2. 基尼系数回归方程构建

根据影响函数定义

$$IF(y; v, F) = \lim_{\varepsilon \to 0}\frac{[v(F_\varepsilon) - v(F)]}{\varepsilon} \qquad (10-16)$$

其中，$F_\varepsilon(y) = (1 - \varepsilon)F + \varepsilon\delta_y$，$0 \leq \varepsilon \leq 1$，$\delta_y$ 表示刻画工资收入 y 分布集中度的变量，所以，$\int_{-\infty}^{+\infty} IF(y; v) \cdot dF(y) = 0$。

进一步可以推导出 RIF 函数的性质之一，即 $RIF(y; v)$ 函数的积分等于泛函数 $v(F)$：

$$\int RIF(y; v).dF(y) = \int [v(F) + IF(y; v)] \cdot dF(y) = v(F) \qquad (10-17)$$

另外，

$$E[RIF(Y; v)|X = x] = \int_y RIF(y; v) \cdot dF_{Y|X}(y|X = x) \qquad (10-18)$$

综合式（10-13）、式（10-17）、式（10-18）可以得到 $RIF(y; v)$ 在 X 条件下的条件期望值等于泛函数 $v(F)$ 的结论，即：

$$v(F) = \int RIF(y; v).dF(y) = \int E[RIF(y; v)|X = x] \cdot dF_X(x) \qquad (10-19)$$

令：$m_v(x) \equiv E[RIF(y, v)|X]$，则线性方程可以表示为：

$$\hat{m}_{v,RIF-OLS}(x) = x^T \cdot \hat{\gamma}_v \qquad (10-20)$$

其中，$\hat{\gamma}_v$ 表示导数 $dm_v(x)/dx$ 的估计量，估计系数向量可以表示一组投影系数：

$$\hat{\gamma}_v = (\sum_{i=1}^{N} X_i \cdot X_i^T)^{-1} \cdot \sum_{i=1}^{N} X_i \cdot R\hat{I}F(y; v) \qquad (10-21)$$

为了实现对于男性流动人口和女性流动人口两个群体的基尼系数的分解，假设 $v_t = v(F_t)$，$t = m$，f，m 表示男性流动人口，f 表示女性流动人口，因此 v_t 的期望值表达式为：

$$v(F_t) = E[RIF(y_n; v) | T = t], \quad t = m, f \qquad (10-22)$$

那么其 RIF 回归可以表达为：

$$m_v^t(x) \equiv E[RIF(y, v) | X, T = t], \quad t = m, f \qquad (10-23)$$

3. 就业方程构建

流动人口就业方程的构建过程同本章第一节中的随机效用模型和 Mlogit 方程。这里就不再赘述。

4. 基尼系数的 Brown 分解

利用 R. 布朗（Brown R. et al., 1980）基于分割角度下的性别工资差异分解方法，进一步探讨流动人口性别工资基尼系数差异的具体来源。在劳动力市场存在多种行业的现实下，流动人口工资的期望值等于进入各行业的概率和进入该行业后乘积的总和，如式（10-25）所示。其中，下标 m 代表男性，f 代表女性，j 代表不同的行业；m_{vm}、m_{vf} 分别代表男性和女性流动人口工资基尼系数的期望值；P_j^m、P_j^f 分别代表男性和女性进入各行业就业概率矩阵；m_{vj}^m、m_{vj}^f 分别代表男性和女性流动人口的各行业工资基尼系数均值矩阵：

$$\sum P_j^f(m_{vj}^m - m_{vj}^f) = \sum P_j^f(X_j^m \beta_j^m - X_j^f \beta_j^f)$$
$$= \sum P_j^f(X_j^m - X_j^f)\beta_j^m + \sum P_j^f X_j^f(\beta_j^m - \beta_j^f) \qquad (10-24)$$

对式（10-24）的左半部分进行分解，得到式（10-25）。其中，$\hat{P}_j^f$ 代表女性获得和男性相同的就业待遇而在各行业的分布概率矩阵，由 Multinomial logit 模型回归获得。

$$\sum m_{vj}^m(P_j^m - P_j^f) = \sum m_{vj}^m(P_j^m - \hat{P}_j^f) + \sum m_{vj}^m(\hat{P}_j^f - P_j^f) \qquad (10-25)$$

对式（10-24）的右半部分进行分解，得到式（10-26）。其中，$\hat{P}_j^f$ 代表女性获得和男性相同的就业待遇而在各行业的分布概率矩阵，由 Multinomial logit 模型回归获得。

$$\sum m_{vj}^m(P_j^m - P_j^f) = \sum m_{vj}^m(P_j^m - \hat{P}_j^f) + \sum m_{vj}^m(\hat{P}_j^f - P_j^f) \qquad (10-26)$$

把式（10 – 25）和式（10 – 26）代入式（10 – 24）中，可以得到式（10 – 27）：

$$m_{vj}^m - m_{vj}^f = \sum P_j^f(X_j^m - X_j^f)\beta_j^m + \sum P_j^f X_j^f(\beta_j^m - \beta_j^f)$$
$$+ \sum m_{vj}^m(P_j^m - \hat{P}_j^f) + \sum m_{vj}^m(\hat{P}_j^f - P_j^f) \qquad (10 – 27)$$

如式（10 – 28）所示，男女工资差距可以进一步分解成四项：第一项表示行业内不同性别流动人口的资源禀赋效应造成的工资基尼系数差异，第二项表示行业内不同性别流动人口的回报机制效应造成的工资基尼系数差异，第三项表示行业间资源禀赋效应造成的流动人口的性别工资基尼系数差异，第四项表示行业间回报机制效应造成的流动人口的性别工资基尼系数差异。第一项和第三项之和为合理的部分，第二项和第四项之和为不合理的部分。分解结果往往与研究选取的行业个数相关，如果选择行业个数较少，通常会降低行业间部分对总的性别工资基尼系数差异的影响。

二、分行业分性别下流动人口月工资基尼系数方程回归结果分析

下面是采用工资对数计算的男性流动人口劳动者的基尼系数作为被解释变量，采用 FIF-OLS 估计的实证结果（见表 10 – 9）。从教育来看，除农林牧副渔行业外，教育水平的提高均可以显著提高流动人口月工资的基尼系数，即教育水平越高，流动人口中的工资收入差距也就越大，这说明教育对流动人口的工资收入影响很大，该结果也在实践中得到了证实。制造业、传统行业、低知低薪服务业、高知高薪服务业、公益性服务业中男性流动人口劳动者的教育水平每提高一年，其基尼系数将分别增加 0.91%、0.82%、0.53%、3.35% 和 0.38%。因此，对于高知高薪服务业来说，教育对于男性劳动者的工资水平上涨有着积极的影响。在低知低薪服务业中，男性已婚流动人口劳动者的基尼系数显著低于未婚劳动者，但在高知高薪服务业中，男性已婚流动人口劳动者的基尼系数显著高于未婚劳动者。这说明在高知高薪服务业中，年龄越大收入可能会越高，从而提高了该群体的收入分配差距。

表 10 - 9　　　　　　不同行业男性流动人口月工资基尼系数的回归结果

自变量	因变量（gini）					
	农林牧渔业	制造业	传统行业	低知低薪服务业	高知高薪服务业	公益性服务业
age	0.0016 (0.0013)	0.0009 *** (0.0002)	0.0005 (0.0004)	0.0004 * (0.0002)	0.0020 ** (0.0008)	0.0016 ** (0.0007)
edu_y	0.0041 (0.0039)	0.0091 *** (0.0007)	0.0082 *** (0.0012)	0.0053 *** (0.0007)	0.0335 *** (0.0022)	0.0078 *** (0.0020)
time	- 0.0009 (0.0049)	- 0.0000 (0.0009)	0.0016 (0.0014)	0.0008 (0.0008)	0.0162 *** (0.0026)	0.0057 *** (0.0022)
time2	0.0000 (0.0002)	0.0001 * (0.0000)	0.0001 (0.0001)	0.0000 (0.0000)	- 0.0005 *** (0.0001)	- 0.0001 (0.0001)
national	- 0.0675 ** (0.0323)	- 0.0069 (0.0056)	- 0.0017 (0.0119)	- 0.0066 (0.0068)	- 0.0174 (0.0233)	0.0135 (0.0178)
hukou	- 0.0233 (0.0263)	0.0227 *** (0.0037)	0.0117 (0.0072)	- 0.0041 (0.0039)	0.0274 ** (0.0114)	0.0084 (0.0115)
married	0.0228 (0.0302)	0.0089 ** (0.0043)	0.0045 (0.0091)	- 0.0139 *** (0.0046)	0.0472 *** (0.0136)	0.0197 (0.0134)
hour	- 0.0010 (0.0007)	- 0.0006 *** (0.0001)	- 0.0000 (0.0002)	0.0001 (0.0001)	0.0002 (0.0004)	0.0002 (0.0004)
dy	0.0025 (0.0383)	0.0482 *** (0.0077)	0.0083 (0.0114)	0.0273 *** (0.0081)	0.0549 *** (0.0185)	- 0.0465 *** (0.0141)
Government	0.0656 (0.2286)	——	- 0.0898 (0.1160)	- 0.1363 *** (0.0391)	- 0.1017 (0.0898)	- 0.1883 ** (0.0910)
SOEs	0.0615 (0.2261)	0.0523 (0.0599)	- 0.0686 (0.1141)	- 0.1523 *** (0.0372)	0.0194 (0.0828)	- 0.1297 (0.0937)
CEs	0.2021 (0.2322)	0.0749 (0.0623)	- 0.0670 (0.1153)	- 0.1357 *** (0.0390)	0.0025 (0.0915)	- 0.1251 (0.1008)
JEs	0.0824 (0.2266)	0.0930 (0.0599)	- 0.0458 (0.1147)	- 0.1190 *** (0.0373)	0.0778 (0.0827)	- 0.1168 (0.0948)
IEs	0.0940 (0.2263)	0.1058 * (0.0601)	- 0.0454 (0.1145)	- 0.1455 *** (0.0367)	0.0272 (0.0832)	- 0.1551 * (0.0929)
PEs	0.0563 (0.2245)	0.0906 (0.0597)	- 0.0540 (0.1140)	- 0.1456 *** (0.0367)	0.0653 (0.0815)	- 0.1456 (0.0912)

续表

自变量	因变量（gini）					
	农林牧渔业	制造业	传统行业	低知低薪服务业	高知高薪服务业	公益性服务业
HMTEs	− 0. 0608 （0. 2746）	0. 0850 （0. 0599）	0. 1734 （0. 1471）	− 0. 1358 *** （0. 0466）	− 0. 0136 （0. 0995）	− 0. 1869 （0. 1385）
FOEs	0. 5305 ** （0. 2514）	0. 1174 * （0. 0600）	0. 0222 （0. 1303）	− 0. 0363 （0. 0422）	0. 2785 *** （0. 0896）	0. 4743 *** （0. 1048）
SFJEs	0. 0188 （0. 2752）	0. 0668 （0. 0601）	− 0. 1075 （0. 1291）	− 0. 0994 ** （0. 0423）	0. 0944 （0. 0918）	—
CPOs	—	− 0. 0138 （0. 1885）	—	—	− 0. 0956 （0. 3807）	− 0. 1112 （0. 0955）
other	0. 2788 （0. 2344）	0. 1005 （0. 0730）	− 0. 0682 （0. 1191）	− 0. 1041 *** （0. 0397）	—	− 0. 1520 （0. 0985）
No_unit	0. 2072 （0. 2274）	0. 1229 * （0. 0647）	− 0. 0363 （0. 1164）	− 0. 1175 *** （0. 0396）	0. 0282 （0. 0999）	0. 0176 （0. 1248）
_cons	0. 2001 （0. 2351）	0. 0258 （0. 0613）	0. 1945 * （0. 1175）	0. 3274 *** （0. 0394）	− 0. 2917 *** （0. 0963）	0. 2355 ** （0. 1010）
N	440	11 934	5 302	12 085	4 840	2 433
R^2	0. 1219	0. 0470	0. 0257	0. 0146	0. 1116	0. 0908
adj. R^2	0. 080	0. 045	0. 022	0. 013	0. 108	0. 083

注：括号内的数值表示标准误，* 、** 、*** 分别表示在 1% 、5% 、10% 的水平上显著。

采用以工资对数计算的女性流动人口劳动者基尼系数作为被解释变量，采用 FIF-OLS 估计的实证结果见表 10 – 10。从教育来看，农林牧渔业、制造业、传统行业、低知低薪服务业，教育水平的提高可以显著降低女性流动人口月工资的基尼系数，即教育水平越高，女性流动人口中的工资收入差距也就越小；高知高薪服务业、公益性服务业中，女性流动人口劳动者的教育水平越高，其基尼系数也就越小。无论在任何行业，是否结婚对女性流动人口的基尼系数没有显著性的影响。

表 10 – 10　　不同行业女性流动人口月工资基尼系数的回归结果

自变量	因变量（gini）					
	农林牧渔业	制造业	传统行业	低知低薪服务业	高知高薪服务业	公益性服务业
age	− 0. 0008 （0. 0014）	0. 0008 *** （0. 0002）	0. 0033 *** （0. 0009）	0. 0015 *** （0. 0002）	0. 0060 *** （0. 0009）	0. 0013 ** （0. 0005）
edu_y	− 0. 0108 *** （0. 0033）	− 0. 0036 *** （0. 0006）	− 0. 0036 * （0. 0021）	− 0. 0067 *** （0. 0005）	0. 0100 *** （0. 0020）	− 0. 0069 *** （0. 0011）
time	0. 0171 *** （0. 0057）	− 0. 0011 （0. 0008）	0. 0062 ** （0. 0029）	0. 0038 *** （0. 0007）	0. 0101 *** （0. 0029）	0. 0021 （0. 0015）
time2	− 0. 0007 ** （0. 0003）	0. 0001 ** （0. 0000）	− 0. 0002 * （0. 0001）	− 0. 0001 *** （0. 0000）	− 0. 0004 ** （0. 0001）	0. 0000 （0. 0001）
national	− 0. 0639 ** （0. 0306）	− 0. 0157 *** （0. 0051）	0. 0143 （0. 0192）	− 0. 0088 * （0. 0051）	− 0. 0264 （0. 0204）	− 0. 0073 （0. 0097）
hukou	− 0. 0132 （0. 0253）	0. 0178 *** （0. 0036）	0. 0008 （0. 0130）	− 0. 0050 * （0. 0030）	0. 0182 * （0. 0104）	0. 0085 （0. 0061）
married	− 0. 0222 （0. 0307）	0. 0023 （0. 0045）	− 0. 0209 （0. 0152）	0. 0056 * （0. 0034）	− 0. 0021 （0. 0120）	− 0. 0033 （0. 0071）
hour	− 0. 0012 * （0. 0007）	− 0. 0018 *** （0. 0001）	− 0. 0004 （0. 0004）	− 0. 0003 *** （0. 0001）	− 0. 0003 （0. 0004）	− 0. 0004 * （0. 0002）
dy	− 0. 0420 （0. 0434）	0. 0061 （0. 0094）	− 0. 0371 * （0. 0198）	0. 0100 （0. 0085）	0. 0507 *** （0. 0169）	− 0. 0251 *** （0. 0091）
Government	− 0. 5917 *** （0. 1084）	− 0. 2916 （0. 2011）	0. 0628 （0. 2094）	0. 0484 * （0. 0257）	0. 0157 （0. 0998）	− 0. 0640 （0. 0585）
SOEs	− 0. 5637 *** （0. 1045）	− 0. 0871 （0. 1424）	0. 0681 （0. 2079）	0. 0076 （0. 0240）	0. 0425 （0. 0947）	− 0. 0470 （0. 0598）
CEs	− 0. 4950 *** （0. 1230）	− 0. 1008 （0. 1433）	0. 1462 （0. 2113）	− 0. 0061 （0. 0258）	0. 0542 （0. 0997）	− 0. 0466 （0. 0622）
JEs	− 0. 6198 *** （0. 1136）	− 0. 1143 （0. 1423）	0. 0174 （0. 2088）	0. 0089 （0. 0237）	0. 0607 （0. 0945）	− 0. 0121 （0. 0600）
IEs	− 0. 5596 *** （0. 1094）	− 0. 0480 （0. 1423）	0. 0223 （0. 2090）	0. 0183 （0. 0232）	0. 0523 （0. 0953）	− 0. 0462 （0. 0590）

续表

自变量	因变量（gini）					
	农林牧渔业	制造业	传统行业	低知低薪服务业	高知高薪服务业	公益性服务业
PEs	− 0. 5994 ***	− 0. 0967	0. 0467	0. 0016	0. 0438	− 0. 0538
	（0. 1035）	（0. 1422）	（0. 2079）	（0. 0231）	（0. 0939）	（0. 0584）
HMTEs	− 0. 6984 ***	− 0. 1044	− 0. 0187	—	0. 0439	− 0. 0253
	（0. 1974）	（0. 1423）	（0. 2240）		（0. 1046）	（0. 0863）
FOEs	—	− 0. 1108	0. 0395	0. 0304	0. 1675 *	0. 1944 ***
		（0. 1423）	（0. 2168）	（0. 0274）	（0. 0985）	（0. 0670）
SFJEs	− 0. 6746 ***	− 0. 1131	0. 0528	0. 0049	0. 0871	0. 0547
	（0. 1335）	（0. 1423）	（0. 2155）	（0. 0266）	（0. 0988）	（0. 0781）
CPOs	—	—	—	0. 0772 **	0. 0063	− 0. 0149
				（0. 0331）	（0. 1746）	（0. 0594）
other	− 0. 4435 ***	− 0. 1162	0. 0632	0. 0637 **	0. 0987	− 0. 0345
	（0. 1149）	（0. 1469）	（0. 2278）	（0. 0274）	（0. 1223）	（0. 0610）
No_unit	− 0. 4769 ***	− 0. 0395	0. 1421	0. 0092	—	—
	（0. 1110）	（0. 1435）	（0. 2159）	（0. 0266）		
_cons	1. 1165 ***	0. 4582 ***	0. 1833	0. 3232 ***	− 0. 0511	0. 4368 ***
	（0. 1372）	（0. 1427）	（0. 2158）	（0. 0258）	（0. 1078）	（0. 0638）
N	278	8 432	1 268	13 245	3 576	4 981
R^2	0. 3186	0. 0536	0. 0526	0. 0524	0. 0460	0. 0465
adj. R^2	0. 268	0. 051	0. 037	0. 051	0. 041	0. 043

注：括号内的数值表示标准误，＊、＊＊、＊＊＊分别表示在1%、5%、10%的水平上显著。

从总体来看，男性和女性流动人口基尼系数的影响因素并不相同，这也说明男性和女性的资源禀赋在劳动力市场中的回报机制存在差异。为此，下面结合 Brown 分解方法，对男性和女性流动人口劳动者的基尼系数差异进行分解，以探讨行业和性别对流动人口工资收入的基尼系数影响。

三、Brown 分解下的性别工资尼基系数差异分解结果

按照式（10 - 25）的分解方法，对性别工资基尼系数差异进行 Brown 分解（见表 10 - 11）。分解结果表明，男性流动人口劳动者工资基尼系数低于女性 0.0257。在方法一中，由于行业内资源禀赋差异，男性劳动者比女性劳动者的基尼系数高 0.0023，然而在行业内回报机制差异导致男性劳动者的基尼系数比女性低 0.0255。由于行业间资源禀赋效应，男性劳动者比女性劳动者的基尼系数低 0.0008；由于行业间回报机制效应，男性劳动者比女性劳动者的基尼系数低 0.0008。方法二中，由于行业内资源禀赋差异，男性劳动者比女性劳动者的基尼系数高 0.0013，然而在行业内回报机制差异导致男性劳动者的基尼系数比女性低 0.0218。由于行业间资源禀赋效应，男性劳动者比女性劳动者的基尼系数低 0.0254；由于行业间回报机制效应，男性劳动者比女性劳动者的基尼系数高 0.0017。因此，从总体上来看，男性和女性工资基尼系数的差异主要来自行业内部。

表 10 - 11　　　　男女流动人口性别工资差异的 Brown 分解结果

指标	方法一		方法二	
	月工资基尼系数	百分比	月工资基尼系数	百分比
总差异	- 0.0257	100	- 0.0257	100
行业内合计	—	100	—	100
行业内可解释部分	0.0023	0.91	0.0013	6.34
行业内不可解释部分	- 0.0255	- 109.91	- 0.0218	- 106.34
行业间合计	—	100	—	100
行业间可解释部分	- 0.0008	- 50	- 0.0254	107.17
行业间不可解释部分	- 0.0008	- 50	0.0017	7.17

四、流动人口性别工资基尼系数差异结论

从总体来看，男性和女性流动人口基尼系数的影响因素并不相同，这也说明男性和女性的资源禀赋在劳动力市场中的回报机制存在差异。分解结果

表明男性流动人口劳动者工资基尼系数低于女性,男性和女性工资基尼系数的差异主要来自行业内部。而且基尼系数的差异主要由行业内部不可解释的部分组成,说明当前的人口流动中劳动力市场歧视作用机制非常明显。为了有效推动人口流动,减少劳动力市场歧视,必须进一步完善劳动力市场,减少非生产率的因素在劳动力市场上发挥作用,例如松绑户籍与就业、教育等福利之间的关系,减少用人的身份特征信息,减少人口流动的成本和各种障碍等。

第十一章

中国人口流动取向检验：
经济推引还是社会认同？

第一节　基于推拉理论的劳动力流动分析

根据 D. J. 博格（Bogue D. J., 1959）劳动力流动模型，劳动力流动主要源自劳动力流动的推力和拉力。流入目的地的经济状况是劳动力流动的主要拉动因素，流出地的经济状况是流出的主要推动因素，流入地和流出地的差距成为劳动力流动的关键。J. E. 泰勒（Taylor J. E., 1991）和 D. 布鲁姆（Bloom D., 1985）认为劳动力的迁移除了推拉因素、流出与流入地之间的预期收入差异之外，还包括个人、家庭、环境等因素的影响。很多文章研究了经济因素对劳动力流动的影响，也研究了劳动力流动对不同地区的收入分配差距的影响，即经济因素既是劳动力流动的推动因素，也是劳动力流动的结果。在影响劳动力流动的因素方面，D. S. 梅西等（Massey D. S. et al., 1993）认为引起劳动力的流动主要原因是收入差距的影响，M. P. 托达罗（Todaro M. P., 1969）认为预期的城乡收入差距以及是否能在城市中实现就业是影响迁移决策的主要因素；C. C. 凡（Fan C. C, 2004）认为劳动者的年龄、性别、受教育程度、家庭背景等方面会影响劳动力流动的意愿。梁琦等（2013）从户籍制度视角研究劳动力流动，认为户籍制度阻碍了劳动力自由流动，不利于城市层级体系的优化。所以，劳动力流动的驱动力为流入地及流出地的经济因素、户籍制度，以及微观个体及其家庭所面临的收入、福利、风险等因素共同作用。劳动力流动对地区收入分配影响目前尚未完全达成共识，有学者认为劳动力流动扩大了地区之间的收入分配差距（钟笑寒，2006；段均、杨俊，2011；周加来，李刚，2008；余吉祥，沈坤荣，2013；周光霞，2018）；也有学者认为劳动力流动减缓了地区之间的收入分配差距（杨建军，李勇辉，2016；姚枝仲等，2003；王小鲁，樊纲，2004），这种争议的原因在于劳动力流动与收入分配之间存在着较强的内生性。故在研究劳动力流动的经济因素时必须考虑到这种由选择性偏差而导致的估计偏误。

随着人们生活水平的提高，经济因素虽然还是决定劳动力流动的重要因素，但其他因素也逐渐成为人们所考虑的对象。流动人口流入目的地之后可能会长期在当地生活，这涉及劳动力流动者的生活融入度的问题，如果能够较好地融入当地的生活，被当地人所接纳，那么这种流动具有相对较高的稳定性，一旦无法被当地人接纳，他们就会由于效用受损而离开此地，继续流动或者出现回流。所以，在劳动力流动过程中，虽然经济因素决定着劳动力流动的方向，随着劳动力流动者的逐渐成熟，那么他们再次流动所考虑的因素会更加完善，劳动力流动的融入度也会逐渐成为决定劳动力流动的主要因素（潘静，陈广汉，2014；何军，2011）。国外社会融合理论主要包括同化融合论、多元文化论、隔离性融合三个方面。R. E. 帕克（Park R. E.，1928）的同化融入理论认为移民通过调整原有的态度和文化习惯，融入当地社会，认为社会融入是人们被迫接受主流社会的文化、价值观、行为方式等的过程，这一观点受到学者们的质疑和批评。因此又产生了多元文化，该理论认为，不同的文化和价值观会相互作用、相互渗透，不以某一弱势群体文化的牺牲为代价，所有的社会参与者都享有平等的权利。隔离性融合是对传统融合理论的补充和拓展，考虑移民在流入地所处的经济背景的不同，移民的人力资本及社会关系等方面与流入地存在互动，流入地的成员以及政策制度表现出来的冷漠、歧视或接受等态度对融合过程起到关键作用。然而，劳动力初步流动和未来的再次流动中，经济因素和社会融入度是否都显著决定着劳动力流动的方向，经济因素是否还是主要的决定因素？这些问题都需要进行深入的探讨。①

第二节　中国人口流动取向检验的研究方法

劳动力流动是综合因素作用的结果，包括经济型因素和非经济型因素，它

---

① 袁青川. 劳动迁移与未来再迁移决策检验：经济推引还是社会认同？［J］. 云南财经大学学报，2019（2）：33 - 46.

是一种综合性的预期体验，所以，本书主要采用效用函数来研究劳动力的省际流动决策。不同类型的劳动者其流动机制也会存在着显著差异，假设流出地为 i 地区，流入地为 j 地区，第 k 类型劳动者获得的效用是 $U_{k,ij}$，假设劳动者 m 的效用是关于流入地 i、流出地 j 以及劳动者个体 indiv、劳动者家庭等变量 familiy 等线性函数：

$$U_{k,ij} = z_{ij}\beta_k + indv\gamma + family\delta + \varepsilon_{k,ij} \tag{11-1}$$

其中，β_k 表示 k 类型劳动者效用系数向量，不同类型的劳动者该系数向量会存在差异。$\varepsilon_{k,ij}$ 表示随机项，假设有 N 个流动的地区可供选择，那么从 i 地区流动到 j 地区的概率（包括 i = j）$\pi_{k,ij}$ 的表达式为：

$$\pi_{k,ij} = Prob(U_{k,ij} > U_{k,is}) \qquad 其中 s \neq j \tag{11-2}$$

如果有 N 个流入地可供选择，那么劳动者流动的概率 $\pi_{k,ij}$ 可以进一步表达为 Logit 条件函数：

$$\pi_{k,ij} = \frac{\exp(z_{ij}\beta_k + indv\gamma + family\delta)}{\sum_{j=1}^{N} \exp(z_{ij}\beta_k + indv\gamma + family\delta)} \tag{11-3}$$

如果直接采用 Logit 条件函数对劳动力流动进行估计，需要采用多元 Logit 回归，且估计结果相对比较复杂。S. A. 加布里埃尔等（Gabriel S. A. et al., 1987, 1993），S. 蓬塞（Poncet S., 2006）以及 A. C. 萨瑟（Sasser A. C., 2010）等学者采用了一种相对简单的方法对劳动力流动进行了估计，即估计劳动者从 i 地区流动到 j 地区的概率和继续留在 i 地区的概率之比 $\pi_{k,ij}/\pi_{k,ii}$：

$$\frac{\pi_{k,ij}}{\pi_{k,ii}} = \exp(Z_{ij}\beta_k) \tag{11-4}$$

式（11-4）中，$Z_{ij} = z_{ij} - z_{ii}$ 表示流入地和流出地条件，包括激励劳动者流出的变量和吸引劳动者到流入地的条件。$Z_{ij}\beta_k$ 表示由于劳动力流动带来的福利改进。假设 flo 表示省际流动的可能性，那么式（11-4）可以表示为：

$$P(flo = 1 \mid Z_{ij}) = G(Z_{ij}\beta_k) = \frac{\exp(Z_{ij}\beta_k)}{1 + \exp(Z_{ij}\beta_k)} = \Lambda(Z_{ij}\beta_k)$$

$$Z_{ij}\beta_k = \ln\frac{P(flo = 1 \mid x)}{1 - P(job = 1 \mid x)} \tag{11-5}$$

由于是否进行省际流动本身是一种选择过程，未来的劳动力再次迁移已经不是一个随机样本，而是一个选择样本，所以未来劳动力再次迁移的影响因素研究必须采用纠正选择性偏差的二阶段法。

$$E(longliving = 1 \mid flo = 1, Z_{ij})$$

$$= prob(Z'_{ij}\beta'_k + \varepsilon_1 \mid Z_{ij}\beta_k + \varepsilon_2 > 0)$$

$$= prob(Z'_{ij}\beta'_k + \rho\sigma_2\lambda(-x_2\theta_2/\sigma_2)) \qquad (11-6)$$

其中，longliving 表示是否打算在本地长期（5 年以上）居住，如果打算在本地长期（5 年以上）居住，则用 longliving = 1 表示，否则用 longliving = 0 表示。Z'_{ij} 表示影响其未来是否长期打算居住的经济、社会认同、个体等变量。

第三节　中国人口流动取向数据及描述性分析

本研究采用 2014 年国家卫健委的全国流动人口动态监测数据。该数据不但调查了劳动力流动的个体数据情况，同时也围绕流动人口进行了社会融合调查，主要的调查范围包括北京市朝阳区、山东省青岛市、福建省厦门市、浙江省嘉兴市、广东省深圳市和中山市、河南省郑州市、四川省成都市八个城市，调查对象主要是在本地居住一个月及以上，非本区（县、市）户口的男性和女性流动人口，主要涵盖 2014 年 5 月前出生、年龄为 15~59 周岁的人口，即1954 年 6 月至 1999 年 5 月间出生的人口。主要选择的解释变量是劳动力流动和未来劳动力流动。其中，劳动力流动主要采用户口所在地和现在居住地分离的方法，如果没有分离，表示在省份内部的流动，否则表示省际的流动。根据劳动力流动的托达罗模型，劳动力的流动受到流入地和流出地的影响，这里主要选择流入地和流出地的人口总量、人均经济收入、失业率、失业率的增长率等宏观经济状况作为劳动力流动的经济推引因素；同样，流入地和流出地的生活消费也是劳动力流动的重要经济因素；另外，在社会认同方面主要分为三类，包括社会认同能力、社会观点认同、社会体验认同方面。其中，在社会认同能力方面，主要采用劳动者对流入地语言的掌握能力来代表其对流入地的认同能力，因为掌握当地语言可以较快地融入流入地的文化和生活中，较快地适应和被接受；在社会观念认同方面，主要考虑其对流入地和流入地的经济、生活密切相关的生活习俗等的认同和适应，具体来讲，对流出地的认同主要包含了对自己家乡风俗的认同、对家乡办事习惯的认同、对孩子说家乡话的认同、保持家乡生活习惯的认同等；对流入地的认同主要包含对卫生习惯、衣着打扮、教育理念或养老观念的认同，以及对一些社会问题的看法等与本地市民不存在着较大分歧。在具体的体验认同方面，主要包括了是否愿意与本地人做同事、邻居、朋友等以及感觉自己是否属于这个城市、是否是这个城市的成员，是否感觉本地人不愿与我做邻居、不喜欢我、看不起我等。具体的变量以及变量的含义见表 11 -1。

表 11 -1 变量类型、含义及其定义

变量类型	英文变量名称	单位	含义
被解释变量	flo	—	flo = 1 表示外流，flo = 0 表示内流
	longliving	—	longliving = 1 打算在本地长期（5 年以上）居住，longliving = 0 不打算在本地长期（5 年以上）居住
人口特征	edu	年	受教育年限
	married	—	married = 0 表示未婚，married = 1 表示已婚
	hukou	—	hukou = 0 表示农业户口，hukou = 1 表示非农业户口
	nation	—	nation = 1 表示汉族，nation = 0 表示少数民族
	gender	—	gender = 1 表示男性，gender = 0 表示女性
	age	岁	年龄
流入流出地经济特征	unemploy_groc	—	流出地的失业增长率
	unemploy_gror	—	流入地的失业增长率
	populaton_2013r	万人	流入地的人口
	unemploy_2013r	—	流入地的失业率
	aver_gdp2013r	元	流入地的人均 GDP
	populaton_2013c	万人	流出地的人口
	unemploy_2013c	—	流出地的失业率
	aver_gdp2013c	元	流出地的人均 GDP
流入地的生活消费	rent_m	元	家庭在本地每月住房房租
	cost_m	元	家庭在本地平均每月总支出
	famincom_m	元	家庭在本地平均每月总收入
	familyp_in	—	家庭在本地平均每月总支出/总收入
流入地的能力认同	loc_language	—	对本地话的掌握程度：1 听得懂也会讲；2 听得懂，也会讲一些；3 听得懂一些但不会讲；4 不懂本地话
流出地的观念认同	—	—	1 非常同意；2 同意；3 既不同意也不反对；4 不同意；5 非常不同意
	ident_hocustom	—	认同之遵守家乡的风俗
	ident_hodo	—	认同之按照家乡的习惯办事
	ident_hosay	—	认同之孩子应学会说家乡话

变量类型	英文变量名称	单位	含义
流入地的观念认同	ident_holiving	—	认同之保持家乡的生活方式（如饮食习惯）
	ident_hohealth	—	认同之卫生习惯
	ident_hocloth	—	认同之衣着打扮
	ident_hoidea	—	认同之教育理念或养老观念
	ident_hoview	—	认同之对一些社会问题的看法
	act_identdiffer	—	存在差别时采取的态度或行动
流入地的体验认同	—	—	以下问题选项：1 完全不同意；2 不同意；3 基本同意；4 完全同意
	w_onecomm	—	意愿之与本地人共同居住在一个街区（社区）
	w_colleague	—	意愿之与本地人做同事
	w_neighbor	—	意愿之与本地人做邻居
	w_friends	—	意愿之与本地人交朋友
	w_belongcity	—	感觉之自己是属于这个城市
	w_citymember	—	感觉之自己是这个城市的成员
	w_citypart	—	感觉之自己是这个城市的一部分
	loca_neigh_N	—	感觉之本地人不愿与我做邻居
	loca_dislike	—	感觉之本地人不喜欢我
	loca_despise	—	感觉之本地人看不起我
	feel_homember	—	觉得自己还是不是老家人：feel_homember = 1 表示是；feel_homember = 2 表示不是
	loc_getalong	—	觉得自己或家人与本地人相处情况：1 很融洽；2 比较融洽；3 一般；4 不融洽；5 来往很少

　　劳动力流动之后是否与当地的社会文化等相融合，也是促使其再次流动的重要因素。所以，劳动力流动不仅仅受经济因素的推动，更重要的是随着人们生活水平的提高，劳动力流动更倾向于一种高质量的劳动力流动，即其会逐渐强调流入地对其的接纳和认同程度。如果感受到当地市民对其接纳程度较低，无法融入当地的生活，他们也会产生强烈的再流动意愿。然而，这种流动不再是一种纯粹的经济决策，而逐渐形成了一种效用决策，即心理感受的满足程

度。而这种流动将是一种更高质量的流动。然而，在现实生活中由于信息的不对称，经济因素往往是劳动力是否进行流动的主要决定因素，在流动之后，对流入地的体验逐渐成为劳动力再次流动的重要影响因素。所以，本节主要结合劳动力流动和未来的再流动意愿，检验这两种不同的流动类型中经济因素和社会认同因素在其中所起到作用，以及在这两种不同类型的流动中二者的作用是否有较大的变化。

在调查样本中，省内流动和省际流动劳动者的平均教育年限分别为 9.49 年和 9.40 年，即平均受教育水平为高中，可见，劳动者流动样本中平均受教育年限较低。在这样的样本背景下，中国劳动力流动呈现学历越高、省际流动的可能性越小的特征；同样，在是否长期居住方面，也表现相同的趋势，即长期打算在本地居住的劳动者平均教育年限为 9.68 年，不打算在本地长期居住的为 9.20 年。通过对省际流动和省内流动、打算长期居住和不打算长期在本地居住的群体分别进行均值差检验，发现两个群体的差异无论在人口特征、流入地和流出地经济特征、社会认同等方面均存在着显著的差异（见表 11 -2）。

表 11 -2　　　　　　　　　**人口流动和未来流动意愿的描述性统计**

变量名称	分组变量						
	总体	Flo = 1	Flo = 0	Flo = 0 - Flo = 1	longliving = 1	Longliving = 0	Longliving = 0 - longliving = 1
	Mean	Mean	Mean	0 - 1	Mean	Mean	0 - 1
edu	9.493	9.401	9.588	0.187 ***	9.680	9.198	- 0.482 ***
Married	0.989	0.989	0.988	- 0.000908	0.990	0.985	- 0.00461 ***
hukou	0.147	0.140	0.153	0.0131 ***	0.169	0.118	- 0.0514 ***
nation	0.927	0.945	0.908	- 0.0365 ***	0.929	0.927	- 0.00212
gender	0.585	0.592	0.578	- 0.0142 ***	0.580	0.610	0.0302 ***
age	34.10	34.17	34.03	- 0.142 ***	35.16	33.01	- 2.152 ***
unemploy g ~ c	- 0.0131	- 0.0150	- 0.0112	0.00379 ***	- 0.0138	- 0.0127	0.00113 ***
unemploy g ~ r	- 0.00221	0.00675	- 0.0112	- 0.0179 ***	- 0.000580	- 0.00592	- 0.00534 ***
popula ~ 2013r	4 822	4 476	5 170	693.8 ***	4 797	4 933	136.7 ***
unempl ~ 2013r	3.268	3.083	3.454	0.371 ***	3.311	3.230	- 0.0811 ***
aver g ~ 2013r	50 764	59 910	41 606	- 18 303.7 ***	51 417	50 216	- 1 200.5 ***
popula ~ 2013c	5 648	6 108	5 170	- 938.8 ***	5 616	5 747	131.1 ***

续表

变量名称	分组变量						
	总体	Flo = 1	Flo = 0	Flo = 0 – Flo = 1	longliving = 1	Longliving = 0	Longliving = 0 – longliving = 1
	Mean	Mean	Mean	0 – 1	Mean	Mean	0 – 1
unempl ~ 2013c	3. 458	3. 462	3. 454	– 0. 00804 ***	3. 471	3. 444	– 0. 0275 ***
aver g ~ 2013c	40 715	39 858	41 606	1 747. 9 ***	41 537	39 742	– 1 794. 7 ***
rent m	649. 8	685. 1	613. 1	– 72. 03 ***	743. 6	450. 3	– 293. 4 ***
cost m	2 806	2 899	2 711	– 188. 1 ***	3 218	2 096	– 1 122. 3 ***
famincom m	5 804	6 366	5 220	– 1 145. 3 ***	6 507	4 743	– 1 764. 3 ***
familyp in	0. 563	0. 519	0. 610	0. 0917 ***	0. 578	0. 513	– 0. 0652 *
loc language	2. 133	2. 510	1. 676	– 0. 835 ***	2. 037	2. 320	0. 282 ***
ident hocu ~ m	2. 139	2. 138	2. 141	0. 00302	2. 141	2. 053	– 0. 0878 ***
ident hodo	2. 343	2. 333	2. 356	0. 0235	2. 357	2. 252	– 0. 105 ***
ident hosay	2. 379	2. 292	2. 485	0. 193 ***	2. 404	2. 280	– 0. 124 ***
ident holi ~ g	2. 511	2. 466	2. 566	0. 100 ***	2. 534	2. 422	– 0. 112 ***
ident hohe ~ h	3. 610	3. 514	3. 726	0. 212 ***	3. 680	3. 470	– 0. 210 ***
ident hocl ~ h	3. 709	3. 635	3. 799	0. 164 ***	3. 769	3. 589	– 0. 180 ***
ident hoidea	3. 537	3. 426	3. 671	0. 246 ***	3. 606	3. 394	– 0. 213 ***
ident hoview	3. 567	3. 457	3. 701	0. 244 ***	3. 630	3. 423	– 0. 207 ***
act identd ~ r	3. 661	3. 572	3. 769	0. 196 ***	3. 706	3. 589	– 0. 118 ***
w onecomm	3. 480	3. 430	3. 540	0. 109 ***	3. 542	3. 349	– 0. 193 ***
w colleague	3. 517	3. 466	3. 578	0. 113 ***	3. 572	3. 403	– 0. 169 ***
w neighbor	3. 530	3. 478	3. 594	0. 116 ***	3. 589	3. 412	– 0. 177 ***
w friends	3. 546	3. 497	3. 606	0. 108 ***	3. 600	3. 448	– 0. 152 ***
w belongcity	3. 168	3. 063	3. 295	0. 232 ***	3. 263	2. 974	– 0. 288 ***
w citymember	3. 210	3. 120	3. 320	0. 200 ***	3. 298	3. 032	– 0. 265 ***
w citypart	3. 252	3. 167	3. 356	0. 189 ***	3. 337	3. 095	– 0. 242 ***
loca neigh N	1. 925	1. 998	1. 836	– 0. 162 ***	1. 869	2. 036	0. 167 ***
loca dislike	1. 841	1. 905	1. 763	– 0. 142 ***	1. 788	1. 938	0. 149 ***
loca despise	1. 810	1. 879	1. 726	– 0. 153 ***	1. 760	1. 903	0. 143 ***
feel homem ~ r	1. 129	1. 126	1. 132	0. 00552	1. 153	1. 076	– 0. 0779 ***
loc getalong	2. 078	2. 200	1. 930	– 0. 270 ***	1. 927	2. 286	0. 359 ***

注：* 、** 、*** 分别表示在1% 、5% 、10%的水平上显著。

省际流动决策的实证结果表明，非农业户口劳动力对省际流动的倾向更大，人口特征的其他方面对省际和省内流动没有产生显著性的影响，这说明户口仍然是影响劳动力流动的重要因素。

第四节　人口流动与未来再流动的实证结果

省际流动决策的实证结果表明（见表 11 - 3），流入流出地的经济特征是决定省内流动和省际流动的重要因素。在失业率方面，流出地失业率每增加1%，将会使得省际流动的概率上升 0.0542%，这意味着流出地的失业率越高，在当地就业的机会也就越少，进行省际流动到其他地方找工作的概率则越大。如果流入地的失业率每增加 1%，那么进行省际流动到该地的概率就会减少 0.256%。在人均收入方面，流出地的人均收入每增加 1%，将会使得省际流动到其他地区的概率下降 0.401%，流入地人均收入每增加 1%，那么省际流动到该地的概率将会增加 0.256%。所以，从总体上来说，当地人口的流入和流出与当地和其他地区的经济状况差异有着很大的关系。从当下的劳动力流动来看，主要还是经济因素在起着作用。这种实证结果也揭示了当下的人口集聚问题，即全国其他地区人口主要流向北京、上海、广州等大城市，这与当地的经济发展水平有着密切的关系。另外，lnPC 表示流出地人口的对数，lnPR 表示流入地人口的对数，二者的系数是小于 1，即不论是流入地还是流出地，当地的人口每增加 1%，那么省际流动人口增加的比重不会超过 1%。根据边际效应的概念可以发现，流入地人口每增加 1%，会使得省际流入的概率提高 0.0645%；流出地人口每增加 1%，流出地的人口中省际流动的概率将降低 0.262%。该实证结果也表明，人口在流动过程中会逐渐出现人口集聚问题，即逐步向经济发达的地区进行集聚。为了减少人口聚集，实现劳动力回流，必须大力发展当地的经济，提高当地的人均经济收入、降低当地的失业率，在经济水平提升中获得劳动力的回流，进而促进经济的快速发展，减少区域之间的经济差距。

劳动者在进行省际流动决策时，对于在流入地的经济支出也非常关注，这也是他们是否流动的一个具有决定意义的因素。从流入地的生活消费来看，当地的租金对于省际流动决策影响不是很显著，其流动决策主要取决于在当地的

表 11 - 3　　　　　省际流动决策与长期居住决策实证结果

变量类型	变量英文名称	flo	dy/dx	longliving	dy/dx
人口特征	edu	- 0.0124 (0.0149)	- 0.000786 (0.000940)	0.0905 *** (0.0145)	0.00891 *** (0.00143)
	married	0.0329 (0.369)	0.00208 (0.0233)	0.987 *** (0.257)	0.0972 *** (0.0253)
	hukou	0.285 ** (0.121)	0.0180 ** (0.00763)	0.0700 (0.123)	0.00689 (0.0121)
	nation	0.105 (0.303)	0.00664 (0.0191)	0.207 (0.168)	0.0204 (0.0166)
	gender	0.0517 (0.0733)	0.00327 (0.00464)	0.0274 (0.0679)	0.00270 (0.00669)
	age	0.00640 (0.00484)	0.000405 (0.000306)	0.0113 *** (0.00434)	0.00111 *** (0.000427)
流入地、流出地的 经济特征	unemploy_groc	- 10.29 *** (1.624)	- 0.651 *** (0.102)	0.149 (1.021)	0.0147 (0.101)
	unemploy_gror	50.09 *** (4.646)	3.169 *** (0.292)	7.873 ** (3.848)	0.775 ** (0.379)
	lnPR	1.020 *** (0.132)	0.0645 *** (0.00833)	0.147 (0.0999)	0.0145 (0.00983)
	unemploy_2013r	- 4.045 *** (0.156)	- 0.256 *** (0.00909)	0.263 * (0.139)	0.0259 * (0.0137)
	lnaver_gdpr	4.039 *** (0.305)	0.256 *** (0.0189)	1.633 *** (0.262)	0.161 *** (0.0257)
	lnPC	- 4.134 *** (0.144)	- 0.262 *** (0.00814)	- 0.00617 (0.0910)	- 0.000608 (0.00897)
	unemploy_2013c	0.857 *** (0.113)	0.0542 *** (0.00704)	- 0.135 * (0.0802)	- 0.0133 * (0.00790)
	lnaver_gdpc	- 6.331 *** (0.214)	- 0.401 *** (0.0119)	0.189 (0.150)	0.0187 (0.0148)
流入地的 生活消费	rent_m	3.02e - 05 (3.23e - 05)	1.91e - 06 (2.04e - 06)	0.000439 *** (5.62e - 05)	4.32e - 05 *** (5.55e - 06)
	familyp_in	- 0.841 *** (0.142)	- 0.0532 *** (0.00892)	1.562 *** (0.193)	0.154 *** (0.0189)
流入地的语言 能力认同	loc_language	0.736 *** (0.0401)	0.0465 *** (0.00237)	- 0.202 *** (0.0390)	- 0.0199 *** (0.00384)

变量类型	变量英文名称	flo	dy/dx	longliving	dy/dx
流出地、流入地的观念认同	ident_hocustom	0.00613 （0.0670）	0.000388 （0.00424）	0.0252 （0.0620）	0.00248 （0.00611）
	ident_hodo	0.0217 （0.0681）	0.00137 （0.00431）	0.0440 （0.0635）	0.00433 （0.00625）
	ident_hosay	0.0969 * （0.0503）	0.00613 * （0.00318）	− 0.00971 （0.0468）	− 0.000956 （0.00461）
	ident_holiving	− 0.0118 （0.0553）	− 0.000747 （0.00350）	0.0831 （0.0516）	0.00818 （0.00508）
	ident_hohealth	0.0194 （0.0630）	0.00122 （0.00398）	0.0344 （0.0537）	0.00339 （0.00529）
	ident_hocloth	0.0277 （0.0745）	0.00175 （0.00471）	0.0467 （0.0613）	0.00460 （0.00604）
	ident_hoidea	− 0.0901 （0.0689）	− 0.00570 （0.00436）	− 0.00482 （0.0591）	− 0.000475 （0.00582）
	ident_hoview	0.0740 （0.0683）	0.00468 （0.00432）	0.0525 （0.0583）	0.00517 （0.00574）
	act_identdiffer	− 0.0942 *** （0.0341）	− 0.00596 *** （0.00215）	− 0.0267 （0.0314）	− 0.00263 （0.00309）
流入地的体验认同	w_onecomm	− 0.0759 （0.106）	− 0.00480 （0.00669）	0.216 ** （0.0907）	0.0213 ** （0.00893）
	w_colleague	− 0.0760 （0.119）	− 0.00481 （0.00750）	− 0.141 （0.107）	− 0.0139 （0.0105）
	w_neighbor	0.143 （0.129）	0.00907 （0.00818）	0.218 ** （0.104）	0.0215 ** （0.0102）
	w_friends	− 0.0167 （0.116）	− 0.00106 （0.00732）	− 0.240 ** （0.0958）	− 0.0237 ** （0.00943）
	w_belongcity	− 0.0975 （0.0898）	− 0.00616 （0.00568）	0.228 *** （0.0773）	0.0224 *** （0.00761）
	w_citymember	0.222 ** （0.104）	0.0140 ** （0.00659）	0.0264 （0.0903）	0.00260 （0.00889）
	w_citypart	− 0.0926 （0.0964）	− 0.00586 （0.00610）	0.113 （0.0818）	0.0111 （0.00806）
	loca_neigh_N	− 0.0288 （0.0833）	− 0.00182 （0.00527）	− 0.124 * （0.0676）	− 0.0122 * （0.00666）

续表

变量类型	变量英文名称	flo	dy/dx	longliving	dy/dx
流入地的 体验认同	loca_dislike	0.0405 (0.116)	0.00256 (0.00733)	0.0714 (0.0930)	0.00703 (0.00916)
	loca_despise	0.0274 (0.103)	0.00173 (0.00649)	−0.0498 (0.0828)	−0.00490 (0.00815)
	feel_homember	0.112 (0.109)	0.00708 (0.00689)	0.570*** (0.121)	0.0562*** (0.0119)
	loc_getalong	−0.0871* (0.0451)	−0.00551* (0.00285)	−0.222*** (0.0385)	−0.0219*** (0.00378)
—	Constant	60.07*** (4.521)	—	−24.35*** (3.791)	—
	Observations	12 132	12 132	9 085	9 085

注：括号内的数值表示标准误，*、**、***分别表示在1%、5%、10%的水平上显著。

支出和收入比。如果支出收入比每增加百分之一，那么流入当地的人口概率将会下降0.0532%。劳动者省际流动决策的一个主要决定因素是支出和收入比。在经济发展过程中，若要实现劳动力的有序流动，减少人口的过度聚集，可通过收入分配政策和价格制度等，影响当地的支出与收入比重，可以适当增加当地人口流入的概率，促进当地的经济发展，减少地区之间经济发展的不平衡性。

劳动者在进行省际流动决策时，重点考虑的非经济型因素主要是流入地和流出地的社会生活适应情况，这主要取决于其社会认同。根据实证结果，对流入地的语言掌握程度高，可以提高劳动者流动的概率。对流出地、流入地的观点认同因素对劳动力是否进行省际流动决策时影响并不明显，对自己家乡的风俗的认同、对家乡的办事习惯的认同、对孩子说家乡话的认同、保持家乡生活习惯的认同等以及对流入地的卫生习惯、衣着打扮、教育理念或养老观念等与本地市民存在着较大的差别，对流动决策均没有显著影响。但是在劳动力省际流动决策时，对一些社会问题的看法会对劳动力省际流动有着显著影响，但影响程度并不大，即使省际流动劳动者对流入地的社会问题看法非常不同意，也不会造成省际流动迁入概率的明显下降。这说明劳动力在进行省际流动决策时，并没有将其对流入地的社会观念认同作为关键决策变量。同样，在众多体验认同因素中，是否愿意与本地人做同事、邻居、朋友等以及是否感觉自己是属于这个城市、感觉本地人是否愿与我做邻居、是否喜欢我、是否看不起我等均不是其进行省际流动决策重要影响因素。然而，觉得自己或家人与本地人相处情况的融洽程度和感觉自己是否为这个城市的成员对劳动力省际流动决策影响显著，说明劳动力在进行劳动力省际流动决策时，并没有完全不考虑流入地对自己的社会认同。这说明当下的劳动力流动决策已经融入了社会认同因素。虽然这种社会认同因素在邻里、朋友、同事等方面并不显著，但劳动者更加在意的是一种整体融入感。

未来劳动力流动决策的实证结果（见表11-4）表明，在其他条件相同的前提下，longliving=1表示打算在未来五年内再次流动。上学的年限越长，未来流动的概率也就越高，说明劳动者学历的提高有助于提升劳动者流动的能力，提高劳动力市场的流动性。已婚劳动者由于子女上学、经济压力等，未来再次流动意愿增强。此外，年龄也是决定其未来五年内是否流动的影响因素，劳动者年龄越大，未来流动的概率也就越高，但它不是劳动力决策省际流动的显著影响因素。这说明在当下我国的劳动力流动中，教育、婚姻、年龄等是劳动力流动后是否再次流动的重要决定因素。

表11-4 　　　　　　　　　　未来流动决策与长期居住决策实证结果

变量类型	自变量	因变量		参数
		llongliving	flo	athrho
人口特征	edu	0. 0439 *** (0. 0101)	− 0. 000489 (0. 00834)	—
	married	0. 433 ** (0. 195)	− 0. 0652 (0. 207)	—
	hukou	0. 0771 (0. 0817)	0. 144 ** (0. 0668)	—
	nation	0. 107 (0. 100)	0. 0489 (0. 169)	—
	gender	0. 0111 (0. 0469)	0. 0550 (0. 0411)	—
	age	0. 00374 (0. 00300)	0. 00717 *** (0. 00272)	—

续表

变量类型	自变量	因变量		参数
		llongliving	flo	athrho
流入地、流出地的经济特征	unemploy_groc	0.151 (0.559)	−4.943 *** (0.862)	—
	unemploy_gror	3.106 (2.697)	26.79 *** (2.493)	—
	lnPR	0.125 * (0.0693)	0.422 *** (0.0713)	—
	unemploy_2013r	0.284 ** (0.119)	−2.202 *** (0.0822)	—
	lnaver_gdpr	1.033 *** (0.231)	1.679 *** (0.159)	—
	lnPC	0.0703 (0.0686)	−2.154 *** (0.0747)	—
	unemploy_2013c	−0.128 ** (0.0593)	0.443 *** (0.0600)	—
	lnaver_gdpc	0.324 *** (0.115)	−2.931 *** (0.103)	—
流入地的生活消费水平	rent_m	0.000110 *** $(2.60e−05)$	$4.68e−05$ *** $(1.81e−05)$	—
	familyp_in	0.733 *** (0.126)	−0.476 *** (0.0849)	—
流入地的语言能力认同	loc_language	−0.167 *** (0.0295)	0.430 *** (0.0227)	—
流出地、流入地的观念认同	ident_hocustom	−0.0126 (0.0434)	−0.0171 (0.0370)	—
	ident_hodo	0.0548 (0.0444)	0.0480 (0.0379)	—
	ident_hosay	−0.0214 (0.0330)	0.0462 * (0.0279)	—
	ident_holiving	0.101 *** (0.0357)	−0.00239 (0.0310)	—
	ident_hohealth	0.0110 (0.0363)	−0.00429 (0.0352)	—

续表

变量类型	自变量	因变量		参数
		llongliving	flo	athrho
流出地、流入地的观念认同	ident_hocloth	−0.0326 (0.0415)	0.0175 (0.0415)	—
	ident_hoidea	0.00928 (0.0396)	−0.0354 (0.0388)	—
	ident_hoview	0.0552 (0.0388)	0.0424 (0.0382)	—
	act_identdiffer	−0.0201 (0.0216)	−0.0388 ** (0.0192)	—
流入地的体验认同	w_onecomm	0.115 * (0.0624)	−0.0754 (0.0588)	—
	w_colleague	−0.0333 (0.0728)	−0.0140 (0.0674)	—
	w_neighbor	0.130 * (0.0687)	0.0816 (0.0732)	—
	w_friends	−0.126 ** (0.0624)	0.0547 (0.0652)	—
	w_belongcity	0.0921 * (0.0526)	−0.0833 (0.0516)	—
	w_citymember	0.0622 (0.0615)	0.155 *** (0.0599)	—
	w_citypart	0.0579 (0.0552)	−0.0543 (0.0544)	—
	loca_neigh_N	−0.0552 (0.0469)	−0.00957 (0.0465)	—
	loca_dislike	−0.00121 (0.0643)	0.00710 (0.0650)	—
	loca_despise	0.0112 (0.0562)	0.0400 (0.0569)	—
	feel_homember	0.289 *** (0.0799)	0.120 ** (0.0589)	—
	loc_getalong	−0.111 *** (0.0266)	−0.0871 *** (0.0257)	—

续表

变量类型	自变量	因变量		参数
		llongliving	flo	athrho
—	Constant	− 18. 01 *** (3. 290)	32. 57 *** (2. 515)	0. 254 *** (0. 0885)
	Observations	10 092	10 092	10 092

注：括号内的数值表示标准误，＊、＊＊、＊＊＊分别表示在1%、5%、10%的水平上显著。

　　劳动力流动之后，经过对流入地的一段时间的体验，再次进行流动时所考虑的经济性因素会有所下降。其重点考虑的是流入地经济状况，如果当地的经济状况变差、失业率增长等均会刺激劳动力未来五年再次流动的意愿。但是与对初次流动的影响相比有一个明显的下降，这种影响程度的下降说明劳动力未来的流动不再是一种简单的经济决策。经济状况对劳动力初次流动和再次流动影响并不完全相同。

　　在做未来五年是否要流动的打算时，经过对流入地的体验，发现流入地的生活消费水平对未来流动决策有更显著的影响，而且相应程度相对偏大，此时流入地的租金成为其再次流动的显著性因素。同时，流入地支出和收入比对未来五年流动决策影响程度更大，该比值如果提高1%，那么劳动者未来流动的概率就会提高0.154%。流入地的生活支出和收入比不但影响劳动力省际流动的决策，也会影响其未来流动倾向，且这种生活负担经过劳动者的体验后对劳动力流动更加明显。

　　另外，在未来迁移决策中，社会认同对劳动力流动的影响作用有一个显著的提升。在社会能力认同方面，对劳动力未来五年再次流动产生影响的包括社会能力认同和体验认同。社会观念认同对劳动者未来迁移没有显著影响（见表11－3）。社会语言能力认同方面，其认同度越高，劳动力未来五年流动的概率越低；在社会体验认同方面，同事、邻里、朋友关系、城市的归属感、与本地人的相处融洽情况等都显著地影响劳动者未来的流动决策。这说明我国当前的劳动力流动决策中经过对迁入地的体验，会逐渐加入社会认同因素，即社会认同因素在劳动力流动体验中越来越显著地影响流动决策。

　　未来五年是否打算流动与之前的省际流动决策也有着密切的关系。如果之前进行了省际流动决策，那么他们会通过流动后的体验决定是否再次流动。省际流动劳动者即便感觉流动使得效应增加并没有如预期的多、在流入地不适应，但由于前次省际流动的成本，也会降低他们再次流动的概率。所以，未来流动的决策在很大程度上受到前次流动决策的影响。probit 回归中的假设样本是随机样本，如果不是随机样本，那么估计结果就会受到影响。在样本中，省外流动的样本和省内流动的样本都是省内和省外流动决策的结果，不再是一种随机的样本，所以估计的未来五年是否决定流动的决策不是一个随机样本的估计结果，因此估计结果会出现偏差，由于选择性偏差系数为正，说明对未来劳动力再次流动决策的影响因素被高估。例如，在控制了选择性偏差之后，随着教育年限的上升，决定再次流动的概率相对下降。通过修正选择性偏差，在社会认同方面，社区、邻里、朋友等关系都会影响到其未来流动意愿，显著性系数都有所下降。总体来说通过选择性偏差纠正之后，感觉自己或家人与本地人相处不融洽导致其未来的流动意愿影响减弱，即省际流动会降低社会认同对外来流动人口居住意愿的影响。

第五节　中国人口流动取向检验研究结论

省际流动决策的实证结果表明，户口在迁移决策中有显著的作用。总体而言，省际流动人口中非农业户口比农业户口高出了 1.80%，人口特征的其他方面对省际和省内流动没有产生显著影响，这说明户口仍然是影响劳动力流动的重要因素。这种结果主要与户籍制度有关系。

首先，众多就业制度与户籍关联。目前中国的户籍制度主要通过劳动力市场准入与就业政策联系起来。中国的劳动力准入政策主要分为两类：一类是关于外来务工人员和农民工政策，这类政策主要是影响到就业权利和就业资格；另一类是人才引进政策，主要涉及劳动者的素质水平门槛要求。同时，户籍制度的影响无处不在，它不但涉及子女上学，还涉及仕途发展，本地户口是决定是否可以拥有本地内部资源的先决条件（陆益龙，2008）。

其次，诸多社会福利与户籍关联。与户籍挂钩的教育、医疗、就业、住房等方面的权益分配是问题的关键。据了解，目前与户籍挂钩的权利和福利有 20 多项，涉及政治权利、就业权利、教育权利、社会保障等各方面。政治权利类包括人大代表的选举与被选举权、基层组织的选举与被选举权，就业权利类包括就业资格、就业扶持等，教育权利类包括义务教育机会、高考资格、职业教育补贴等，社会保障类主要包括公共卫生服务、基本医疗保险、基本养老保险、失业保险、最低生活保障、保障性住房等，其他还包括义务兵退役安置政策和标准、交通事故人身损害赔偿等。要使户籍制度改革要取得明显的成效，必须使其附带的各种相关利益消失或均等化。

最后，社会保障制度与户籍关联。《劳动合同法》一方面承认了非全日制工的灵活用工方式，另一方面没有规定社会保险的覆盖方式方法，也没有规定政府、企业、个人承担的责任等。这就将灵活用工排除在了社会保险的体系之外。由于中国灵活用工数量剧增，而其并没有受到社会保障制度的覆盖，这在一定程度上导致劳动参与率居高不下，同时也给劳动力市场分割提供了沃土。

吸引人口流入的前提是改善经济状况，稳定流入者居住意愿取决于良好的社会认同。流入地、流出地的经济状况是劳动者省际流动决策的重要影响因素，而对于流入地和流出地的认同对省际流动决策影响并不显著。但是一旦形成流动，那么当地的社会认同会显著影响劳动者未来流动的意愿。如果流动者能够融入流入地，形成良好的社会认同，那么他们会更倾向于长期在当地居住，减弱再次外迁的倾向。所以，经济诱因是迁移的重要影响因素，社会认同是流动后长期稳定居住的影响因素。因此，要想吸引劳动者的流入，需要提供一个开放性的社会环境，使得流入者获得较高的社会认同，在经济诱因的作用下，会逐渐形成人口的聚集，建立良好的居留意愿。

省际流动会降低社会认同对未来流动人口居住意愿的影响。省际流动给劳动者造成的迁移成本较高，这使得劳动者未来再次流动时必须认为迁移的收益要高于此次流动成本。劳动者在省际流动的经历中会充分认识到迁移的各种成本，不但包括直接的经济成本，还包括一些效用损失，比如对家乡的依恋、对过去亲戚朋友的割舍，以及自己背井离乡而造成的归属感缺失等。这些成本在流动结束之后需要通过相应的收益得以弥补，比如当地人对其的接纳程度，重新建立的邻里、朋友、同事关系，以及获得的直接经济收益等。从实证结果来看，虽然劳动者未来流动意愿和社会认同有很大的关系，但通过选择性偏差模型结果来看，多次流动会造成劳动者流动概率在同等条件下下降，从而降低了劳动者省际迁移的生活质量。所以，为了提升省际流动的质量，需要减少流动障碍、降低流动给劳动者带来的各种负担，加强流入地对省际流入人口的包容性。

第十二章

研究结论与对策

第一节　主要研究结论

一、中国省际和省内流动人口工资收入基尼系数的影响因素

　　本书基于 2018 年国家卫生健康委流动人口动态监测数据，以省级流入劳动力和省内的流动人口为研究对象，研究省际和省内流动人口的收入分配差距，以及造成收入分配差距的工资作用机制。

　　从总体上来说，当前的流动人口主体为农村户口、低学历的已婚年轻人，主要在私营企业和以个体工商户的身份从事加班加点的工作；不论是省际与省内流动，性别对工资都有显著的正向影响，说明在劳动力市场上，男性会受到偏爱，女性会受到歧视；流动人口的工资会受到年龄的负面影响，说明流动人口在年轻阶段获得较高的工资回报，随着年龄的增加，流动人口在劳动力市场中的竞争能力下降，但其并没有随着年龄的增加而积累丰富的工作经验，最终并没有形成职业化；省内流动人口年龄对工资的影响大于省际流动，说明省际流动可以减缓年龄对工资的负面影响；不论是省际与省内流动，性别对工资都有显著的正向影响，说明在劳动力市场上，男性会受到偏爱，女性会受到歧视，省内流动男性相对女性的工资优势更加明显，这在一定程度上说明省际流动有利于降低男性和女性在劳动力市场上的工资差距；省际流动对流动人口的资源禀赋回报机制更高；省际流动人口的资源禀赋在一定程度上低于省内流动人口，这主要是由于当前的流动人口为农村户口、低学历已婚年轻人等弱势群体；流动人口的禀赋效应和系数效应均可以有效降低收入差距，这意味着人口

流动可以使资源禀赋差距缩小，且使资源禀赋的回报机制缩小。

二、城市与农村户口流动人口的收入分配及其影响因素

基于 2018 年国家卫生健康委流动人口动态监测数据，通过研究农村户口和城市户口对流动人口收入分配的影响，发现农村户口流动人口的收入分配差距显著大于城市户口流动人口的收入分配差距。不论是农村户口还是城镇户口流动人口，性别、年龄、教育、外出打工经验等均对其收入分配产生了显著的影响。流动人口中男性劳动者的有序流动能够有效降低收入分配差距；流动人口的周工作时间也显著地降低了收入分配差距；教育和外出打工经验显著提高了收入分配差距。在资源禀赋效应中，性别、年龄、教育、外出打工经验、婚姻状况、周工作时间、党员身份等为农村户口流动人口和城镇户口流动人口基尼系数差异的主要来源。在回报机制效应中，性别、年龄、教育、外出打工经验等是农村户口流动人口和城镇户口流动人口基尼系数差异的主要来源；在交叉效应中，性别、年龄、教育、外出打工经验是农村户口流动人口和城镇户口流动人口基尼系数差异的主要来源。

三、基于行业的流动人口性别工资差距研究结论

（一）流动人口性别工资差异结论

歧视性因素显著影响了流动人口的工资收入。婚姻状况和户籍都并非劳动者的生产力要素，但是二者在流动人口的工资决定中却发挥着市场定价机制作用，这些非劳动力效率因素一旦在劳动力市场上发挥作用，往往被认为是劳动力市场上的歧视。从流动人口中男性流动人口劳动者工资的回报方程式中可以发现，劳动力市场存在一定的歧视。

男性和女性劳动者在进入相应行业时具有一定的差异，且这种差异由一定的选择性偏差或者行业隔离导致。如果按照反事实估计的结果来重新配置男女择业行业，那么现有劳动力市场男女分布结构将会产生较大变化。反事实的结果表明，男性和女性劳动者在进入某行业时如果不存在行业隔离，那么其就业分布将会得到有效的调整。

歧视等不可解释部分是性别工资差异的主要组成部分，人力资本禀赋等可

解释部分对性别工资差异的贡献度非常低，劳动力市场中工资支付时的性别歧视比较严重。

（二）流动人口性别工资基尼系数差异结论

从总体来看，男性和女性流动人口基尼系数的影响因素并不相同，这也说明男性和女性的资源禀赋在劳动力市场中的回报机制存在差异。分解结果表明男性流动人口的工资基尼系数低于女性，男性和女性工资基尼系数的差异主要来自行业内部。而且基尼系数的差异主要是由行业内部不可解释的因素造成，这说明了当前的人口流动中劳动力市场歧视的作用机制明显。为了有效推动人口流动，减少劳动力市场歧视，必须进一步完善劳动力市场，减少非生产率的因素在劳动力市场上发挥作用，例如松绑户籍与就业、教育等福利之间的关系，减少用人的身份特征信息，减少人口流动的成本和各种障碍等。

四、中国人口流动取向检验研究结论

省际流动决策的实证结果表明户口在迁移决策中有显著的作用。总体而言，省际流动人口中非农业户口，流动概率显著比农业户口人口高。在人口特征的其他方面对省际和省内人口流动没有产生显著性的影响，这说明户口仍然是影响劳动力流动的重要因素。造成这种结果的原因主要与户籍制度有关系。首先，众多地方就业政策与户籍关联。目前中国的户籍制度主要通过劳动力市场准入政策与就业密切地联系起来。其次，诸多社会福利与户籍关联。与户籍挂钩的教育、医疗、就业、住房等方面权益分配才是问题的关键。目前与户籍挂钩的权利和福利还有 20 多项，涉及政治权利、就业权利、教育权利、社会保障等各方面。最后，社会保障制度与户籍关联，对农民工和灵活用工采用例外性的规定。《劳动合同法》一方面承认了非全日制工的灵活用工方式，另一方面没有规定社会保险的覆盖方式方法，也没有规定政府、企业、个人承担的责任等，这就将灵活用工排除在了社会保险的体系之外。

吸引人口流入前提是改善经济状况，稳定流入者居住意愿取决于良好的社会认同。流入地、流出地的经济状况是流动人口省际流动决策的重要影响因素，然而流入地和流出地的社会认同对省际流动决策影响并不显著。但是一旦形成迁移，当地的社会认同会显著影响到流动人口未来流动的意愿。如果流动人口能够融入流入地，形成良好的社会认同，那么他们会更倾向于长期在当地

居住，减弱再次外流的倾向。所以，经济诱因是迁移的重要影响因素，社会认同是流动后长期稳定居住的重要影响因素。基于此结果，为了吸引人口流入，需要提供一个开放性的社会环境，使得流入者获得较高的社会认同，在经济诱因的作用下，会逐渐形成人口的聚集，建立良好的居留意愿，稳定流入者的生活，推动当地经济的发展。

省际流动会降低社会认同对外来流动人口居住意愿的影响。省际流动给劳动者造成的流动成本较高，这使得劳动者在再次流动时必须考虑流动的收益要高于此次流动成本，除了直接的经济成本，还包括一些效用损失，比如对家乡的依恋、对过去亲戚朋友的割舍以及自己背井离乡而造成的归属感缺失等。这些成本在流动结束之后需要通过相应的收益得以弥补，比如当地人对其的接纳程度，重新建立的邻里、朋友、同事关系，以及获得的直接经济收益等。从实证结果来看，虽然流动人口未来流动意愿和社会认同有很大的关系，但通过选择性偏差模型结果来看，多次流动会造成劳动者流动概率在同等条件下下降，从而降低了省际流动人口的生活质量。为了提升省际流动人口的质量，需要减少流动障碍，降低流动给劳动者带来的各种负担，加强流入地对省际流入人口的包容性。

五、京津冀地区流动人口工资收入分配及其影响因素的研究结论

基于 2018 年国家卫生健康委中国流动人口动态监测调查数据，本书研究了京津冀地区人口流动工资收入，以及省际和省内流动人口的工资收入分配影响因素等，主要的研究结论和建议如下。

（一）京津冀地区流动人口收入分配差距

1. 京津冀地区流动人口优势行业工资明显不同

产业结构决定了就业结构。通过对比京津冀三地行业工资水平可以发现，京津冀地区优势产业收入分配的相对差距，决定了未来三地人口流动的方向。所以，在调整产业结构比较困难的情况下，对京津冀地区行业工资收入分配政策进行调整，尤其是对地区间相对优势行业工资的调整，可以在较短时间内产生显著的正面效果。

2. 京津冀地区行业工资分配差距存在着明显偏差

通过对比京津冀三地行业工资收入基尼系数可以发现，流动人口从业行业

工资收入分配基尼系数存在着较大的偏差。其中，北京市流动人口收入分配差距最大的行业为国际组织、农林牧渔行业、仪器仪表制造、医药制造、电煤水热生产供应、房地产、印刷文体办公娱乐用品、文体和娱乐等；天津市流动人口从业工资收入基尼系数最高的行业为文体和娱乐、纺织服装、批发零售、租赁和商务服务等；河北省流动人口收入分配差距最大的行业为农林牧渔、文体和娱乐、科研和技术服务等。

3. 京津冀地区流动人口收入分配差距形成机理不同

北京市、天津市和河北省的流动人口均在外商独资企业和股份/联营企业中具有一定的工资优势，但是河北省突出的特点是，在国有及国有控企业中，流动人口具有明显的工资优势。从京津冀三地流动人口收入分配差距的形成因素来看，流动人口在收入分配差距的形成机理上存在明显的差异，河北和天津的非劳动力市场因素对收入分配发挥了重要的调节作用，在一定程度上说明北京相对于天津与河北而言，劳动力市场更加市场化，市场歧视因素较少。因此，为实现人口有序流动，必须有针对性地对决定收入分配的因素进行干预：在北京市，控制不同行业以及不同性质单位的工资水平和工资差距，是引导人口有序流动的重要决策点；天津市和河北省可通过解决户口等问题来实现人口的有序流动。

（二）京津冀地区流动人口工资收入分配及其影响因素

目前，京津冀地区的人口流动尚属城镇化过程中的农民工劳动力转移。通过描述性统计可以发现，京津冀地区流动人口以及三地流动人口的基尼系数均明显较低，这与劳动者群体特征有很大关系：流动群体中多半属于农村户口，学历层次较低，说明目前人口流动尚处城镇化过程中的农民工劳动力转移阶段，以提高工作匹配质量为目的的劳动力流动还未形成规模。所以，为提高京津冀地区的经济发展水平，必须采取积极的就业培训政策，加强劳动力信息中介服务建设，提高跨省和省内以就业匹配为目的的人口流动。

在京津冀三地中，北京市流动人口生产率禀赋回报最高，且可以有效降低流动人口收入分配差距。在学历投资回报方面，北京市流动人口的人力资本投资回报率最高，河北省，天津市相对较低；这说明北京劳动力市场具有较强的流动性，劳动力生产率禀赋可以得到较为公正的估价，这也是北京地区成为主要人口流入地的关键原因。要促进京津冀地区人口有序流动，必须消除三地间人口流动的行政障碍，完善当地劳动力市场，减弱非市场要素对工资收入分配的影响。

第二节　对策建议

一、促进人口的有序流动

（一）加大人才引进力度

在 21 世纪，人才是一个国家一个地区的重要竞争力，人口流动可以重新配置高素质劳动力资源，为了在人口流动过程中吸引更多人才留在当地、建设当地，发展落后的地区以及先天性资源不足的地区，需要政府在其中发挥更重要的作用。首先，要建立完整的高新科技产业群。人口流动的主要目的是增加收入，因此，建立高新科技产业群才能够为高素质劳动力提供高薪工作，这也是我国经济实现高质量发展的必由之路。其次，加大城市软实力建设，着手提升城市软实力。随着我国的经济发展，人民的衣食不愁、物质充沛，越来越多的人追求更加便捷、健康、绿色的生活方式，因此，要吸引更多的人才留在当地生活工作，就要提升城市软实力。着力构建生态宜居智慧城市，加大城市文化建设。最后，加大人才补贴力度。如果一个地区或城市的发展落后于其他地区，其重要原因往往在于城市和地区本身的吸引力不足，这就需要政府提供足额的补贴吸引更多人才留在当地。例如可以为该地区工作生活的人才提供住房或者买房优惠，为其直系亲属提供工作与上学便利等，甚至可以直接发放现金奖励。

（二）建立统一的劳动力市场

通过建立统一的劳动力市场，可以极大地消除流动人口在进入劳动力市场时的职业隔离，也可以最大程度上减少户籍、区域保护制度对流动人口工资收入的不良影响。首先，要建立涵盖范围广、成本低的就业信息网络。这样可以让更多的外来劳动力有信息渠道了解当地的职业，在择业过程中有更多的选择。其次，加大对流动人口的教育培训。整体而言，外来流动人口的人力资本不如当地城镇人口，外来流动人口很大一部分是农村流向城市的劳动力，相比之下他们教育水平更低，职业选择往往是门槛较低、当地城镇人口不愿从事的职业。虽然他们更加勤奋，更加吃苦耐劳，但由于进入的是低端劳动力市场，导致他们的工资水平较低。因此，要加大农村地区的教育投入，提高农村劳动力的人力资本。对于在城市工作的外来劳动力，要给他们提供更多接受再教育和就业培训的机会，增强他们在劳动力市场当中的竞争力。最后，推进户籍制度改革。许多的研究都证明了户籍歧视的存在，这导致外来流动人口合法权益无法得到充分保障。因此，政府要出台明确的政策，确保用人单位平等对待外来流动人口，杜绝因户籍歧视导致的外来流动人口工资劣势，避免因户籍制度导致外来流动人口买房落户、子女上学存在困难，取消限制人口流动的相关政策。政府要逐步取消现有的对城镇人口的就业优惠，摒弃"地方保护主义"，保证外来流动人口就业机会平等，降低劳动力就业成本。

（三）营造平等的就业环境

在目前劳动力市场当中，不平等现象普遍存在，比较明显的有对女性的就业歧视和对农村户籍流动人口的就业歧视。女性流动人口不但就业率低，小时工资收入也远远低于男性，"同工不同酬"很大一部分可以由性别差异解释。而针对不同户口性质流动人口的收入差异，虽然差异的大部分可以由他们之间的人力资本差距和行业属性解释，但依旧有一部分差异由户籍歧视解释。这些不平等问题，需要政府和社会共同努力。首先，提升女性职业竞争力。目前法律条文规定用人单位不得存在对女性的歧视，但却因此产生了许多针对女性的隐性歧视，为了从根本上改变这个现象，最重要的还是提升女性竞争力，例如可以为女性提供更多的职业培训，防止个别人利用法律漏洞，切实保护女性劳动者的合法权益。其次，提升农村流动人口的教育水平。农村流动人口的人力资本整体上低于城镇流动人口，因此可以通过加大对农村教育投入、提高农村偏远地区录取率的方式改善教育不平等现象。最后，政府引导农村劳动力进行产业间转移。我国发展模式正在向高质量发展转变，许多地区正处于产业结构优化升级阶段，平台经济、数字经济兴起，新的经济形态提升了对劳动力的素质要求，这会导致低端劳动力失业转型，结构性失业的风险加大。因此政府要在产业升级过程中考虑广大低端劳动力的就业问题，引导产业升级要循环渐进，不可一蹴而就，对失业群体要给予失业补助，并积极引导他们重新就业。

二、减小劳动力市场歧视

（一）加快推进户籍制度改革

劳动力市场中户籍歧视的存在严重影响了流动人口顺利融入流入地社会。因此，从政策角度出发做好顶层规划，消除流动人口在劳动力市场遭遇的户籍歧视成为现阶段党和政府工作的重点之一。劳动力市场上的户籍歧视往往是针对流动人口的户籍类型和户籍地点产生的，持续推进户籍制度改革是消除户籍歧视的必经之路：首先，在新型城镇化进程中，要着手扫除因户籍制度造成的流动障碍，解决流动人口面临的落户障碍，实现人口的流动自由，使流动人口可以拥有更加广阔的就业平台和更多的就业选择，进而提高劳动参与率和就业质量；其次，要消除劳动力市场中因户籍而产生的就业壁垒，取消劳动力市场在招聘，尤其是针对较高层次职位招聘过程中对流动人口的户籍限制，为流动人口创造一个公平、公正的竞聘环境；最后，在给予流动人口与本地居民相同就业机会的同时，还要保证其能够在相同职位上获得与本地居民相同的薪资报酬和就业权益保护，即实现"同工同酬同权"。

（二）加强对女性流动人口的就业保护

除户籍歧视外，性别歧视作为人口流入地劳动力市场中另一大歧视类型，也需要制定相关政策进行消除。首先，随着"二孩""三孩"政策的陆续出台，女性因婚育而受到歧视的现象也日益显露出来，因此，应该进一步完善相关政策，例如为女性设置生育补贴，为男性员工设置与女性员工同等时长的产假等；其次，要进一步完善《妇女权益保障法》《劳动合同法》等相关法律法规，通过政策维护女性婚育时期的劳动权益，对违规企业施以重罚，建立有关性别歧视的专门投诉渠道，令用人企业不得因性别原因对女性员工产生歧视；同时，建立健全女性社会保障体系，适当扩大生育保险的覆盖范围，为休产假的女性职工提供财政补贴和适当的经济补偿，减轻用人企业因女性员工婚育而造成的经济压力；此外，要引导育龄妇女返回劳动力市场，提高育儿相关基础设施建设水平，适当下调托儿所、幼儿园等学前教育机构的入学门槛和费用，解决已育妇女的后顾之忧，令其得以从繁忙的家务中抽身走向劳动力市场，更好地实现自身价值；最后，还应当针对女性流动人口，尤其是农村地区女性流动人口开展就业相关知识培训，提高其人力资本水平，使他们懂得用法律武器维护自身合法权益。

（三）提高流动人口的人力资本水平

随着产业转型升级步伐的不断加速，传统的低技术行业逐渐被高新技术、新型生产制造工艺所替代，企业对职工的知识储备和专业技能的要求也逐渐提高。要彻底消除劳动力市场中对流动人口的歧视，必须持续提升流动人口，特别是农村地区流动人口的人力资本水平，可以通过以下两个方面进行。首先，基础教育对于流动人口人力资本的提升至关重要，因此，要持续推进城乡教育资源一体化，解决教育资源在省、市、区及城乡间分配不均匀的难题，实现教育资源在地区间以及地区内部城乡间分配公平进而提高流动人口人力资本，政府需重点针对甘肃省、新疆维吾尔自治区、内蒙古自治区等城乡居民生活水平差距较大的中西部地区，在加大对此类地区教育经费投资力度的同时，加大对教育资源投放过程的监管力度，确保其投放的精准性，促进城乡师资队伍、教学质量等基本教学条件平等。其次，随着新生代农民工数量不断增加，应适当降低流动务工人员子女入学门槛，使农民工子女能够接受与城市居民相同的教育；此外，对于已经完成义务教育但仍缺乏专业知识及技术的流动人口，要继续对其展开培训，为收入水平相对较低的流动人口提供继续教育补贴，完善相应的职业教育体系，提高其专业知识及技术技能，以提高流动人口的人力资本水平。

（四）制定老龄流动人口就业规划体系

近年来，随着人口老龄化程度的逐渐加深，流动人口中老龄人口数量也持续增加。这类人群往往具有较高的融入当地社会的意愿，但是伴随着年龄的增长，其体力难以满足传统的建筑、运输等体力行业的需求；同时，落后的人力资本又使他们难以适应当地劳动力市场的新需求，进而难以进入流入地新兴行业。基于此，可以通过以下几条途径解决高龄流动人口就业问题。首先，发挥政府的主导作用尤为重要，各级政府在制定地方发展规划时应充分领略现有政策意涵，将高龄农民工纳入总体规划当中，高度重视高龄流动人口的就业及养老问题。其次，要给予高龄失业流动人口适当的就业补贴，为其求职空窗期的基本生活提供物质保障；然而，"授之以鱼"不如"授之以渔"，要使高龄流动人口顺利融入当地劳动力市场，还需要加强技能培训，尤其是针对高龄流动人口普遍缺乏的互联网应用技能展开培训，使其劳动技能能够满足劳动力市场需求。最后，支持高龄流动人口创业也是解决其就业难的另一条有效途径，高龄流动人口通常是农民出身，通过系统培训互联网应用等技能，鼓励其开创具有特色的农产品品牌，打造"互联网＋"数字化农业产业。

（五）强化政府针对流动人口的公共服务功能

难以融入人口流入地社交网络，是流动人口的社交特征之一。社交网络狭窄导致流动人口寻找就业相关信息时面临着信息不对称问题，信息来源少、搜寻成本高等因素都在一定程度上制约了流动人口的高质量就业。首先，应推动就业服务信息化公共平台建设，将地方流动人口以及招聘信息在公共信息平台上登记造册，降低流动人口信息搜寻成本，保证信息来源的可靠性，避免因信息不对称而造成失业现象。其次，完善各地用工监督体系，对劳务市场进行整肃清理，加强对违规企业的惩戒力度，对无故拖欠工资、随意辞退雇员等侵犯流动人口合法权益的企业进行严重警告，情节严重时可并处罚金或责令其停业整改。最后，增强当地社会保障体系的承载力，将流动人口纳入当地社会保障体系覆盖范围，解决流动人口面临的住房难、就医难、子女入学难等问题，满足以家庭形式迁移的流动人口的需求，增强流动人口在流入地落户意愿，提升流动人口稳定性，进而改变企业对流动人口易流动、难以实现稳定就业的刻板印象。

三、促进流动人口的社会融入

（一）加快户籍制度改革，打破流动人口社会融入制度障碍

破除以户籍制度为代表的刚性制度约束，完善积分落户制度，放宽户口迁移政策，逐步剥离依附于户籍制度背后的社会福利和资源配置功能，还原户籍制度人口信息统计管理功能；建立流动人口信息管理制度，切实保障流动人口的社会权益。加强对流动人口各项社会福利政策的改革，统筹规划并保障流动人口及其随迁家属在医疗、教育、社会保障等方面的各项权利，拓展有利政策在社会融合各维度的渗透程度。此外，应建立、实施城乡一体的劳动就业管理体制，取消对流动人口的就业限制，在劳动力市场上实行真正意义上的一视同仁、公平竞争。

（二）加强流动人口职业教育和培训，提升流动人口自身人力资本

随着经济社会的不断发展，流动人口自身的教育水平和技术能力越来越成为制约其社会融入水平的重要影响因素。职业教育、技术培训和工作经历是流动人口积累人力资本的主要途径。为适应流动人口融入城市的需要，我国应充分利用现有教育资源，加强流动人口的职业教育和技术培训，提高流动人口的教育水平；通过政府资金补贴，鼓励社会、企业和个人进行专门的职业技能培训。从长远发展来看，我国应加强农村基础教育，努力推动城乡教育一体化的实现，保证农民工子女达到较高的教育水平。

（三）充分发挥社区作用，提高流动人口社会参与

流动人口要真正融入城市社会，需要建立起超越亲缘、地缘和业缘的社会网络关系。因此，社区应通过多种方式引导和鼓励流动人口参与城市公共活动和社区活动，打破流动人口的自我隔离状态，创造流动人口和城市居民之间的交流渠道，加强整体社会引导，营造开放、包容的社会氛围，促进流动人口与城市居民之间的良性互动，提高双方信任感，增强流动人口对流入地的社会认同感和"主人翁"意识。

（四）改善流动人口住房问题

住有所居是人们最基本的生活需求和物质保障，因此，要将城市流动人口住房问题纳入城市住房建设发展规划，加快推进流动人口集中居住项目建设，建立范围更广的城市住房保障体系。鼓励房地产企业开发中小型住房，建立和规范流动人口的购房政策，改善流动人口居住环境，解决流动人口住房问题，提高流动人口的社会融入质量。

四、人口流动与回流

我国已进入全面建设社会主义现代化国家、向第二个百年奋斗目标进军的新发展阶段。2021 年 5 月公布的第七次全国人口普查结果显示，中国流动人口约有 3.76 亿，其中跨省流动人口约 1.25 亿。相比于第六次人口普查结果，现今我国流动人口规模有所扩大。进入新发展阶段，面对城乡之间、城城之间有所扩大的人口流动规模，既要坚持全面推进乡村振兴战略，推进

新型城镇化，缩小城乡间、城城间差距；又要构建完善的流动人口空间承载体系，继续推进制度改革，促进社会和谐。未来，可以从以下几个方面开展工作。

（一）建立健全回流人口社会保障机制

当地政府应当加快完善政策机制，在流出地建设上，使居民充分参与养老保险和医疗保险等社会保障制度，同时加快弥补在医疗、教育及住房等公共服务方面的短板，降低流出意愿，提高回流率，使居民实现真正意义上的安居乐业式的本地就业。此外，要健全和流入地相当水平的社会保障机制，深化户籍制度改革，推动基本公共服务均等化，保障流动人口在流入地享有与流出地一样的社会保障权利，并建立相应的基本公共服务机制，使流动人口根据自身意愿选择本地进行定居就业，提高本地的城镇化和经济水平。

（二）学习先进城市经验，创造高质量就业机会

区域间经济发展水平的差距是形成人口流动的最直接的因素，要想人口充分回流，就要提高当地的经济水平，从产业升级、创新技术等方面做出战略性部署和规划，扩大投资和学习发达城市的先进经验，改变原有思路，转变发展思维，增强自身实力下扩大就业，增加就业机会提高家庭收入，逐步增强流出人员回流率，充分发挥回流人员建设和提高当地经济发展水平的能力。

（三）持续推动乡村振兴，加大农村教育投入力度

要坚持乡村振兴战略，为流动人口回乡创造可持续的回流空间。学习先进的乡村发展经验，因地制宜地发展乡村特色产业，探索乡村产业发展新路径，促进三次产业融合发展，吸引各行各业企业家乡村投资，为回流人口创造更多的就业、创业机会；要重视农村教育发展，加大教育力度投入，不仅关注基础性教育工作也要重视职业技术性能力的培养，提高流动人口的技术水平，增强农村流动人口在劳动力市场的竞争力，营造农村劳动力人口回流良好环境。

（四）因地制宜开展回流人口就业创业帮扶

根据地区实际情况和不同群体，实施差异化回流帮扶政策，避免"一刀切"现象。比如，回流群体中青年人可能更关注自身职业发展机会，更倾向于

在流入地积累经验和资金之后回到流出地创业，这就需要当地政府优化创业服务政策；一些人可能由于自身技术条件不高从而回流发展，针对这些技术能力水平较低的人，可以通过技术再培训方式帮助其实现再就业，以适应现代产业发展；针对年龄大而选择回流的人，需要进一步完善当地公共服务政策。

参 考 文 献

[1] 艾小青，冯虹，李家琛．北京劳动力市场中的户籍歧视——基于 Oaxaca-Blinder 模型的分析 [J]．调研世界，2015（8）．

[2] 曹永福，宋月萍．城乡、区域二重分割下我国流动人口性别工资差异研究 [J]．经济与管理评论，2014，30（5）．

[3] 曹子坚，殷杰．流动人口社会融入的具体测度与影响因素研究——基于 CMDS 数据库的实证分析 [J]．农村经济与科技，2021，32（21）．

[4] 钞鹏，王向．浅析我国流动人口的平等就业 [J]．中南民族大学学报（人文社会科学版），2007（2）．

[5] 陈本昌，张旋．经济开放、人口流动与区域经济非均衡发展——基于辽宁省经济增长率波动的分析 [J]．沈阳工业大学学报（社会科学版），2021，14（5）．

[6] 陈传波，阎竣．户籍歧视还是人力资本差异？——对城城与乡城流动人口收入差距的布朗分解 [J]．华中农业大学学报（社会科学版），2015（5）．

[7] 陈杰，郭晓欣．城市外来劳动力市场上的农业户籍歧视程度研究 [J]．华东师范大学学报（哲学社会科学版），2019，51（5）．

[8] 陈威，王菡，董亚宁．西北地区人口流动决策的影响因素研究——基于新空间经济学视角 [J]．西北人口，2022，43（1）．

[9] 陈维涛，彭小敏．户籍制度、就业机会与中国城乡居民收入差距 [J]．经济经纬，2012（2）．

[10] 程璟昊．流动人口政策的区域间比较研究——以长三角、珠三角、京津冀三大地区为例 [J]．市场周刊，2022，35（2）．

[11] 戴宏伟，刘敏，孙宝文．京津冀劳动力要素的比较分析 [J]．北京市经济管理干部学院学报，2009，24（1）．

[12] 戴霞．流动人口工资收入影响因素中的性别差异——以厦门市流动

妇女为例 [J]. 妇女研究论丛, 2005 (6).

[13] 邓曲恒. 城镇居民与流动人口的收入差异——基于 Oaxaca-Blinder 和 Quantile 方法的分解 [J]. 中国人口科学, 2007 (2).

[14] 杜海峰, 王薇然, 李石花. 代际视角下农民工社会融合现状及影响因素研究 [J]. 北京工业大学学报（社会科学版）, 2022, 22 (2).

[15] 杜鹏, 丁志宏, 李兵, 周福林. 来京人口的就业、权益保障与社会融合 [J]. 人口研究, 2005 (4).

[16] 段均, 杨俊. 劳动力跨部门配置与居民收入差距——基于省级面板数据的实证分析 [J]. 数量经济技术经济研究, 2011 (8).

[17] 段玲, 何鑫, 田丽慧. 农村外流劳动力的回流意愿及影响因素分析——基于 2016 年全国流动人口动态监测调查数据 [J]. 中国农业资源与区划, 2021, 42 (4).

[18] 段平忠, 刘传江. 中国省际人口迁移对地区差距的影响 [J]. 中国人口·资源与环境, 2012, 22 (11).

[19] 樊纲. 中国各地区市场化进展状况 [J]. 经济纵横, 2005 (11).

[20] 樊士德. 中国劳动力流动与收入差距的库兹涅茨效应研究 [J]. 经济评论, 2011 (4).

[21] 樊士德. 劳动力流动对中国经济增长贡献显著吗——基于区域递归视角的经验验证 [J]. 财经科学, 2014 (1).

[22] 郭菲, 张展新. 流动人口在城市劳动力市场中的地位：三群体研究 [J]. 人口研究, 2012, 36 (1).

[23] 郭震. 城镇居民和流动人口工资差距：户籍歧视还是性别歧视 [J]. 南方经济, 2013 (8).

[24] 何军. 城乡统筹背景下的劳动力转移与城市融入问题研究——基于江苏省的实证分析 [D]. 南京：南京农业大学博士学位论文, 2011.

[25] 侯建明, 李晓刚, 叶淑萍. 吉林省流动人口收入状况及其影响因素分析 [J]. 人口学刊, 2016, 38 (6).

[26] 胡芳, 马娜娜, 吴选艳. 农村劳动力流动与农民收入的相关性研究——以辽宁省为例 [J]. 北方经贸, 2017 (2).

[27] 纪良纲, 晓国. 京津冀产业梯度转移与错位发展 [J]. 河北学刊, 2004, 24 (6).

[28] 姜茂敏, 郭佩佩, 叶俊. 对城市流动人口社会融入的实证考察 [J]. 科学发展, 2019 (11).

[29] 姜乾之, 权衡. 劳动力流动与地区经济差距：一个新的分析框架

［J］．上海经济研究，2015（9）．

［30］李春玲，李实．市场竞争还是性别歧视——收入性别差异扩大趋势及其原因解释［J］．社会学研究，2008（2）．

［31］李丹丹，徐子超．宗族文化对人口流动范围的影响——基于族谱、祠堂与 CMDS 数据分析［J］．南方人口，2022，37（2）．

［32］李芳芝，李超．流动人口的性别收入差异分析［J］．统计与决策，2016（13）．

［33］李国正，艾小青，李晨曦．流动人口家庭束缚和收入不平等影响因素分析［J］．统计与决策，2017（8）．

［34］李国柱，刘美晨．新生代流动人口多维性社会融入研究［J］．江汉学术，2022，41（3）．

［35］李铭娜，回莹．教育对流动人口工资收入的影响研究［J］．人口学刊，2021，43（6）．

［36］李培，邓慧慧．京津冀地区人口迁移特征及其影响因素分析［J］．人口与经济，2007（6）．

［37］李强．影响中国城乡流动人口的推力与拉力因素分析［J］．中国社会科学，2003（1）．

［38］李实．中国农村劳动力流动与收入增长和分配［J］．中国社会科学，1999（2）．

［39］李天成，温思美．技术进步、户籍歧视与流动人口就业分化［J］．华南农业大学学报（社会科学版），2018，17（6）．

［40］李文星．产业结构优化与就业增长［J］．当代财经，2012（3）．

［41］李兴睿，冯剑侠．从资本和性别视角看农业流动人口的社会适应——基于第三期中国妇女社会地位调查数据的分析［J］．山东女子学院学报，2018（4）．

［42］李勇军．京津冀协同发展政策网络形成机制与结构研究［J］．经济经纬，2018，35（6）．

［43］李雨潼．中国老年流动人口的社会融入及其影响因素分析［J］．人口学刊，2022，44（1）．

［44］李中建．农村迁移劳动力的就业身份与收入差异——基于对北京市流动人口的调查［J］．经济经纬，2013（5）．

［45］梁名双，袁青川．城市居民与农民工收入分配差距及其影响因素研究［J］．东南学术，2017（5）．

［46］梁琦，陈强远，王如玉．户籍改革、劳动力流动与城市层级体系优

化 [J]. 中国社会科学, 2013 (12).

[47] 廖显浪. 我国农村劳动力流动与城乡收入差距研究 [J]. 人口与经济, 2012 (6).

[48] 林李月, 朱宇, 柯文前. 区域协调发展背景下流动人口回流的空间意愿及其政策含义 [J]. 地理研究, 2021, 40 (5).

[49] 刘达, 郭炎, 栾晓帆, 李志刚. 中部大城市流动人口的回流意愿及其影响因素——以武汉市为例 [J]. 地理研究, 2021, 40 (8).

[50] 刘谨锐, 马众. 基于户籍制度的流动人口社会融入障碍研究 [J]. 现代经济信息, 2015 (2).

[51] 刘玮玮. 职业隔离与教育投资的互动效应对我国城镇劳动力市场城乡歧视的分析 [J]. 教育与经济, 2015 (5).

[52] 柳建坤. 户籍歧视、人力资本差异与中国城镇收入不平等——基于劳动力市场分割的视角 [J]. 社会发展研究, 2017, 4 (4).

[53] 陆益龙. 户口还起作用吗——户籍制度与社会分层和流动 [J]. 中国社会科学, 2008 (1).

[54] 罗锋, 黄丽. 人力资本因素对新生代农民工非农收入水平的影响——来自珠江三角洲的经验证据 [J]. 中国农村观察, 2011 (1).

[55] 罗俊峰, 童玉芬. 流动人口就业者工资性别差异及影响因素研究——基于2012年流动人口动态监测数据的经验分析 [J]. 经济经纬, 2015, 32 (1).

[56] 罗小龙, 曹姝君, 顾宗倪. 回流城镇化: 中部地区城镇化开启新路径 [J]. 地理科学, 2020, 40 (5).

[57] 吕炜, 杨沫, 朱东明. 农民工能实现与城镇职工的工资同化吗? [J]. 财经研究, 2019 (2).

[58] 马疆华. 论流动人口工资收入的影响因素——基于对天津市流动人口动态监测数据的实证 [J]. 信息系统工程, 2017 (2).

[59] 马小红, 段成荣, 郭静. 四类流动人口的比较研究 [J]. 中国人口科学, 2014 (5).

[60] 马志飞, 尹上岗, 张宇, 李在军, 吴启焰. 中国城城流动人口的空间分布、流动规律及其形成机制 [J]. 地理研究, 2019, 38 (4).

[61] 马忠东, 张为民等. 劳动力流动: 中国农村收入增长的新因素 [J]. 人口研究, 2004, 28 (3).

[62] 孟凡强, 初帅. 职业分割与流动人口户籍歧视的年龄差异 [J]. 财经研究, 2018, 44 (12).

[63] 孟凡强, 向晓梅. 职业隔离、工资歧视与农民工群体分化 [J]. 华

南师范大学学报（社会科学版），2019（3）.

［64］孟兆敏，吴瑞君. 流动人口与户籍人口的收入差异及其影响因素——以上海市为例［J］. 城市问题，2016（6）.

［65］聂正彦，张成. 刘易斯转折点后我国城市劳动力市场中户籍歧视的变化［J］. 开发研究，2021（1）.

［66］宁光杰，段乐乐. 流动人口的创业选择与收入——户籍的作用及改革启示［J］. 经济学（季刊），2017，16（2）.

［67］潘静，陈广汉. 家庭决策、社会互动与劳动力流动［J］. 经济评论，2014（3）.

［68］邱红，张凌云. 我国流动人口就业特征及分性别异质性研究［J］. 经济纵横，2020（7）.

［69］阮晓波，周晓津. 劳动力跨省流动与中国省区经济收敛性研究：1986～2010 年［J］. 学术研究，2012（8）.

［70］尚越，丁士军，石智雷. 是健康选择还是迁移影响？——不同迁移类型农村劳动力健康差异分析［J］. 南方人口，2019，34（3）.

［71］沈建法. 中国人口迁移，流动人口与城市化——现实，理论与对策［J］. 地理研究，2019，38（1）.

［72］舒长根，王飞军，吕建星. 户籍政策与人口城市化［J］. 城市问题，2008（2）.

［73］宋丽敏，田佳蔚. 东北地区人口流动决策的影响因素研究——基于个体特征与经济因素的交互分析［J］. 人口学刊，2021，43（4）.

［74］宋月萍. 社会融合中的性别差异：流动人口工作搜寻时间的实证分析［J］. 人口研究，2010，34（6）.

［75］孙婧芳. 城市劳动力市场中户籍歧视的变化：农民工的就业与工资［J］. 经济研究，2017（8）.

［76］孙龙，风笑天. 青年白领的职业稳定性及其影响因素——对武汉 H 证券公司 620 名青年的调查研究［J］. 青年研究，2000（7）.

［77］汤璨，孙文凯，赵忠. 技术变革、流动人口就业结构与收入极化趋势［J］. 学术研究，2021（3）.

［78］田林楠. 流动人口收入性别差异与收入影响因素研究［D］. 南京：南京大学硕士学位论文，2014.

［79］佟新华，孙丽环. 中国省际劳动力流动的主要影响因素分析［J］. 吉林大学社会科学学报，2014（5）.

［80］王春光. 我国城市就业制度对进城农村流动人口生存和发展的影响

[J]．浙江大学学报（人文社会科学版），2006（5）．

[81] 王德文，蔡昉，张国庆．农村迁移劳动力就业与工资决定：教育与培训的重要性 [J]．经济学（季刊），2008（4）．

[82] 王广慧，季云菲．基于流入地经济发达程度视角的流动人口城乡户籍工资差异分析——以受过高等教育群体为例 [J]．东北师大学报（哲学社会科学版），2018（4）．

[83] 王桂新，沈建法，刘建波．中国城市农民工市民化研究——以上海为例 [J]．人口与发展，2008（1）．

[84] 王桂新，潘泽瀚，陆燕秋．中国省际人口迁移区域模式变化及其影响因素——基于2000和2010年人口普查资料的分析 [J]．中国人口科学，2012（5）．

[85] 王箐，徐滨昕．流动人口收入代际差异的影响因素实证分析 [J]．商业时代，2014（29）．

[86] 王小鲁，樊纲．中国地区差距的变动趋势和影响因素 [J]．经济研究，2004（1）．

[87] 王新霞，袁青川．京津冀地区流动人口工资收入分配差距研究 [J]．唐山学院学报，2018（11）．

[88] 王兴周．农民工：跨省流动与省内流动 [J]．中山大学学报（社会科学版），2006，46（5）．

[89] 魏万青．户籍制度改革对流动人口收入的影响研究 [J]．社会学研究，2012，27（1）．

[90] 温兴祥．户籍获取、工资增长与农民工的经济同化 [J]．经济评论，2017（1）．

[91] 夏伦，沈寒蕾．流动人口真的融入社会了吗？——基于结构方程模型的流动人口社会融入研究 [J]．人口与发展，2022，28（2）．

[92] 夏怡然，陆铭．城市间的"孟母三迁"——公共服务影响劳动力流向的经验研究 [J]．管理世界，2015（10）．

[93] 肖振兴．我国劳动力流动与城乡收入差距关系研究 [D]．广州：暨南大学硕士学位论文，2011．

[94] 肖子华，徐水源，刘金伟．中国城市流动人口社会融合评估——以50个主要人口流入地城市为对象 [J]．人口研究，2019，43（5）．

[95] 谢桂华．中国流动人口的人力资本回报与社会融合 [J]．中国社会科学，2012（4）．

[96] 熊艳喜，杨云彦．劳动力流向、区域增长拐点与中部发展新机遇

［J］. 中南财经政法大学学报，2010 （3）.

［97］阳玉香. 自选择、政府培训与流动人口收入提高 ［J］. 教育与经济，2017 （4）.

［98］杨建军，李勇辉. 劳动力流动、流动方向和城乡收入差距 ［J］. 湘潭大学学报 （哲学社会科学版），2016，40 （6）.

［99］杨铭，王任远. 受教育程度与农民工性别收入差异——基于动态博弈模型和流动人口监测数据的研究 ［J］. 经济问题，2019 （9）.

［100］杨胜利，高向东. 我国劳动力资源分布与优化配置研究 ［J］. 人口学刊，2014，36 （1）.

［101］姚枝仲，周素芳. 劳动力流动与地区差距 ［J］. 世界经济，2003 （4）.

［102］叶方方. 农民工职业转换对其收入流动的影响 ［J］. 商业经济研究，2015 （13）.

［103］叶裕民，李彦军，倪稞. 京津冀都市圈人口流动与跨区域统筹城乡发展 ［J］. 中国人口科学，2008 （2）.

［104］于潇，陈筱乐，解瑯卓. 流动效应与户籍歧视效应对流动人口工资收入的影响——基于双边随机前沿模型的分析 ［J］. 人口研究，2022，46 （2）.

［105］于潇，孙悦. 城镇与农村流动人口的收入差异——基于2015 年全国流动人口动态监测数据的分位数回归分析 ［J］. 人口研究，2017，41 （1）.

［106］余吉祥，沈坤荣. 跨省迁移、经济集聚与地区差距扩大 ［J］. 经济科学，2013 （2）.

［107］余运江，高向东. 集聚经济下流动人口工资差异——来自中国微观调查数据的证据 ［J］. 财经科学，2017 （2）.

［108］袁青川，王新霞. 基于“京津冀”一体化的工资收入分配机制研究 ［J］. 河北科技师范学院学报 （社会科学版），2017，16 （2）.

［109］袁青川. 京津冀地区省际与省内流动人口工资收入分配及其影响因素分析 ［J］. 经济经纬，2019 （6）.

［110］袁青川. 劳动迁移与未来再迁移决策检验：经济推引还是社会认同？［J］. 云南财经大学学报，2019 （2）.

［111］张传勇. 劳动力流动、房价上涨与城市经济收敛——长三角的实证分析 ［J］. 产业经济研究，2016 （3）.

［112］张刚，姜玉. 流动人口收入水平的地区差异与影响因素研究 ［J］. 西北人口，2017，38 （5）.

［113］张刚，杨胜慧. 受教育程度对流动人口收入水平影响的趋势分析

[J]．西北人口，2019，40（4）．

[114] 张贵，王树强，刘沙，贾尚键．基于产业对接与转移的京津冀协同发展研究 [J]．经济与管理，2014，28（4）．

[115] 张丽琼，朱宇，林李月．家庭因素对农民工回流意愿的影响 [J]．人口与社会，2016，32（3）．

[116] 张莉，何晶，马润泓．房价如何影响劳动力流动？[J]．经济研究，2017，52（8）．

[117] 张伟丽，晏晶晶，聂桂博．中国城市人口流动格局演变及影响因素分析 [J]．中国人口科学，2021（2）．

[118] 张耀军，张振．京津冀区域人口空间分布影响因素研究 [J]．人口与发展，2015，21（3）．

[119] 章莉，蔡文鑫．中国劳动力市场收入户籍歧视的无条件分位数分解 [J]．复旦学报（自然科学版），2017，56（1）．

[120] 赵海涛．流动人口与城镇居民的工资差异——基于职业隔离的角度分析 [J]．世界经济文汇，2015（2）．

[121] 赵人伟，李实．中国居民收入差距的扩大及其原因 [J]．经济研究，1997（9）．

[122] 赵伟，李芬．异质性劳动力流动与区域收入差距：新经济地理学模型的扩展分析 [J]．中国人口科学，2007（1）．

[123] 郑贞，周祝平．京津冀地区人口经济状况评价及空间分布模式分析 [J]．人口学刊，2014，36（2）．

[124] 钟笑寒．劳动力流动与工资差异 [J]．中国社会科学，2006（1）．

[125] 周光霞，林乐芬．农村劳动力流动与城市收入差距——基于集聚经济视角 [J]．南京农业大学学报（社会科学版），2018（1）．

[126] 周加来，李刚．区域经济发展差距：新经济地理、要素流动与经济政策 [J]．经济理论与经济管理，2008（9）．

[127] 周正柱，周鹃．长三角区域劳动力市场一体化发展的问题分析与建议 [J]．财政科学，2022（2）．

[128] 朱丽求．广州城市流动人口社会融入研究 [J]．合作经济与科技，2022（10）．

[129] 朱宇，林李月．中国人口迁移流动的时间过程及其空间效应研究：回顾与展望 [J]．地理科学，2016，36（6）．

[130] 邹益玲．流动人口的收入分配影响因素统计分析 [D]．长沙：湖南师范大学硕士学位论文，2019．

［131］曾永明，张利国．户籍歧视、地域歧视与农民工工资减损——来自 2015 年全国流动人口动态监测调查的新证据［J］．中南财经政法大学学报，2018（5）．

［132］Abreu A. The new economics of labor migration：beware of neoclassicals bearing gifts［R］. Routledge：Forum for social economics，2012.

［133］Becher G. Human capital：a theoretical and empirical analysis［R］. New York：National Bureu of Economic Research，1975.

［134］Behrens K，Duranton G，Robert-Nicoud F. Productive cities：sorting，selection，and agglomeration［J］. Journal of political economy，2014，122（3）．

［135］Bloom O S A D. The new economics of labor migration［J］. The american economic review，1985，75（2）．

［136］Bogue D J. The study of population，an inventory appraisal［M］. Chicago：University of Chicago Press，1959.

［137］Bohning W R. The migration of workers in the United Kingdom and the European Community［M］. London：Oxford University Press，1972.

［138］Brown R，Moon M，Zoloth B. Incorporating occupational attainment in studies of male-female earnings differentials［J］. Journal of Human Resources，1980，15（1）．

［139］Saul S B. The theory of economic growth［J］//Arthur Lewis，Homewood Ill，Richard D Irwin. The journal of economic history，1958，18（1）．

［140］Chiswick B R，Lee Y L，Miller P W. A longitudinal analysts of immigrant occupational mobility：a test of the immigrant assimilation hypothesis［J］. International migration review，2005，39（2）．

［141］Clark C. The conditions of economic progress［M］. London：Macmillan Press，1940.

［142］Duncan O D，Duncan B. A methodological analysis of segregation indexes［J］. American Socio-logical Review，1955（20）．

［143］Fan C C. The state，the migrant labor regime，and maiden workers in China［J］. Political geography，2004，23（3）．

［144］Fawcett J T. Networks，linkages，and migration systems［J］. International migration review，1989，23（3）．

［145］Firpo S，Fortin N M，Lemieux T. Decomposing wage distributions using influence function projections［R］. Economics Working paper，University of British Columbia，2007.

［146］Firpo S P, Fortin N M, Lemieux T. Decomposing wage distributions using recentered influence function regressions ［J］. Econometrics, 2018, 6 (2).

［147］Gabriel S A, Justman M, Levy A. Place-to-place migration in Israel: estimates of a logistic model ［J］. Regional science & urban economics, 1987, 17 (4).

［148］Gabriel S A, Shack-Marquez J, Wascher W L. Does migration arbitrage regional labor market differentials? ［J］. Regional science & urban economics, 1993, 23 (2).

［149］Gurak D T, Caces F. Migration networks and the shaping of migration systems ［J］//Kritz M, Lim L, and Zlotnik H. International migration systems: a global approach. Oxford: Clarendon Press, 1992.

［150］Harris J R, Todaro M P. Migration, unemployment and development: a two-sector analysis ［J］. The American economic review, 1970, 60 (1).

［151］Hugo G J. Village-community ties, village norms, and ethnic and social ties: a review of evidence from the third world ［M］//Gordon DeJong F, Robert W Gardner. Migration decision making: multidisciplinary approaches to microlevel studies in developed and developing countries. New York: Pergamon Press, 1981.

［152］Jennissen R. Causality chains in the international migration systems approach ［J］. Population research and policy review, 2007, 26 (4).

［153］Knight J, Song L. Employment constraints and sub-optimality in Chinese enterprises ［J］. Oxford Economic Papers, 1999, 51 (2).

［154］Lee E S. A theory of migration ［J］. Demography, 1966, 3 (1).

［155］Lewis W A. Economic development with unlimited supplies of labour ［J］. The Manchester School, 1954, 22 (2).

［156］Massey D S, España F G. The social process of international migration ［J］. Science, 1987, 237 (4816).

［157］Massey D S. The social and economic origins of immigration ［J］. The annals of the American academy of political and social science, 1990, 510 (1).

［158］Massey D S. Social structure, household strategies, and the cumulative causation of migration ［J］. Population index, 1990 (2).

［159］Massey D S, Arango J, Hugo G et al. Theories of international migration: a review and appraisal ［J］. Population & development review, 1993, 19 (3).

［160］Massey D S, Arango J, Hugo G et al. Worlds in motion: understanding international migration at the end of the millennium ［M］. London: Clarendon Press,

1999.

[161] Maurer-Fazio M, Dinh N. Differential rewards to, and contributions of, education in urban China's segmented labor markets [J]. Pacific economic review, 2004, 9 (3).

[162] McHugh K E, Hogan T D, Happel S K. Multiple residence and cyclical migration: a life course perspective [J]. The professional geographer, 1995, 47 (3).

[163] Meng X, Miller P. Occupational segregation and its impact on gender wage discrimination in China's rural industrial sector [R]. Oxford Economic Papers, 1995.

[164] Park R E. Human migration and the marginal man [J]. American journal of sociology, 1928, 33 (6).

[165] Piore M J. Birds of passage: migrant labor and industrial societies [M]. Cambridge: Cambridge University Press, 1979.

[166] Poncet S. Provincial migration dynamics in China: borders, costs and economic motivations [J]. Regional science and urban economics, 2006, 36 (3).

[167] Porumbescu A. East European migration patterns-Romanian emigration [J]. Revue des Sciences Politiques, 2012 (35).

[168] Ranis G, Fei J C H. A theory of economic development [J]. The American economic review, 1961 (9).

[169] Rao V M. Two decompositions of concentration ratio [J]. Journal of the royal statistical society, 1969, 132 (3).

[170] Ravenstein E G. The laws of migration [J]. Journal of the statistical society of London, 1985, 48 (2).

[171] Reichert J S. Social stratification in a Mexican sending community: the effect of migration to the United States [J]. Social Problems, 1982 (29).

[172] Rhoades R E. Intra-European return migration and rural development: lessons from the Spanish case [J]. Human Organization, 1978.

[173] Sandu D. Migratia circulatorie ca strategie de viată [J]. Sociologie romanească, 2000, 8 (2).

[174] Sasser A C. Voting with their feet: relative economic conditions and state migration patterns [J]. Regional science and urban economics, 2010, 40 (2 - 3).

[175] Sjaastad L A. The costs and returns of human migration [J]. Journal of

political economy, 1962, 70 (5).

[176] Stark O, Bloom D E. The new economics of labor migration [J]. The American economic review, 1985, 75 (2).

[177] Stark O. The migration of labor [M]. Oxford: Blackwell Books, 1991.

[178] Stark O, Taylor J E. Migration incentives, migration types: the role of relative deprivation [J]. The economic journal, 1991, 101 (408).

[179] Taylor E J. The new economics of labour migration and the role of remittances in the migration process [J]. International migration, 1999, 37 (1).

[180] Taylor J E. Differential migration, networks, information and risk [J]. Migration, human capital and development, 1986 (4).

[181] Todaro M P. A model of labor migration and urban unemployment in less developed countries [J]. The American economic review, 1969, 59 (1).

[182] Todaro M. Internal migration in developing countries: a survey [M]. Chicago: University of Chicago Press, 1980.

[183] T Todaro M P, Maruszko L. Illegal migration and US immigration reform: a conceptual framework [M]. Population and development review, 1987.

[184] Todaro M P. Economic development in the third world [J]. New York & London: Longman, 1989.

[185] Treiman D J, Hartmann H I. Women, work, and wages: equal pay for jobs of equal value [J]. Political science quarterly, 1981.

[186] Wallerstein I. The modern world-system I [M]. Berkeley, CA: University of California Press, 2011.

[187] Wallerstein I. The modern world-system: capitalist agriculture and the origins of the European world-economy in the sixteenth century [M]. New York: Academic Press, 1974.

[188] Zlotnik H. Empirical identification of international migration systems [M]//Kritz M, Lim L, Zlotnik H. International migration systems: a global approach. Oxford: Clarendon Press, 1992.